西洋の歴史を読み解く

――人物とテーマでたどる西洋史――

上田耕造
入江幸二 編著
比佐　篤
梁川洋子

晃洋書房

まえがき

　カエサル、ジャンヌ・ダルク、コロンブス、マリア＝テレジア、ヒトラー……。世界史を学んだ経験を持つ方、あるいはそうでない方々でも、どこかで聞いたことのある名前ではないだろうか。はたして彼らは、どのような時代に生き、何をしたのか。御存じの方も多いかもしれない。ただ、御存じない方も心配ご無用。本書をお読みいただければ、おわかりいただけるであろう。西洋史の中で、是非とも知っておきたい人物を、古代から現代までの各時代で取り上げ、その人物を中心に西洋の歴史を紐解いていこうというのが本書である。

　本書は2006年に出版された『ヨーロッパ史への扉』（晃洋書房）を母体としている。「通史」の部分を「人物と時代」という新たなテーマに基づいて刷新し、さらにはいくつかのテーマ史を入れ替えた。より充実したラインナップとなっていることは間違いない。

　2006年に世界史の未履修問題が話題となった。あれから7年が経つが、こうした問題が生じたこともあり、上記に示した人物たちを意外と知らない方々も、実は少なくないのではなかろうか。また、世界史の履修者であっても、なんとなく名前だけは憶えている、あるいは、ジャンヌ・ダルクといえば百年戦争と、問答形式で人物と出来事とをセットで記憶しているという方々も多いと思われる。ただ、西洋史、東洋史、そして日本史も当然そうであるが、歴史学において、人物名や出来事の名称をしっかりと暗記することに、さほど重要性はない。重要なのは、歴史に名を残す者たちが、どのような時代背景のもとで登場し、彼らが活躍した時代にどのような影響をもたらしたのかについて、考えることである。「暗記する歴史」から「考える歴史」へ。本書が目指しているのは、まさにこの点である。

　「人物と時代」、そして「テーマ史」のふたつのトピックから成り立っているのが、本書の特徴である。「人物と時代」において重点をおいているのは、あくまで人物を通して時代を見ることである。それゆえ、各人物の生い立ちや行動を詳細に扱っているわけではない。むしろ彼らが活躍した時代の政治や経済、社会、文化などに焦点を当てつつ、その中にそれぞれピックアップした人物を落とし込んでいる。人物を軸に歴史をたどっていくことで西洋史の通史を

理解しようというのが本書のコンセプトである。

　ただ、ひとりの人物を通して、時代全体を説明するには限界がある。ふたつ目のトピックである「テーマ史」は、この点を補ってくれる。所収されているテーマは、目次をご覧頂ければわかるように、食に関わる話から、スポーツを話題にした話まで様ざまである。ひとつのテーマごとに話が完結しているので、テーマ史のみを読んでいただいても楽しめるであろう。だが、「人物と時代」と合わせて読んでいただくことで、各時代に対するより充実した理解と満足感を得ることができるはずである。

　本書をお読み頂ければ、取り上げた人物が歴史の中で果たした役割や、さらには西洋史の大まかな流れを理解していただけることであろう。と同時に、おそらく、あれこれと疑問が湧き出てくると思われる。そして、次なる本に手を伸ばす。そうしていただければ、本書としては成功といえるであろう。ここで取り上げることができた人物やテーマは、ほんの一部でしかない。西洋の歴史の中には、あまたの物語があり、本書の背後には、広大で魅力溢れる西洋史の世界が広がっている。ひとりでも多くの読者が、こうした世界に歩みだしていただけることを筆者一同願っている。

　2012年11月

執筆者一同

目　　次

まえがき
凡　例

第1章　ヨーロッパの環境 ································· 1
　　　　──地理・民族・言語──

第2章　古代1：ヨーロッパへの扉 ························· 5
　　人物と時代　ハンムラビとモーセ　（5）
　　テーマ史1　千の神々を持つ王国ヒッタイト　（10）
　　テーマ史2　古代地中海世界に生きたフェニキア人　（18）

第3章　古代2：「都市」の伝統と「帝国」の伸張 ············ 23
　　人物と時代　アレクサンドロスとカエサル　（23）
　　テーマ史1　スフィンクスと古代地中海世界　（28）
　　　　　　　　──地中海と文化の伝播──
　　テーマ史2　剣闘士とローマ帝国　（33）
　　　　　　　　──見世物から見る「帝国」──

第4章　中世1：西欧カトリック世界の成立 ················· 40
　　人物と時代　ムハンマドとカール大帝　（40）
　　テーマ史1　中世カトリックの世界　（45）

第5章　中世2：カトリック教会が統べるヨーロッパ ········· 51
　　人物と時代　グレゴリウス7世とサラディン　（51）
　　テーマ史1　中世の村　（56）

第6章　中世3：教会権威の斜陽と王の台頭 …………………… 62
　　人物と時代　ヤン・フスとジャンヌ・ダルク　(62)
　　テーマ史1　中世後期の都市　(68)
　　　　　　　──聖体祭と貧民対策──

第7章　近世1：新たなる船出 ………………………………… 73
　　人物と時代　コロンブスとルター　(73)
　　テーマ史1　ルネサンス　(78)
　　テーマ史2　食卓の歴史　(83)
　　　　　　　──食べ物の履歴書──

第8章　近世2：絶え間ない戦争と国家形成 …………………… 89
　　人物と時代　ヴァレンシュタインとルイ14世　(89)
　　テーマ史1　魔女狩り　(94)
　　テーマ史2　ヴェルサイユ宮殿と宮廷社会　(98)

第9章　近世3：二人の女性が国家を導く ……………………… 104
　　人物と時代　マリア＝テレジアとエカチェリーナ　(104)
　　テーマ史1　啓蒙思想とフランス革命　(108)
　　テーマ史2　ケルト　(113)
　　　　　　　──創られたアイデンティティ──

第10章　近代1：革命と軍事指導者 …………………………… 118
　　人物と時代　ワシントンとナポレオン　(118)
　　テーマ史1　産業革命と労働者　(124)
　　テーマ史2　クレオール　(128)
　　　　　　　──ナショナリズムの誕生と新しいアイデンティティ──

第11章　近代2：ヨーロッパの覇権をめぐって ………………… 134
　　　人物と時代　ビスマルクとナポレオン3世　　(134)
　　　テーマ史1　プロスポーツチーム名でみるアメリカの歴史　(139)
　　　テーマ史2　衛生意識の展開と変容　(145)
　　　　　　　　──消臭・殺菌・民族浄化──

第12章　現　代：党が国家を支配する ………………………… 150
　　　人物と時代　ヒトラーとスターリン　(150)
　　　テーマ史1　ホロコースト否定論　(155)
　　　　　　　　──よみがえるヒトラーの影──
　　　テーマ史2　ムッソリーニと古代ローマ帝国　(161)

第13章　ヨーロッパと21世紀 ……………………………………… 166

　参 考 文 献　(171)
　索　　　引　(189)

凡　例

1. 人名・地名等の固有名詞の表記は、原則として統一した。ただし、時代ごとの一般的な表記の原則が異なっている場合に、あえて異なった表記を用いている場合もある。
   例）イギリス、イングランド
   　　パレスティナ、パレスチナ

2. 年代表記は、「前1世紀」のように「前」がついていない場合、すべて紀元後を指す。

3. 本書は共通の目的に基づいて構成されているが、内容そのものは各執筆者の判断において執筆されている。したがって、内容に関する責任は、それぞれの箇所を担当した執筆者にある。なお執筆者の担当箇所は、巻末の執筆者一覧に記載した。

第1章

ヨーロッパの環境
――地理・民族・言語――

　「ヨーロッパ」という名称は、もともとギリシア神話に由来する。地中海の東端に位置するフェニキアに、エウロペと呼ばれる王女がいた。エウロペに一目惚れしたのが、ギリシア神話の主神ゼウスである。ゼウスは自らの姿を白い雄牛へと変え、エウロペを背中に乗せて連れ去ってしまった。このとき、ゼウスとエウロペは西方の各地を巡ったため、それらの地域がエウロペにちなんでヨーロッパと称されるようになっていった。

　ゼウスとエウロペが、具体的にどのような場所を旅したのか分からないのと同じく、「ヨーロッパ」は地理的に明確な境界線で区分できない。したがって、

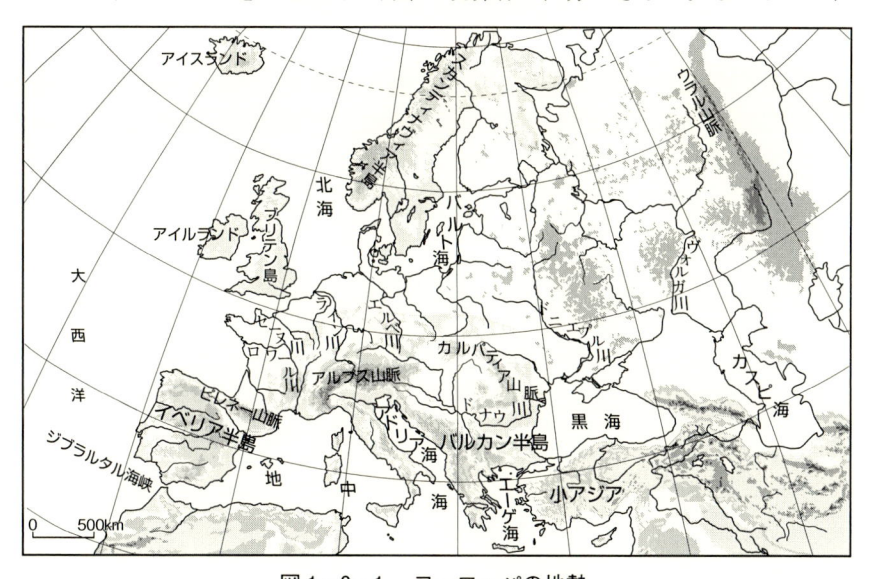

図1-0-1　ヨーロッパの地勢

「ヨーロッパ」に含まれる地域や民族は、必ずしも昔から同じであったわけではない。その概念は時代と共に揺れ動き、いまでも決して定まってはいない。ヨーロッパを巡る意識の問題は、本書のなかにも現れてくるだろう。まずは地理、民族、そして言語の側面から、ヨーロッパの枠組を素描し、大まかな形でヨーロッパを捉えてみたい。

　地理的に見た場合のヨーロッパは、東はアジアまでをも含む広大なユーラシア大陸の西端に位置し、基本的にウラル山脈の西側の地域を指す。全体としてなだらかな地形であるが、アルプス山脈やピレネー山脈をはじめとする険しい山地もいくつか見られる。内陸部には大きな河川が張り巡らされており、ヴォルガ川、ドナウ川、エルベ川、ライン川、セーヌ川などが、主なものとして挙げられる。これらの河川は、しばしば国境線の役割を果たすと同時に、今日に至るまでヨーロッパ内部の重要な交通網であり続けている。そしてヨーロッパは、南は地中海と黒海、西は大西洋、北は北海とバルト海、さらに北極海とそれぞれ接している。各地域が面している海洋と、地理的な環境は大きく関係している。

　地中海に面するヨーロッパ南部は、夏に乾燥し、冬に湿潤な気候となるが、

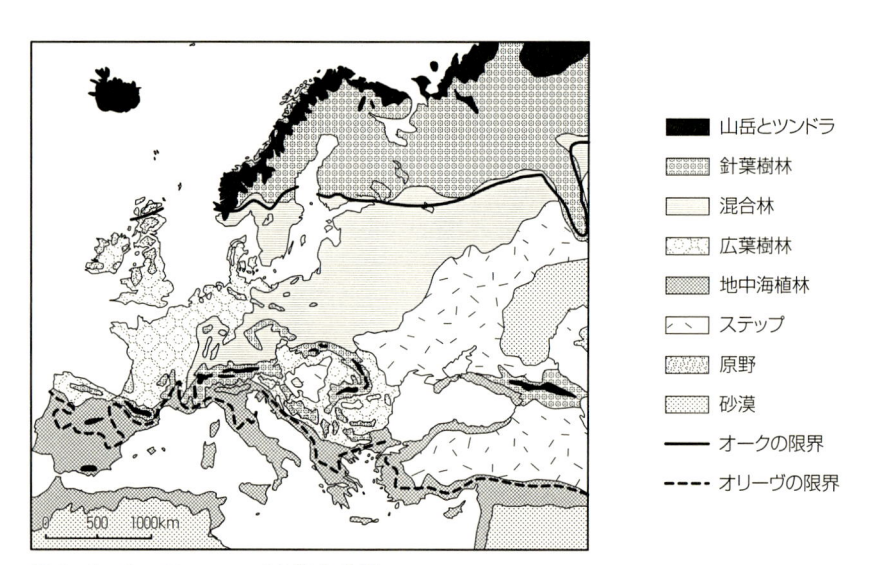

図1-0-2　ヨーロッパの植生地帯（ヴェルナー・レーゼナー（藤田幸一郎訳）『農民のヨーロッパ』平凡社、1995年、47頁を基に作成）。

ほぼ年間を通じて穏やかな地中海に作用されて、温暖な環境である。ただし、その土地は山がちであり痩せているため、穀物栽培にはさほど適しておらず、豚や羊などの牧畜、オリーヴやブドウなどの果樹栽培が主に営まれてきた。現在のイタリアやスペイン、フランス南部がこれにあたる。

　西に大西洋、北に北海を臨むヨーロッパ西部は、緯度も高く日照時間も少ないが、大西洋と北海には暖流である北大西洋海流が流れ込んでいるため、気候は比較的温暖かつ湿潤である。土壌も豊かであるため、豚や羊、牛などの牧畜を伴いつつ、小麦を中心とした穀物の栽培が農業の中心となっている。フランス北部やドイツ、イギリスなどが、ここに含まれる。

　北海の東に位置する北ヨーロッパも、偏西風の影響もあって緯度の割には温度が高い。ただし、冬季には氷が張って航行が困難になるバルト海と北極海とに挟まれているため、寒さは厳しい。内陸部には針葉樹林が広がっており、ライ麦の生産が行われてきたのも特徴である。スウェーデンやノルウェーなどの北欧諸国が、これらの地域に該当する国として挙げられる。

　黒海と接する東ヨーロッパも、寒冷な気候である。とはいえ、肥沃な黒土地帯が広がっており、小麦の穀倉地帯として古くから知られている。また、鉱物資源をはじめとする豊かな地下資源の埋蔵地でもある。ポーランドやウクライナなどが東ヨーロッパの代表的な国である。

　こうした地域の区分は、ヨーロッパの主な民族の分布とも大まかに重なっている。南ヨーロッパとフランスはラテン系、フランスを除く西ヨーロッパと北ヨーロッパはゲルマン系、東ヨーロッパはスラヴ系の住民が多い。これらの民族はいずれも同じコーカソイド系の人種、いわゆる白人であるとはいえ、外見の特徴は、それぞれ多様性を備えている。こうした民族分布に沿う形で、言語もそれぞれ違った系統に属している。

　ヨーロッパの言語は、その大部分がインド・ヨーロッパ語族という言語分類に属しているが、代表的な言語としてゲルマン語派、イタリック語派、スラヴ語派が挙げられる。それぞれがゲルマン系、ラテン系、スラヴ系の民族の言語である。各言語の代表例は、ゲルマン語派が英語とドイツ語、イタリック語派がフランス語とスペイン語、そしてイタリア語、スラヴ語派がロシア語であろう。さらに、ゲルマンやイタリック、スラヴの語派に属さない少数民族も、ヨーロッパには存在している。その代表として、マジャール、ケルト、フィン、バスクなどが挙げられる。語派が違えば相互の理解が不可能なほど、言語形態は

表1-0-1　各国語の「おはよう」

ゲルマン語派	：Good morning（英語）	God morgon（スウェーデン語）
	Guten Morgen（ドイツ語）	God morgon（デンマーク語）
	Goede morgen（オランダ語）	Godan daginn（アイスランド語）
イタリック語派	：Bonjour（フランス語）	Buon giorno（イタリア語）
	Buenos dias（スペイン語）	
スラヴ語派	：Dobré ráno（チェコ語）	Dobro jutro（クロアチア語）
	Dzień dobry（ポーランド語）	Доброе утро（ロシア語）
その他	：Bore da（ウェールズ語）	Madainn mhath（ゲール語）
	Egun on（バスク語）	Hyvää huomenta（フィンランド語）
	Jó reggelt kívánok（マジャール語）	

異っている。たとえば、「おはよう」というごく基本的な挨拶の言葉からも、その違いは明らかに見て取れる。

　こうした異なった言語形態を持つ民族が、地理的な要因に左右されながら、ヨーロッパ各地で各々の文化を成立させていく。それらが互いに影響を与えあって、ヨーロッパの歴史は動いてきたのである。ただし、地理や民族、そして言語のみがヨーロッパの内部を区分したわけではない。むしろ政治的な動向は、それらを越えてヨーロッパの変動の大きな要因となった。そもそもひとつの国や地域が、同じ民族のみによって構成されているとは限らない。その内部に幾つかの民族を抱え込んでいる状態が、時代を通じて一般的であり、しばしば争乱の要因となった。したがって、ヨーロッパの歴史を知るためには、その環境を踏まえつつ、政治的な動向を意識する必要がある。

　加えてヨーロッパの歴史は、その内部のみで形成されてきたわけではない。ヨーロッパと大西洋を隔てた地域であるアメリカ、地中海を挟んだアフリカとアラビア、同じユーラシア大陸の東方へ位置するアジアとの相互作用は、ヨーロッパの歴史を語る上で欠かせない。本書では、それらの地域とヨーロッパとの関係も、必要に応じて取り上げられるであろう。

第2章

古代1：ヨーロッパへの扉

人物と時代　ハンムラビとモーセ

1．ハンムラビ法典と「出エジプト記」

　オリエントとは、ヨーロッパから見て東方の地域である西アジアやエジプト、今日でいう「中東」をさし、古代ローマ人が、ローマから東方の地を「日が昇る方向」を意味する Oriens と呼んだことに由来する。その古代オリエントでは、メソポタミア文明とエジプト文明というふたつの文明が誕生した。ともに、大河を中心に興り、沃土から得られる農産物に支えられた文明であるが、地形的には対照的である。ティグリス・ユーフラテス両河畔のメソポタミア

図2-0-1　オリエントの諸都市

は、比較的開放的な地形であったため、周辺民族の侵入を受けやすく、国家の興亡が激しかった。たとえメソポタミア地域を統一しても、それを長期にわたって維持することは難しい状況であった。これに対し、ナイル川を中心としたエジプトは、周囲を海と砂漠に囲まれた地形であったため、メソポタミアに比べ外敵の侵入を受けにくかった。

　メソポタミアでは、前四千年紀後半にシュメール人が都市国家を建設し、楔形文字を生み出すなどメソポタミア文明の基礎を築いたものの、前24世紀頃にセム系アッカド人がこれら都市国家を次々と征服し、南メソポタミアを統一した。しかしアッカド人による統一国家は長く続かず、グティ人やセム系アムル人の侵入により王朝は滅亡した。その後一時シュメール王朝が復活するが、アムル人が次第に勢力を強めていくなかでシュメール王朝も崩壊し、メソポタミアは再び混乱した時代を迎えた。

　このような状況のなか、前18世紀にメソポタミアを統一したのがハンムラビである。ハンムラビはアムル人の建設したバビロン第一王朝の第6代の王で、彼が王位に就いた当初、バビロンは南のラルサや西のマリ、北のアッシュルなどの強大な国家に囲まれた小国にすぎなかった。ハンムラビの治世は43年間と長期に及ぶが、その治世前半は北のアッシュルの影響下にあり、内政を重視していたようである。しかしアッシュルの影響下を抜け出すと、まずは周辺の大国と外交政策によって友好関係を築き、この間に運河の開削といった灌漑施設の整備や城壁の修復などを実施して、国力の増強を図った。そして、治世30年頃から周辺諸国との関係を友好から攻撃へと転じ、瞬く間にラルサ、マリなどの強国を打ち破って、治世37年にメソポタミア統一を果たした。ハンムラビは、支配下の各都市に市長を派遣して統治し、またアムル人を南シュメールに入植させ、常備軍化するなどして中央集権体制を確立した。首都となったバビロンはメソポタミアの政治、文化、経済の中心都市として発展していく。こうした状況のなか、ハンムラビは一気に拡大した領土を統治するため、支配地域を共通のルールのもとにおくことを意図して法典を編纂したと考えられる。

　ハンムラビ法典は、先行するシュメール語法典にならってハンムラビの治世末期に編纂され、前文、条文、あとがきから構成されている。現存するハンムラビ法典碑の最上部のレリーフには、正義や司法をつかさどる太陽神シャマシュが玉座に座り、その前に神を崇拝するハンムラビが描かれている（図2-0-2）。また序文の最後には「マルドゥク神が、人々を導き全土に社会道徳を教

えるよう私（ハンムラビ）にお命じになったとき、私は真実と正義を国民の口に上らせ、人々の肌を良くした」と記されており、ハンムラビが神の命に従い、法典の整備を遂行したことを謳っている。それに続く全282条の条文には、裁判、犯罪と罰則、兵士、農業、商業、家族や結婚、遺産相続、奴隷など、さまざまな内容が含まれている。これが「法」であったのかについては議論されるところではあるが、ハンムラビ法典からはシュメール文化を受け継いだ当時のメソポタミア社会を垣間みることができる。一方で、ハンムラビ法典はそれまでのシュメール語法典に比べて刑罰が厳しくなり、同害報復の原則が盛り込まれた。

　ハンムラビ法典はユダヤ教、キリスト教の聖典である『旧約聖書』の律法との共通性がよく指摘される。まず、神に命じられた法という共通性が見られる。ハンムラビがマルドゥク神に召命されて編纂されたものがハンムラビ法典であり、『旧約聖書』の「エジプト記」では、モーセがシナイ山で神ヤハウェから「十戒」および「契約の書」とよばれる律法を授かっている。さらにその内容や形式にも類似点が多く見られる。例を挙げれば、ハンムラビ法典では、人が同等身分の人の目を潰したときには、潰した相手の目を潰すことができるが、目を潰した相手が奴隷であれば、その奴隷の値段の半額を奴隷に払えば済むとされている。一方「契約の書」においても、「目には目を、歯には歯を」の同害報復が認められるが、目を潰した相手が奴隷であれば、奴隷を解放することで許される。つまり同害報復は同身分で行われることで、奴隷に対して起こした傷害罪に対する刑罰は、賠償金や解放という軽いものであった。奴隷の処遇に関しても、両者は類似している。ハンムラビ法典では、奴隷は3年間働けば4年目には自由の身になれるとし、「契約の書」では6年間働けば7年目には解放されるとしている。期間の違いこそあれ、奴隷は一定期間働けば、奴隷の身分を解放され自由になれるのである。

図2-0-2　ハンムラビ法典碑（大貫良夫他『世界の歴史1　人類の起源と古代オリエント』中央公論社、1998年、210頁）。高さ約2.25m。スサで発見された。ルーブル美術館蔵。

ハンムラビ法典は、同時代に粘土版に書き写されて各地に広められただけでなく、その後、前6世紀頃までメソポタミアの学者たちによって書写され続けていた。シュメール法を発展させて作られたハンムラビ法典はその後も一千年以上にわたりメソポタミアの地で受容されていったのであろう。

2．「出エジプト記」とモーセ

　神から律法を授かったとされるモーセは、オリエントのもうひとつの文明であるエジプトで生まれ育ったとされる。「出エジプト記」によると、モーセはエジプトに居住するヘブライ人の子どもとして生まれた。ヘブライ人の勢力の増大に危機感を持ったエジプト王は、ヘブライ人に生まれた男の子をすべてナイル川に放り込むよう命令を出した。なんとか息子を救おうとしたヘブライ人の母親がその子をパピルスのかごに入れて川に流したところ、偶然にもエジプトの王女がこれを拾い、モーセと名づけて育てた。しかし大人になったモーセは神ヤハウェの命を受け、ピトムの町で苦役を課せられていたヘブライ人たちを解放すべくエジプト王に請願した。しかし王はこれを拒否したため、エジプトには次々と災いがもたらされ、最後には王の長子まで命を落とすこととなった。これに頭を痛めた王はヘブライ人たちを解放したものの、彼らがモーセに率いられてエジプトを去った後に気を変え、馬と戦車でヘブライ人たちを追いかけた。ヘブライ人たちが「葦の海」を前にしてエジプト軍に追いつかれたとき、「葦の海」がふたつに分かれて道が現れ、彼らはその道を通って対岸へ渡った。エジプト軍は彼らの後を追ったが、ヘブライ人が渡りきったときに海が戻り、エジプト軍は海の藻くずと消えた、というのである。その後、約束の地カナン（現在のレバノン、イスラエル）へと進む途中、モーセはシナイ山で神ヤハウェから「十戒」をはじめヘブライ人の守るべき法を授かったとされる。

　「出エジプト記」がどこまで史実を語っているのかは不明であるが、「出エジプト記」に登場するエジプト王は、前13世紀のラメセス2世やその息子メルエンプタハであると一般的には推測されている。その主たる根拠としてラメセス2世が建設していたデルタの都市ピラメセスの建設にヘブライ人と推測される民族が従事していたことや、メルエンプタハがカナンで征服した地域にイスラエルの名が記されていることが挙げられるが、いずれも確たる証拠とはならない。ただし「出エジプト記」は、大きく政策を転換させた新王国時代のエジプトを舞台にしていることは、疑いの余地がないであろう。というのも、他民

族がエジプト人の王朝内部にて勢力を持ったのも、馬と戦車を用いたのも統一王朝下のエジプトでは新王国時代になってからである。

　それまでのエジプトは、他民族からの侵入を受けにくく、メソポタミアの国家興亡とは一線を画し、オリエントの中では孤立した存在であった。エジプト文明はメソポタミア文明の影響を受けて成立した文明であるが、前3000年頃には統一国家が形成され、古王国時代にはピラミッドが建設されるほど王権も強固なものとなった。一時国内は分裂するものの再統一された中王国時代には高度な官僚制が整えられた。しかし、再び国家が分裂した第2中間期にエジプトの状況は変わる。オリエントの民族移動に押されてエジプト北部のデルタ地帯に移住していたアジア系の諸民族が徐々に勢力を増し、やがて王朝を樹立した。彼らはヒクソスとよばれ、それまでのエジプトに無かった馬と戦車を用いた戦術でエジプトを支配していった。このヒクソスを駆逐して国内を統一してからエジプトの新王国時代が始まるが、アジアからやってきた異民族の支配に衝撃を受けたエジプトは、これまでの孤立的な政治姿勢を転換させて領土の拡大を図り、メソポタミア諸国と外交関係を結ぶなど、オリエントの国際社会に入って行った。その結果、新王国時代のエジプトでは、外国からの文化や人々の流入が活発になり、様ざまな民族や外国人がエジプトに居住するようになった。

　「出エジプト記」をエジプトの史実と直接的には結びつけることは難しい。実際に「出エジプト」が行われたとしても当時のエジプトにとって異民族の逃亡など取るに足らないことであったかもしれない。しかし、ヘブライ人たちにとって「出エジプト」は、苦役からの解放であり、神ヤハウェの存在を知り、唯一の神として崇めるようになった象徴的な出来事なのである。

3．ヨーロッパ文化のルーツ

　日本における「西洋史」と「東洋史」の枠組みの中で、中東地域は、古代では西洋史に、イスラーム時代以降では東洋史に組み込まれている。同じ地域にもかかわらず時代によって位置づけが変わってしまうのである。これは西洋史と東洋史の区分が宗教文化によって行われたからであろう。すなわちキリスト教にかかわる時代は西洋史、イスラームにかかわる時代は東洋史と識別されている。

　ヨーロッパ文化はふたつの基調からなるとされる。ギリシア的文化であるへ

図2-0-3 「モーセの発見」(山形孝夫、山形美加『図説 聖書物語 旧約篇』河出書房新社、2001年、56頁)。ヴェロネーゼ作、1580年。エジプトの王女はイタリア人の貴婦人のように描かれている。

レニズムとキリスト教的文化であるヘブライズムである。つまりヨーロッパ人は、ヘブライズムの源となる『旧約聖書』の世界をヨーロッパ人の世界として捉えてきた。19世紀のヨーロッパにおいて、メソポタミア文明やエジプト文明の解明が進められるようになると、『旧約聖書』に登場した人物や都市が実際に存在していたことがわかってきた。しかし反面、『旧約聖書』の世界と考えていたオリエントの文化がヨーロッパ文化とは異質で、『旧約聖書』にはオリエントの様ざまな歴史的事実や逸話などが都合良く混ぜ合わされ、史実としての信憑性は薄く、宗教的な伝承となって描かれていたことが浮き彫りとなった。

逆に言えば、『旧約聖書』には古代オリエントの影響が多分に含まれ、そこから生まれたヘブライズムがヨーロッパ文化の基軸となったといえる。すなわちユダヤ教、キリスト教の聖典である『旧約聖書』の舞台となった古代オリエントの世界はヨーロッパ文化のルーツなのである。

テーマ史1　千の神々を持つ王国ヒッタイト

1．アナトリアに生まれた「鉄の国」ヒッタイト

ヨーロッパ文明を生み出した地中海世界の東北部に位置し、古代オリエント世界の最西端でもある現在アナトリア、あるいは小アジアと呼ばれている地域（現在の国名で言うとその大部分はトルコ共和国に相当）は、世界最古の農耕が開始されたとされるチャタル・フユック遺跡を含む地域として知られている。そこには後の時代に我々がヒッタイトと呼ぶ強力な王国が出現するのである。その王国は、ある特殊なハイテク技術を生み出したことから人類史に名を残すこと

に成功する。そのハイテク技術とは、鉱石から金属を取り出す冶金技術であった。そしてその金属とは鉄であったのである。それゆえヒッタイトは「鉄の国」という異名を持つほどだ。その鉄を造る技術と鉄から作り出す馬具と戦車が彼らの特徴であった。

　それらの特徴が余りにも有名なため、ヒッタイトを「鉄と馬と戦車により古代エジプト王国と互角に渡り合うまでに発展した小アジアの強国」という言葉以外で定義することはなかなか難しい。たとえば現代世界の民族的枠組みを用いて、ヒッタイト人を定義することは困難なのである。というのも、彼らは当時の国際語であったアッカド語やヒッタイト語以外にも数種類の言語を国内で並行して使用していたからである。つまりヒッタイトとは、異なる言葉を使用する複数の民族が寄り集まり形成された国家であった。その上、発展過程において、アッシリア商人と接点を持ち、またヒッタイト王国成立以前に存在したルウィ人とパラ人やフリ語を使用していた隣国のミタンニ王国の人々を吸収したために、さらに複雑な社会状況を生み出した。ヒッタイトは、このように多民族国家であったが、その最盛期には、首都ハットゥシャ（現代名ボアズキョイ、ボアズカレ）を中心に小アジアとシリアを支配し、バビロンにまでその領土を拡大して、古代オリエント世界屈指の強国となったのである。

　もともとヒッタイト人は、インド・ヨーロッパ系の民族と考えられており、彼らが先住民族のハッティ人の住むハッティと呼ばれていたアナトリア中央部に侵入・定住することにより国を興した。最初に王国を置いた場所は、クズルウルマックと呼ばれた場所の近くであったと伝わっている。クズルウルマックとは、「赤い河」という意味を持っていた。現在日本の調査隊が調査を行っているトルコ中部の遺跡ビュクリュカレなどもこのクズルウルマックの畔に位置している。後の時代の記録によれば、ヒッタイトは伝説上の王ラバルナを建国の祖とし、彼の子孫によってハットゥシャが征服され、アナトリア中央部を統一したと考えられている。そのハットゥシャを都としてヒッタイトの古王国時代（紀元前1700〜1400年頃）は始まった。さらに古王国時代に西方はアルザワまで、東方はシリアまで領土を拡大した。続いて紀元前1595年頃にバビロン第1王朝を滅ぼした。その後、王の暗殺事件により王国は混乱期を迎えるが、テリピヌ勅令で知られる王テリピヌにより正常化された。テリピヌは、東南アナトリアの新興国キズワトナの王と条約を結び、領土を東はユーフラテス河流域から地中海沿岸地域にまで拡大するなど積極的に活動した。続くヒッタイトの中

王国時代は、次の新王国時代への過渡期と位置づけられている。ミタンニ王国やカシュカなどの周辺諸地域の勢力に対抗するため、王がキズワトナと密接な関係を築くなど対策は打ったが徐々に弱体し衰退していく。

　しかしながら、ヒッタイトは紀元前15世紀中頃に新たな王統のもと新時代を迎えた。新王国時代と呼ばれているこの時期は、軍事的側面により特徴づけられており、帝国と呼ぶに相応しい活発な活動を展開した。シュッピルリウマ１世は、周辺勢力を戦争により一掃し、ミタンニ王国を滅ぼし、その西半分を属国化、中王国時代に喪失した領土を奪回した。また彼は、ふたりの息子をそれぞれカルケミシュとハラブ（アレッポ）の王に任命することにより、アナトリアから北シリアにかけて広がる大帝国を創り上げたのである。シュッピルリウマ１世の後継者たちもシリア・パレスティナ地域において、領土拡張と大規模な軍事遠征を行ったが、同時代におけるもうひとつの強国であるエジプトと衝突するのは時間の問題であった。

２．アマルナ時代とカデシュの戦い

　ヒッタイトの名を現在でも世界中の人々に知らしめているのは、彼らにとって常に最大の脅威であったライヴァル、古代エジプト王国の存在である。古代の歴史としては、かなり正確なものとして知られているエジプトの歴史は、周辺国家の歴史をも常に包含しているのである。ヒッタイトが領土を広げるために外へと拡張政策を採り始めた当初、エジプトとの関係は、まだそれほど悪いもの、つまり戦争となる程のものではなかったと考えられる。たとえばそのひとつの証拠として、当時の外交文書である『アマルナ書簡』（図2-1-1）の中において、ヒッタイトから鉄が貢物としてエジプトにもたらされ、そのヒッタイトからの貢物であろう鉄を用いて製作された短剣がトゥトアンクアメン（ツタンカーメン）王墓から出土しているからである。あるいはトゥトアンクアメンの未亡人であったアンクエスエンアメンが当時のヒッタイト王シュッピルリウマ１世に彼の王子のひとりを彼女の夫、つまり若くして亡くなってしまったトゥトアンクアメ

図2-1-1　アマルナ書簡（B. Manley(ed.), *The Seventy Great Mysteries of Ancient Egypt*, London, 2003, p.171).

ンの王位継承者として送って欲しいということを手紙で伝えたことが知られているからである。このエジプト側からの打診にヒッタイト王は困惑しながらもツァナンツァ（ザナンザ）という名前の王子をエジプトに送った。結局この婚姻は、おそらくトゥトアンクアメンの未亡人であるアンクエスエンアメンに敵対するエジプト国内の反対勢力の妨害によって実現しなかったが、政略結婚の提案が可能なほどヒッタイトとエジプトが密接な間柄であったことは確かである。

　しかしながら、その後ヒッタイトとエジプトは、シリア・パレスティナと東地中海沿岸地域の属州・小都市国家群をめぐりしばしば交戦することとなる。幾つかの軍事的衝突が知られているが、我々によく知られているものとしてメギドの戦いとカデシュの戦いとがある。そのうちでも最も内容が知られているのが後者のカデシュの戦いであった。当時カデシュは、オロンテス河畔に位置し、東西文明を結ぶ中継交易の拠点のひとつとして知られていた。この地をめぐりヒッタイト王ムワタリの軍とエジプト王ラメセス2世の軍とが紀元前1274年頃に激突したのである。この戦争はもともとエジプト側に立っていたカデシュに対してヒッタイトが同盟を求めたことに端を発する。これに呼応してラメセス2世の父であったセティ1世が当初戦うが、決戦を交えたのは息子のラムメス2世であった。当時の世界を代表する軍事大国であったヒッタイトとエジプトとの戦いは、カデシュを血に染め凄惨を極めたことであろう。

　カデシュの戦いは、その経過状況が文字資料によって詳細に知られていることから、記録が残る世界最古の戦争であるとされている。罠を仕掛けたり、裏をかいたりとなかなか現代のスパイ合戦のような側面を彷彿とさせるような細かな戦略と活動などにより、世に知られたこの戦いは、結局引き分けという形で幕を閉じたと現在では考えられている。戦いの後、両国は、ラメセス2世とヒッタイトの王女とが結婚するという形で同盟関係となる。その後ハットゥシリ3世のヒッタイトとラメセス2世のエジプトとは平和条約を結んだことが、エジプトのカルナク神殿の壁面やパピルス文書の中に、そしてヒッタイト側からも王室図書館で発見されたアッカド語で書かれた粘土板の中に記されている。ただし当時の国際状況を考慮するならば、アッシリアがオリエント世界全域で攻勢に出てきていたという点も見逃せないことから、両国が同盟関係を結んだ裏にはアッシリアのシャルマネセル1世の脅威が間違いなくあったはずである。

その後ヒッタイトは、シュッピルリウマ2世の治世であった紀元前13世紀終盤にいわゆる「海の民」による移民活動によって国家としては崩壊・分散した。一部は紀元前8世紀にアッシリアに併合されるまで、ネオ・ヒッタイトと呼ばれている幾つかの都市国家として生き残った。多民族国家として発展したヒッタイトであったが、再び分裂を余儀なくされ、最終的には歴史の流れに飲み込まれていったのである。

3．ヒッタイトの文化と神々

鉄製武器や馬を用いた戦車のために攻撃的な側面がその特徴として強調されることの多いヒッタイトではあるが、彼らの豊かで高度な文化的側面もよく知られている。たとえば先述したテリピヌ勅令以外にも100条程の条文で構成されたヒッタイト法と呼ばれているふたつの法律集の存在が知られている。これら法律集は、ハンムラビ法典同様に仮定文と帰結文から構成されていた。また文字の形態としては、楔形文字で書かれたヒッタイト語とベドルシフ・フロズニーによって解読された象形文字のヒッタイト文字が知られている。20世紀初頭、ドイツのフーゴー・ヴィンクラーによって一万枚を超える粘土板が都のハットゥシャがあったボアズキョイで発見されている。このボアズキョイで発見された粘土板には7種類の言語が使用されていた。ここからもヒッタイト社会の複雑さが見て取れる。しかしながら、これらの内容は王宮の公文書に限定されており、一般庶民の社会生活に関する情報を得ることは難しい。

ヒッタイトのもうひとつの特徴である多神教に関する証拠がハットゥシャの近くに位置するヤズルカヤに存在している。ヤズルカヤとはトルコ語で「碑文のある岩」という意味である。近くに水の湧きだす場所があることから聖地となったと考えられている。ここでおそらくヒッタイトで165

図2-1-2　象形文字のヒッタイト語 (C.W. Ceram, *The Secret of the Hittites: The Discovery of an Ancient Empire*, London, 2001, p.94).

第2章　古代1：ヨーロッパへの扉

あったとされている祭祀のひとつである新年祭が開かれたと想定されている。ヒッタイトの新年の始まりは春であり、天候神たちのために祭祀は行われた。そのためそのヤズルカヤの岩壁に彫り込まれたレリーフの中でも特に大ギャラリーと呼ばれている岩壁に描かれたものには、豹の上に乗るハッティの太陽女神アリンナ（あるいはフリ人の太陽神ヘパト）とふたつの山を擬人化したものの上に立つ嵐の神テシュプなどの神々が見られる。両者とも天候に関わる神であった。中でもアリンナの歴史は古く、ヒッタイトの古王国時代にまでその崇拝の歴史は遡る。ヒッタイトの一番古い段階からこの太陽女神は存在していたのである。

ヒッタイト人たちはこのアリンナ女神を「ハッティの国の女王、天と地の女王、ハッティの国の王たちと王妃たちの女主人、ハッティの王と王妃の地を導く神」と呼ぶほど重要視していた。またアリンナ（あるいはヘパト）の後方には、母親同様に豹の上に乗る息子のシャルマが控えている。しかし、新王国時代になると少し状況が変化し、嵐の神であるテシュプの方が主神となった。テシュプはアリンナ女神がハッティの神様であったのとは異なり、もともとフリ人の崇拝していた神であった。このことからヒッタイトの古王国時代はハッティ人が強い影響力を行使し、新王国時代からはフリ人が権力を持ち始めた可能性が高いのである。この崇拝対象である神々の移行は、そのままヒッタイト帝国内部における権力構造の変遷を反映している。

ヤズルカヤの大ギャラリーを進み、さらにトンネル状の岩を抜けると小ギャラリーと呼ばれている空間にたどり着く。そこにある垂直の壁には、三角の帽子を被り、剣を掲げた12人の神々が行列を作り行進している場面が彫り込まれているレリーフがある。異なる神々が同じような大きさで描かれ、行列を成しているのが見てとれる。ハッティ人とフリ人が中心として成り立っていたヒッタイトという王国には、それ以外の人々が崇める神々も存在し

図2-1-3　ヤズルカヤの岩壁レリーフ（クルート・ビッテル（大村幸弘、吉田大輔訳）『ヒッタイト王国の発見』山本書店、1991年、図71-b）。

ていたことがこのレリーフからもわかるのである。

4．ヒッタイト神話が後の世界に与えた影響
　様ざまな国家・民族に取り囲まれるという地理的な特徴と時代背景の中、外からの影響を受けつつ独自の文化を開花させたヒッタイトであったが、逆にヒッタイトが外部世界に影響を与えたと考えられているものもある。それがヒッタイトの神話であった。たとえばフリ人の穀物神クマルビが登場する『クマルビ物語』は、ヘシオドスの『神統記』にみられるギリシアの王権神話・創造神話であるクロノス神話に相当するため、その原型とみなされている。相当箇所として、『神統記』では父ウラノスの性器が切り取られること、そして『クマルビ神話』では王位を簒奪した大臣アヌの性器が噛み切られることが挙げられる。
　またヒッタイトには嵐の神テリピヌを主人公とした『テリピヌ神話』と呼ばれている神話が知られている。粘土板文書に記されていたが、冒頭の個所が欠如しているため、この神話の内容は、農耕と植物の神でもあるテリピヌ神が何らかの怒りにより姿を消してしまう場面から知られている。何がテリピヌを怒らせたのかはわからない。ただ神話の中では、右足に左足用の靴、そして左足に右足用の靴を履いてしまうほど、テリピヌ神は怒っていたと表現されている。その怒りが原因で国中が災いに襲われるのである。つまり、地上の全ての土地が不毛になり、飢饉が訪れる。神々が総出でテリピヌを探すが見つからず、鷲を使って空から山や谷を探しても見つからなかった。ようやくそれを蜜蜂が探し出し、テリピヌは再び姿を地上に表し、世界に秩序が戻るという内容である。
　このような「消える神の神話」として世界中で知られる類似した神話の一例、そしてそのかなり古い段階のものがヒッタイトの『テリピヌ神話』なのである。農耕神あるいは太陽神が地上から消え、再び姿を表すというストーリーは、明らかに春を迎えて植物が再び芽吹くこととリンクした農耕と強く結びついている。さらに七つの門を潜り抜け姉の住む死者の国に行き、戻って来るというシュメールの「神が一度消えて再び舞い戻る」というパターンは、『イナンナの冥界下り』や英雄神バアルの戦いと死、そして再生復活を描くウガリトの『バアル神話』、あるいはエジプトの『オシリス神話』にも通ずるものがある。時代は新しくなるが、我が国の天照大神を思い出す人もいるかもしれない。ヒッタ

イトの神話の特徴は、メソポタミアに起源を持つ神話に類似していることと、ヨーロッパを中心とする世界各地の神話に影響を与えていることであろう。

　さらにもうひとつ後世に影響を与えたヒッタイト神話のお話を挙げておきたい。それは『イルヤンカシュ神話』と呼ばれているものである。イルヤンカシュは、イルヤンカ、あるいはイルルヤンカシュと呼ばれることもある龍神である。基本的なストーリーは、嵐の神とイルヤンカシュが戦い、嵐の神が勝利するというものだが、ふたつのパターンが知られている。ひとつ目はイルヤンカシュを女神がおびき出し、食べ物と酒を振る舞い、完全にイルヤンカシュに酔いがまわったところで、縛りあげて嵐の神がとどめを刺すというものである。日本神話のヤマタノオロチの話やキリスト教の聖ジョージのドラゴン退治によく似ている。この種の話は世界各地に存在している。嵐の神＝天候神＝雨の神が暗黒あるいは邪悪なものの象徴である龍に勝利するというものだ。おそらくそれはヒッタイトにおいて毎年新年の祭りの際に人々の前で芝居として上演され、龍、つまり脱皮して毎年復活して現れる邪悪な存在である巨大な蛇を嵐の神、つまり恵みの雨をもたらす神が打ち倒すという儀礼が神話として語り継がれたものなのであろう。

　ふたつ目は次のような内容である。最初にイルヤンカシュが嵐の神と戦い、勝利して嵐の神の心臓と眼を奪う。まずイルヤンカシュが勝利するのである。その後、復讐を誓う嵐の神は、下界に降りて貧しい娘と結婚して男児をもうける。その男の子が成人した時、嵐の神はイルヤンカシュの娘と結婚させる。嵐の神は息子に妻の家に戻ったら妻に心臓と眼のことについて尋ねて、それを取り戻すようにと告げる。心臓と眼を取り返した嵐の神は再びイルヤンカシュと戦い、今度は勝利する。しかし、妻と義理の父親とを見捨てることが出来ない嵐の神の息子は、自分の父親に殺すように求めて命を絶つという話である。この『イルヤンカシュ神話』には、古今東西世界中で知られているあらゆる神話・物語の基本パターンの多くが収録されていることがわかる。たとえば以下のように特徴を列挙してみればよくわかるであろう。

① 嵐の神：バアル、セト、エンリル、スサノオ
② 心臓や眼を奪う：ホルスとセト、リア王のグロスター伯爵、オイディプス
③ 下界に降りる(天から地上、地上からあの世)：イナンナの冥界下り、イザナギ、羽衣伝説、貴種流離譚

④ 貧しい娘と結婚する：シンデレラ、プリティー・ウーマン
⑤ 男児をもうける（家・王権の継承・継続）：ライオンキング、リボンの騎士
⑥ 二度目は勝利する：オシリス神話、ウルトラマン等の特撮ヒーローもの、プリキュアシリーズ
⑦ 自らの意志で命を絶つ：人魚姫、ロミオとジュリエット、幸福の王子

　ヒッタイト帝国は、「千の神々を持つ王国」と呼ばれている。他民族を併合しながら帝国として発展したその形成過程から考えれば、異なる起源を持つ多くの神々が崇拝されていたことも理解できる。他民族の集合体であったヒッタイト帝国は、同時にそして必然的に多神教文化を持つことになったのである。本来の神々のパンテオンに他の民族の神々を排除することなく、受け入れながら発展したヒッタイトの統治法には、現代世界に蔓延している複雑な民族問題を解く鍵があるかもしれない。

テーマ史2　古代地中海世界に生きたフェニキア人

1．文献史料からみるフェニキア人

　前13-11世紀は古代地中海世界にとって変化の時期である。「海の民」と呼ばれる人々の侵入はヒッタイトを滅ぼし、トロイアやエジプトにも大きな被害を与えた。またギリシアでもエーゲ文明が崩壊したように、既存社会の枠組みが大きく変化していったのがこの頃であった。青銅器時代から鉄器時代へと移行するこの時代、特に被害のなかったカナン地方（現在のレバノン、イスラエル）に住む人々の一部が海洋民族と化していく。彼らがフェニキア人である。

　フェニキア人同様カナンの地を故郷とする民族がユダヤ人である。ユダヤ教の正典『旧約聖書』には、イスラエル王ソロモンとフェニキア都市テュロスの王ヒラム1世の協力関係が描かれている。ヒラムはソロモンが建築する巨大な神殿や船のために貴重なレバノン杉を提供し職人を同行させたり、共同事業として紅海へ乗り出し大量の金を持ち帰った。

　『旧約聖書』の「列王記」には、ソロモンが所有した船とテュロスの船を「タルシシュの船」と同じ名前で呼んでいる。古来から「タルシシュ」の場所を巡っては論争があったが、船が運んだ物品リストに金、銀、鉄、錫などの貴重な鉱物があること、さらに「タルシシュ」と音が似ていることから、イベリア半島

南部にあった鉱物資源が豊富なタルテッソスだと推測されている。
「エゼキエル書」にはテュロスの繁栄の様子が描かれ、取引をした物品のリストもまとめられている。品目だけみるならば、先にあげた鉱物資源から、香料、宝石、黄金、象牙といった贅沢品、馬、ラバや小麦、ブドウ酒、オリーヴ油といった実用品に至るまで幅広い。ここから、メソポタミア北部からアラビア半島、シリア、小アジアまでを含んだオリエント世界、そして西方はイベリア半島までの広大な交易ネットワークの存在を推測することができる。

図2-2-1 フェニキアの商船（船首と船尾が高く持ち上がったもの）と軍船（マストと帆を備えたもの）（栗田伸子、佐藤育子『通商国家カルタゴ』講談社、2009年、68頁）。

　ギリシアの詩人ホメロスの作品にもフェニキア人は登場する。そこでは船を操り織物や金属加工などの手工業製品をつくる職人として語られているだけなく、人身売買をも行う商人としても描かれている。そのためホメロスはフェニキア人を詐欺師で悪知恵ばかりはたらく悪人として語る。また先ほど挙げた『旧約聖書』におけるテュロスの繁栄の描写も、呪いの言葉を吐かれるなど決して好意的なものばかりではない。

　フェニキア人は地中海全体を活動の場としたが、その交通の要衝として重要だったのがカルタゴである。ギリシア人の歴史家ヘロドトスは、カルタゴについて一風変わったエピソードを伝えている。彼はカルタゴ人とアフリカの現地民との交易は、お互いに姿を見せずに言葉も用いずに行われると述べる。ある決められた場所に品物を置き、合図をして姿をかくすと、取引相手があらわれて等価と思われる品物を相手の品物のそばにおいて去る。両者は満足すれば相手の品物を持ち帰り、交易が成立する。「沈黙交易」と呼ばれるこの方法は、交易における原初的なものと考えられている。たしかにフェニキア・カルタゴ人が交易において貨幣を用いるのはギリシア人よりもずっと遅れてのことだった。

2．考古資料からみるフェニキア人

　ところで、なぜフェニキア・カルタゴ人による貨幣の使用がギリシア人よりも遅かったことがわかるのかというと、その貨幣がギリシア人の貨幣より新しい時代の地層から出土するからである。このように、発掘によって見つかるものを考古資料という。一般的に考古資料には文字が書かれていない場合が多いが、当時の人々が生きた「世界」を再構成する助けになる。

　フェニキア人は単なる商人ではなく、職人として語られる場合があったことは前に述べた。そうした記述は、フェニキア人がつくった象牙細工やガラス製品、貴金属細工が出土している事実から裏づけられる。象牙細工の多くはアッシリアの王宮ニムルドから出土しており、なかでも「アフリカ人を襲う牝ライオン」はフェニキア美術の傑作として名高い。このような象牙細工は、椅子や寝台といった木製の家具に嵌め込まれた形でアッシリアや新バビロニアの王宮に輸出された。しかし西地中海世界には流通せず、イベリア半島では象牙製の櫛が出土する程度であった。この事実は、当時のイベリア半島が文化的後進地域であった状況を物語っている。

　さらにフェニキア人は金、銀、銅の細工品や青銅に金をメッキした加工品を製造し、金の小粒を密集させるグラニュレーションと呼ばれる技法を用いた。またガラス製品の発展が著しい。もともとガラス製品はメソポタミアの発祥だが、フェニキアにはガラスの原料となる良質の砂があり、また彼らが高温を保つ技術を有していたことが発展の基礎となった。特徴的なものに人の顔をかたどったガラス製の魔除けペンダントがあり、主に西地中海のフェニキア都市の遺跡から出土している。

　だがフェニキア人固有の芸術様式を定義することは非常に困難である。まずフェニキア本土からはこれらの資料がほとんど出土しないため、フェニキア人がフェニキア人のためにつくった商品があったとしても確認することができない。ほとんどの商品は交易相手が暮らしていた土地にのみ残されており、フェニキア人はそれらの製品を現地生産していたようである。広範な交易範囲のせいで多様化した顧客の要求に答えようとしたのかはわからないが、彼らのつくる作品は多様な地域のモチーフを組み合わせたものだった。またアンクやスカラベ、ジェド柱といったエジプトのシンボルを配した作品が数多くつくられたが、それは東地中海世界におけるエジプトの存在感が大きい時に限られていた。時代が下るとフェニキア人の生産する工芸品にヘレニズムの色彩が濃く

なっていったように、フェニキア人の作品は当時の社会情勢によってそのデザインを全く変化させたのである。

　さらに考古資料からわかることがある。貴重な鉱物資源を運んできた「タルシシュの船」はイベリア半島のタルテッソスに由来するとされるが、その詳細を考古学調査が明らかにしている。銀の採掘は現地民が行い、フェニキア人は現地集落に採掘道具、ふいごやるつぼを持ち込み、その場で若干の加工をしていた。しかし掘り出された鉱物の大部分はその鉱山から港町に運ばれ、町の中心部にあった溶鉱炉で精錬されて本国に持ち帰られたことがわかっているのだ。

3．フェニキア・カルタゴ人と「資料」

　さて、フェニキア・カルタゴ人の歴史は常にエジプト人、アッシリア人、ユダヤ人、ギリシア人、ローマ人といった「他者」によって語られる。彼らが自らの歴史を記したり、反対に「他者」を評したような書物が見つかっていないからである。唯一現存するのは墓などに刻まれた碑文のみである。その史料不足の原因はさまざま考えられている。たとえば、フェニキア人は商業民族だったのでその秘密主義により書物を残さなかったといわれることもある。

　ただその一方でカルタゴのマゴという人物は『農書』を書いていたことが知られているし、テュロスやカルタゴといった中心都市には大きな図書館があったという。しかしこれらの施設は敵国によってことごとく破壊されてしまった。また海沿いに住んだ彼らの住環境が、文書の残存状況に影響を与えたことも指摘されている。つまり当時フェニキア人は書き物を残していたのだが、他国の侵略や周囲の自然環境のせいで今は残っていないと考えるのが妥当だろう。

　このように自らを語る史料を持たないフェニキア・カルタゴ人は、他民族によって「悪者」としてレッテルを貼られてきた。史料はどうしても著者の主観で語られる。そしてその史料を基にした古代地中海史において、彼らは「乗り越えられるべき存在」として描かれてきた。特にヨーロッパの古代史はギリシア・ローマを標準として歴史が進行するため、フェニキア・カルタゴ史は異物として扱われてしまう。

　そこで可能な限りフェアに彼らの歴史を再構築するのが考古学的なアプローチである。考古学は人類学や地理学、自然科学などのさまざまな諸学問と連携

することができ、特に科学的手法を調査に取り入れることで大きな成果を生む。たとえばフェニキア人の西地中海への進出が、現地の文化に大きな影響を与えたことは考古資料を通じてのみ明らかになる。クレタ島、ギリシア、イタリア中部、シチリア島、イベリア半島などにオリエント世界の影響がみられる背景には、東地中海の商品を現地に持ち込んだり、そこで商品を生産したフェニキア人の活動がある。

　この場合、物質資料を扱う考古学的アプローチによって現地に及ぼしたオリエント世界の影響を推し量ることができ、その影響が大きければ大きいほどフェニキア人が現地でどれだけ多く商業活動をしたのかがわかる。つまりギリシア・ローマ史のサイドストーリーとしてのフェニキア・カルタゴ史ではなく、彼らが主体となった歴史を描くことが可能となる。

　とはいえ考古学的アプローチの意義は、史料の語る事実を否定することだけにあるのではない。たとえ史料と考古資料が別の事実を示しても、「なぜ著者はこう語ったのか」という問いを抱く良い機会となる。そしてその問いに対する答えは、著者が生きたその時代をより深く理解するための大きなヒントになるだろう。このように、考古資料はある一方だけから語られる歴史に多様な解釈を与えてくれる可能性を秘めている。同じように、史料を持たないフェニキア・カルタゴ人の足跡を明らかにすることは、古代地中海世界の歴史にさまざまな解釈の幅を与えることにもなるのである。

第 3 章

古代 2：「都市」の伝統と「帝国」の伸張

人物と時代　アレクサンドロスとカエサル

1. 都市と英雄

　地中海では、前2000年頃にオリエント世界の影響を受けつつエーゲ文明が成立したが、前1200年頃に一度は崩壊し、その後は数百年にわたって混乱した。ようやく復興を迎えたのは前800年頃である。この頃、ギリシア各地で形成されたのが、都市であった。都市は、現地の政治や文化の中心地となった。その後ギリシア人は、新たな土地を求めて地中海各地へと移住し、移住先でさらに都市を建設していった。やがて、ギリシア人以外も都市の建設を行う。そうした都市のひとつが、ラテン人の建てたローマである。後にローマは、地中海世界全体を治める帝国へと発展した。

　古代の地中海では、原則として近隣の都市同士は、同じ言語を話して類似した文化を共有する、同一の民族によって構成されている。けれども、各都市はそれぞれ独立したひとつの国であり、平等な権利を持つ自由な市民による自治が行われた。そうした状況は、どこかの都市が強大な力を持つに至り、他都市を服属させた場合でも変わらない。たとえば、ギリシアの盟主となったアテナイは同盟都市へ圧力をかけたし、ローマは地中海の諸都市を勢力下に置いたものの、どちらの場合でも、各都市は内政の権利を認められている。古代ギリシア・ローマ文明は、その歴史を通じて都市が土台にあったといえよう。

　さて、各都市は独立していたとなると、都市同士の間で揉め事が生じ、それが戦争へと至る場合も珍しくなかった。戦争で活躍して自国の名前を高めた人物は、英雄として讃えられた。ギリシア・ローマのそれぞれから、そうした英

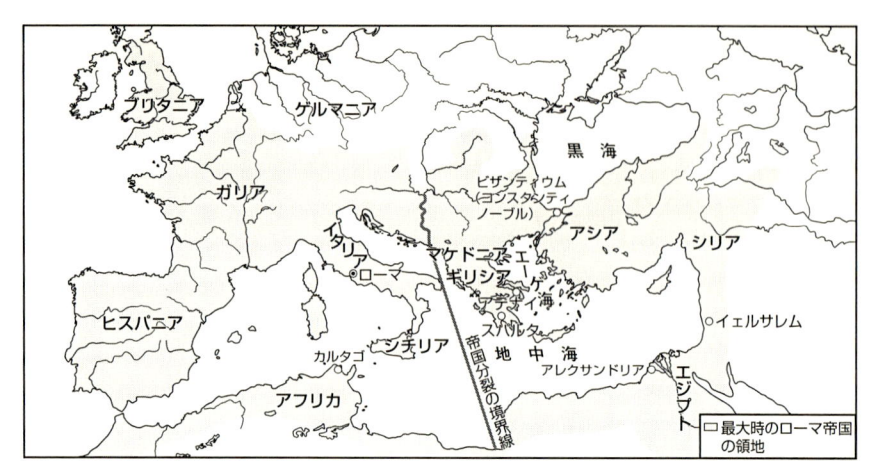

図3-0-1　古代ギリシア・ローマ

雄をひとりずつ選ぶとすれば、アレクサンドロスとカエサルの名前が挙がるだろう。共に、幾多の戦争に勝利して、広大な地域を統べた人物であり、優れた才能とカリスマ的な魅力を持っていた。

　アレクサンドロスは、ギリシア北方のマケドニア王国の王子として、前356年に生まれた。暗殺された父王の後を継いで即位したときには、二十歳そこそこの若者にすぎなかった。にもかかわらず彼は、服属させたギリシアの軍団と共に、東方の大国であるペルシアへの大遠征を行った。そして敵軍を次々と打ち破り、ペルシアを滅ぼした。さらに東へと遠征を続け、その行程はインダス川流域にまで及んだ。やがて、東方に留まりながら、統治のための制度を築こうとしたものの、前323年にまだ30代前半の若さで病死した。

　その広大な領土は、後継者をめぐる争いのなかで、臣下たちにより分割されてしまう。以後は、分裂した諸王国と都市国家の同盟による抗争が繰り広げられた。同じ頃、イタリア半島で勢力を拡大したのが、都市国家であったローマである。ローマは、共和政としての政治体制を固めつつ、対外戦争も積極的に行った。前3世紀半ばにイタリア半島を統一すると海外へ進出し、まもなく地中海で最大の勢力となる。ただし前2世紀末には、イタリア半島や東地中海で大規模な反乱に直面し、内部でも政治家同士の抗争が激化していく。やがて、軍団を指揮して戦争に勝利し、政治闘争を勝ち抜いた者たちが、政界の実力者として権力をふるい始めた。そのひとりがガイウス・ユリウス・カエサルである。

カエサルは前100年頃にローマで生まれた。伝統ある家系の出身ではなかったものの、政界で徐々に頭角を現していく。前59年には、当時の最大の実力者であったポンペイウスやクラッススと同盟を組み、政界の頂点へ立つに至った。ただし、カエサルがガリアへ遠征していたころに、3人の関係は悪化する。最終的にクラッススは東方で戦死し、ポンペイウスもガリアから帰国したカエサルの前

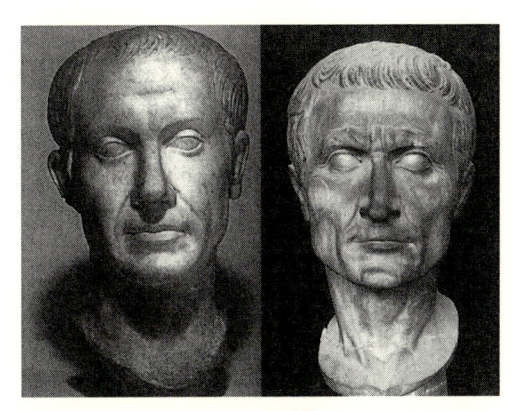

図3-0-2　カエサルの彫像（共に前1世紀半ば、Miriam Griffin, ed., *A Companion to Julius Caesar*, Malden Mass., 2009, p.303, 309）。左が、晩年のカエサルの姿を反映した彫像、右が、死後につくられたと推測されている、やや若々しく表現された彫像。

に破れた。こうしてカエサルは、強大な権限を持つ人物としてローマの政界を掌握した。しかし前44年、共和政の伝統を破って独裁者になるのではないかと疑われ、暗殺されてしまった。

ところで、両者は強大な権力によって支配を行ったとなると、自由な市民による自治が行われた都市の性格からかけ離れているかに見える。だが両者を詳しく見ていくと、むしろ伝統を受け継いだ部分が窺える。

2．英雄と伝統

そもそもマケドニアは、ギリシアの強い影響を受けている。もともとは、ギリシア北方の遊牧民族が建てた辺境の小国にすぎなかったが、ギリシアとの交易を通じて徐々に国力を増大させていく。そのマケドニアを大きく飛躍させたのが、アレクサンドロスの父であるフィリッポス2世であった。軍備の増強を行い、周りの異民族との戦争に勝利して領土を拡大しつつ、活発な経済活動も行った。さらに、征服地に多くの都市を建設している。これは、ギリシア的な都市の伝統を受容したともいえる。

その後フィリッポス2世は、ギリシア連合軍を打ち破って勢力下に置いた。ただし、直接的な支配は行わずに、ギリシア人に結成させた同盟の盟主となり、自分に服属させる形式をとった。アレクサンドロスもこれを受け継ぐが、こう

図3-0-3　アレクサンドロスの貨幣 (前336〜前323年、『アレクサンドロス大王と東西文明の交流展』NHK、2003年、48頁)。表面はヘラクレス、裏面はゼウス。

した都市同盟による連合は、前5世紀からギリシアで行われていた。ペルシア遠征を発案したのもフィリッポス2世だが、同じようにペルシア遠征を訴えるギリシア人すら存在していた。いわばアレクサンドロスのペルシア征服は、フィリッポス2世による富国強兵の政策と、ギリシア人が抱いていたペルシアへの対抗意識の延長線上にあった。

　そしてアレクサンドロスは、ギリシアの文化的伝統を強く意識していた。いつからかマケドニア王家は、ギリシア神話の英雄であるヘラクレスを自分たちの祖先と訴え始めていた。自らの文化的な後進性を自覚していたために、ギリシアとの結びつきを無理にでもつくろうとしたのであろう。そしてアレクサンドロスは、貨幣にしばしばヘラクレスの姿を刻んでいる。ここには、ギリシアとの結びつきという伝統を重んじていた事実を見て取れる。さらにアレクサンドロスは、ホメロスの『イリアス』を片時も離さずに持ち歩いていたという。『イリアス』はギリシア人にとって最も重要な古典だった。アレクサンドロスは、自分がギリシア人であると意識していたといえる。アレクサンドロスの大遠征は、どのギリシア人もなしえなかった偉業であろう。だがそれは、ギリシアの都市国家や文化の伝統を土台にしていたのである。

　では、カエサルはどうだろうか。たしかに晩年のカエサルは強大な権力を握っていた。だが、カエサルが様々な公職に就任した年齢は、他の政治家とほぼ変わらない。さらに、彼が政界で君臨している間も、共和政の伝統に則って、公職者を選ぶ選挙は行われていた。公職経験者の集う諮問機関として政治や外交の主導権を握っていた元老院も、そのまま存続させている。したがって、共和政の制度を破壊したわけではない。初代皇帝となったオクタウィアヌスとそれ以後のローマ皇帝たちが、名目上は市民の第一人者を称したのも、カエサルが共和政の伝統を踏まえていたからに他ならない。4世紀に大きく変化するまでのローマ帝国を元首政と呼ぶのも、こうした名目に基づいている。

　カエサルが、長期にわたるガリア遠征にて、大規模な軍団を率いて広大な領域を勢力下に収めたのは、彼の軍事的才能を示している。ただし、その基盤と

なった軍団の編成方法はポンペイウスに倣っている。ローマでは、軍団の指揮権はごく限られた上位の公職者にしか与えられていなかった。そうした公職者のなかには、彼ほどではないものの、長期にわたる軍事遠征を行った者もいた。だが、ひとりで指揮できるのは一定数の軍団のみと定められていたため、多数の軍団を大規模に展開させるのは難しい。実際に、東地中海での海賊の活動が深刻になった際には、そうした軍事行動が必要となった。その鎮圧にあたったポンペイウスは、自分の管理の下で個々の軍団の指揮権を下位の公職者にも認めるという手法で、大規模な軍団の広範囲な展開に成功した。この手法は元首政期にも取り入れられるが、それはガリア征服時のカエサルも同じであった。このようにカエサルは、ローマの伝統やそれまでの政治家の行動を受け継いでいたのである。

　ただしアレクサンドロスとカエサルは、単に過去の伝統を踏襲しただけではない。アレクサンドロスの征服によって、ギリシア世界の領域は拡大していく。カエサルは、元老院へイタリア半島出身の人物を数多く招いたが、やがてローマ皇帝たちも、地中海各地の有能な者たちを元老院に受け入れていく。さらに両者は、ある慣習の発展に大きな影響を与える。それは神格化である。

　そもそもギリシア・ローマでは、神々の血を引く英雄が広く崇拝または信仰されていた。前5世紀末には、実在の人物も神格化されていくのだが、その最たる例がアレクサンドロスである。その後、臣下たちの建てた諸王国の国王たちも、彼に続く形で神格化されていく。同じくカエサルも、皇帝崇拝に組み込まれる形で神格化がなされた。民衆の側も、積極的に国王や皇帝に対する崇拝の態度を示した。少しでも支配者に近づいて、好意を得ようとしたためである。ただし、伝統的なギリシア・ローマの神々への信仰が捨て去られたわけではない。君主たちは、神々のなかに位置づけられたにすぎない。しかし、ローマ皇帝を含む神々を認めなかった者たちがいた。キリスト教徒である。

　キリスト教はイエスの教えに基づいている。ユダヤ教徒であったイエスは、当時の信仰のあり方を批判した。だが

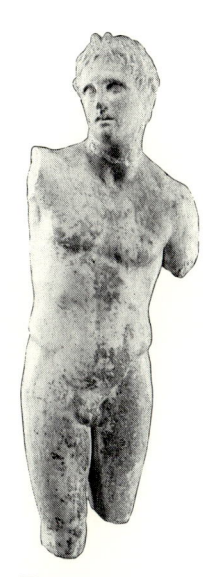

図3-0-4　アレクサンドロスの彫像（前4世紀末～前3世紀末中頃、『アレクサンドロス大王と東西文明の交流展』NHK、2003年、50頁）。頭部の角は、パン神として神格化されていることを示す。

その結果、ユダヤ教の指導者たちの反感を買い、ローマへの反逆者とする告発にあって処刑されてしまった。けれども、死後にイエスは復活したと信じられ、彼を救世主と崇める人々がキリスト教を成立させていく。イエスを神の子として崇めるキリスト教徒は、伝統的な神々に対する信仰を受け入れない。こうしたキリスト教徒は、民衆にとって異様な存在に写ったに違いない。結果として、ローマ帝国の支配者の側からよりもむしろ、民衆による迫害や告発がしばしば生じた。
　それでもキリスト教は、身分や貧富の差に関係なく神の愛が及ぼされるという教義ゆえに、下層民に信仰されていき、3世紀には地中海世界全体の一般市民や上流階級へも受容されていった。4世紀には、ついに皇帝にも公認される。イエスとその弟子たちの言行をまとめた『新約聖書』の編纂も進められ、教義が確立していった。
　ローマ帝国は4世紀末に東西へ分裂してしまうが、キリスト教は国家との結びつきをむしろ強めていく。東ローマ帝国は、周辺民族やイスラームの圧迫を受けながらも千年以上にわたり命脈を保ち、皇帝がキリスト教の保護者であり続けた。西ローマ帝国は5世紀末に滅ぶものの、その後に成立する諸王国では、国王がキリスト教の権威に王位を認めてもらうという形式をとり続けていく。かつては、神格化された君主たちとともに、ギリシア・ローマの様ざまな神々が崇められていた。だがいまや、ひとりキリスト教の神のみが君臨し、国家と信仰の新たな伝統が形成されていくこととなったのである。

テーマ史1　スフィンクスと古代地中海世界
——地中海と文化の伝播——

1．古代地中海の移動・交易・旅
　古代ギリシア・ローマ文化は、地中海沿岸で成立して発展を遂げた歴史からも明らかなように、海と深く結びついている。たとえばギリシアでは、トロイア戦争後に祖国へ帰るまでの、オデュッセウスによる苦難の冒険を描いた『オデュッセイア』、ローマでは、トロイアを脱出してイタリアへと辿り着く、アイネイアスの流浪の道程を語った『アエネイス』など、海洋を旅する物語が紡ぎ出されている。

ギリシア人は地中海各地への植民を通じて都市を建設したのだが、その基本的なルートは海であった。それを表すかのように、植民市の多くは海辺に建設されている。まだ羅針盤のような位置を測る器具のない時代であり、大洋へと漕ぎ出すのは危険であったため、航海は主として陸沿いに行われた。アテナイの哲学者プラトンが言うように、古代ギリシア人は「池のカエルのように」海辺に沿って移動したのである。

 そして、植民によって建設された都市同士は、やはり海を通じた交易活動を行った。ギリシアの発展以前には、フェニキア人が海洋交易を担っており、ペルシアの支配と保護の下でさらに繁栄していた。ただしやがて、ペルシアがギリシアに敗れたペルシア戦争以後はギリシア人が交易の中心的存在となる。海洋交易の活発さを物語るように、ギリシアで経済的な繁栄を遂げた都市は、アテナイやコリントス、シュラクサイやミレトスなど、港を備えた都市が目立つ。

 地中海での交易活動を活発に営んだのは、そもそもギリシアが農業生産に適していないという理由が大きい。岩がちな地形であり土地も痩せているため、穀物生産には特に向かない。したがって、ブドウやオリーヴなど肥沃でなくても育てられる果樹栽培を行いつつ、食べ物として欠かせない小麦などは輸入に頼る傾向があった。ギリシア人にとって、主な小麦の輸入先は黒海沿岸の地域であった。穀物はかさばるので大量の荷物になるため、船を使った交易が中心となるのは当然であろう。ギリシア人は穀物を輸入する代わりに、オリーヴ油やワインなどを船に積んで輸出していたのである。

 しかし、海の旅には危険がつきものである。そもそも地中海は冬に荒れるため、航海には向かない。たとえ穏やかな季節でも嵐に遭遇してしまった場合や、海流が激しい場所や岩壁の近くなどでは、いつ難破してもおかしくない。難破の危険性がある小アジアの南海岸や北西アフリカといった地域は、同時に海賊の根城にもなっていた。運航中の船も襲うとはいえ、難破船ならばより容易に掠奪できるからである。前1世紀には、海賊の被害があまりにも深刻なため、ローマは大規模な軍隊を編成して海賊を討伐したほどであった。ローマ帝国が地中海全体を支配すると、地中海世界の治安は安定した。この時代には大規模な交易活動が営まれ、観光旅行もしばしば行われるようになる。現代の人々が観光名所を巡るように、ローマ時代にはすでに遺跡となっていたギリシアやエジプトなどの名所を訪れて、当時の人々も過去に思いを馳せていた。

2．スフィンクスをめぐる謎

　古代人の間で人気のあった観光地として、三大ピラミッドのあるギザが挙げられる。三大ピラミッドだけではなく、その前に鎮座する大スフィンクスも人々へ強い印象を与えたことは間違いない。スフィンクスは翼と人間の顔を持つライオンの姿をした神話上の存在で、大スフィンクス以外にもスフィンクスを模した彫像や図像が、盛んに作られた。

　ところで、スフィンクスが人間に謎かけを行い、答えられなければ食べてしまうという伝承はよく知られている。「ひとつの声（姿）を持ちながら、4本足、2本足、3本足に成るものは何か」というその謎の答えは人間である。赤子の頃はよつんばいで歩いているので4本足、やがて立って2本足で歩き、老人になると杖を使うので3本足だから、というのがその理由である。ところが、スフィンクスといえば大スフィンクスを思い浮かべる人も少なくないにもかかわらず、この話はエジプト人が書いた史料には残されていない。

　それではどこに出てくるのかというと、ギリシア神話である。ギリシアにテーバイという都市があり、その近くにいたとされるスフィンクスの伝説がそれにあたる。最後には、オイディプスという青年が謎を解き明かすと、スフィンクスは崖から身を投げて死んでしまった、というのがそもそもの話である。

　三大ピラミッドの傍にあるスフィンクスは、遅くとも前2500年までには建造されている。ギリシア文明がその形を整えるのは、それよりもかなり後なのだから、スフィンクスのイメージそのものはエジプトで創造されたと言える。スフィンクスは、エジプトから北東に当たるシリアや、その西に浮かぶキプロス島へ伝わっていた状況が、出土した考古遺物から判明する。そして、それらの地域からさらに西へ、つまりギリシアへと伝播したと考えられている。

　こうした伝播の過程のなかで、スフィンクスはその特徴を変化させていったらしい。テーバイのスフィンクスは旅人を食べてしまう悪しき魔物だが、エジプトのスフィンクスはそのような悪い存在ではない。スフィンクスのエジプトでの語源は「シェセプ・アンク」と考えられている。シェセプは姿を、アンクは生命をそれぞれ意味し、直訳すると「生命の姿」となる。そして、スフィンクスは王や太陽神に関連していたともされる。となれば、スフィンクスには、善のイメージが与えられていたことになる。

　しかしながら、ギリシアへと伝わったときに、スフィンクスは悪しき魔物へと変貌したらしい。ギリシア神話では、エキドナという上半身は人間で下半身

はヘビの怪物がスフィンクスの母親であり、他にもヒュドラやキマイラ、ケルベロスといった有名な怪物もエキドナから産まれたとされる。またギリシア人は、スフィンクスの語源を「絞殺する」という動詞に由来すると考えていた。スフィンクスは「絞殺する者」と見なされており、エジプト人とはまったく異なった捉え方へと変化してしまったわけである。

　とはいえ、エジプトとギリシア・ローマのスフィンクスは、完全に異なっていたわけではない。エジプトでは、神殿などの入り口に、しばしば守護者のごとくスフィンクスの彫像が据え付けられている。一方、ギリシアやローマでは、墓地やそのすぐ傍からスフィンクスの彫像が出土する事例は、決して珍しくない。これは、エジプトにおける守護者としてのスフィンクスの属性が、ギリシア・ローマで完全に失われたわけではない様相を物語っている。

　ところで、スフィンクスは男性なのであろうか、女性なのであろうか。エジプトにおける善きスフィンクスと、ギリシア・ローマにおける悪しきスフィンクスという大まかな属性と同じく、両方の地域で性別も異なっていた。エジプトのスフィンクスは、そのほとんどが男性であった。エジプトのスフィンクスによく見られる、あごの下の長い棒は髭であり、性別が男性であることを示している。反対にギリシアでは、理由はよく分からないものの、スフィンクスは女性の姿をとるようになる。イタリアやローマでも同様であった。

　しかしながら、時が下ると、エジプトでもスフィンクスの性別に変化が生じてくる。エジプトはアレクサンドロスに征服されて、ギリシア人の国家となり、やがて前1世紀後半にはローマ帝国の領土へと組み込まれる。そのころのエジプトで造られたり描かれたりしたスフィンクスは、女性の姿をしているものが少なくない。エジプトから地中海の各地へ広まったスフィンクスの図像は、発祥の地とも言えるエジプトへと戻ってきたときに、男性から女性へと性別が変わってしまったのである。文化が他の地域へと広まるなかで、徐々に変容していくひとつの事例

図3-1-1　エジプトで出土した**女性型スフィンクスの彫像**（1-2世紀、オランダ国立ライデン古代博物館所蔵『古代エジプト展』1996年、163頁）。

を、スフィンクスの図像は示している。

3．スフィンクスの伝播と古代地中海

　スフィンクスのイメージは、ひとりでに広がるはずがない。植民や交易、または旅行をする人々によって、その情報は各地へと伝えられていった。そして先に見た通り、古代地中海では、遠方へ向かうための主な移動手段は船であった。となれば、海路を通じた伝達に基づいて、スフィンクスをモチーフとした図像や彫像が、各地で描かれたり作成されたりするようになったといえよう。

　スフィンクスのイメージが伝わった経路を眺めてみれば、エジプトからシリアへと伝わり、そこから西方のギリシア・ローマへと向かっていることに気づく。つまりエジプトから反時計回りに伝播しているわけだが、このルートは偶然ではない。これは、地中海の地理的環境と密接に関連している。現代の旅行者であれば、地中海の様々な国を飛行機や船で自由に行き来できるが、古代人にそれはできない。当時の船による移動は、海流の流れと風の向きに大きく影響を受ける。潮の流れは、エジプトからキプロス島を回ってギリシア方面へと反時計回りに流れている。そして、地中海での航海シーズンである春から夏、秋の初頭には季節風が吹き、海洋部ではギリシアからエジプト、つまり北から南へ、シリアやパレスティナ、そして小アジアなどの沿岸部では南から北へと吹く。

　ギリシアやローマからエジプトへ向かうには、海流や季節風に乗ってそのまま東もしくは南へ下っていけばいい。だが、エジプトからギリシア・ローマへ行く場合に、地中海を突っ切って北上するルートの利用は、海流や季節風に逆らうため難しい。むしろ、シリアやパレスティナを陸沿いに北上し、キプロス島を回ってエーゲ海へと航海する方が容易である。

　こうした地理的環境は、スフィンクスのイメージの伝播だけでは

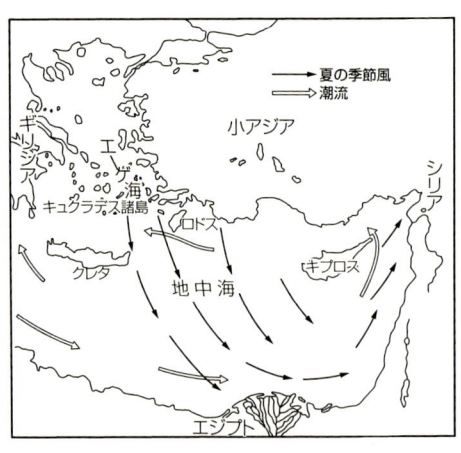

図3-1-2　東地中海の自然環境 （大城道則『古代エジプト文明の形成と拡散』ミネルヴァ書房、2003年、183頁をもとに作成)。

なく、地中海世界での航海すべてに重要な意味を持つ。ギリシア・ローマ人は、地中海での交易活動を主として夏の間に営んでいたことは先に述べた。となれば、海流や季節風の作用を決して無視できなかったのは間違いない。

　そうした状況の一端は、ローマ帝国の穀物政策からも窺える。ローマ帝国の首都であるローマは、地中海世界で随一の大都市へと発展したが、その住民を支えるほどの穀物を産出しなかった。そのため、ギリシア人が黒海で小麦を買い付けていたように、ローマも輸入に頼らざるを得なかった。その最大の輸入先は、エジプトのデルタ地域であった。そのために、ローマから穀物の輸送船団が派遣されていた。イタリアから出発した船団は、イタリアからエジプトへ約9日間で到着したとされる。一方で、穀物を積んでエジプトからローマまで帰ってくるときには、だいたい1カ月から2カ月を要したという。ローマからエジプトへは潮流に乗って一直線に進んでいけばよい。ところが、エジプトから帰ってくるときには、シリアからエーゲ海を経て航海せざるを得ないので、それだけ時間が掛かったわけである。

　このように、地中海世界の移動や文化の伝播は、地中海の環境に大きく影響を受けていた。それに沿う形で、スフィンクスは東方のエジプトから、西方のギリシア・ローマへと伝わったと言える。同様に、後々のヨーロッパ人の精神的基盤となるものも、ローマ時代にやはり東から西へと伝わっている。ユダヤ人であるイエスの教えに基づき成立した宗教、すなわちキリスト教であった。

テーマ史2　剣闘士とローマ帝国
——見世物から見る「帝国」——

1．剣闘士に群がる人々

　ローマ帝国の首都であったローマには、今でも数々の遺跡が残されている。その中でもひときわ目立つ建築物は、やはりコロッセウムではなかろうか。コロッセウムとは、かの暴君ネロが造営した黄金宮の跡地に建設された巨大な闘技場である。すぐ傍にはネロの銅像があり、これにちなんでローマの闘技場はコロッセウムと呼ばれるようになったとされる。楕円形の構造を持つコロッセウムは、最も長い直径部分が180m以上、外壁の高さは50m以上におよぶ。中央部分には見世物が繰り広げられたアリーナがあり、そのまわりを取り囲んで

そびえ立つかのように、観客席が設けられた。コロッセウムは現在では半壊しており、アリーナはむき出しになっていて、仕切られた小さな部屋がいくつも並ぶ地下部分が見えている。この部屋の多くは、闘技場で試合を行う剣闘士の控え室であった。コロッセウムへ詰めかけた観客は、剣闘士が命がけで行う戦いに熱狂したのである。

　剣闘士の試合がローマで初めて行われたのは、前3世紀半ばであったとされる。ただし、そのときには葬儀に伴う儀式的なものにすぎなかった。共和政末期になると、見世物としての性格が強くなりはじめる。それは、カエサルが主催した試合に、320組もの剣闘士が参加した事実から窺い知れる。元首政期に入ると、ローマのコロッセウムだけではなく、帝国西部を中心に各地でも剣闘士の見世物が催された。ローマ帝国の末期には、剣闘士の試合はコロッセウムでも徐々に行われなくなっていき、5世紀には姿を消す。

　共和政期に始まり、元首政期には熱狂の度合いを高め、西ローマの滅亡とほぼ時を同じくして消え去った剣闘士の歴史は、ローマ帝国の盛衰と重なっている。となれば、剣闘士や闘技場およびそれに絡む状況は、ローマ社会の縮図を反映していると考えられる。まずは剣闘士に関連する人々から、それを眺めてみよう。

　ライバルまたは猛獣との戦いに挑む剣闘士は、当然ながら危険な立場に置かれた。だからといって、奴隷のような自由を持たない人間のみが、強制的に参加させられていたのかというと、決してそうとは言い切れない。あえて剣闘士の世界へ身を投じる自由民もいた。その目的は賞金である。同じ自由民といえども、貧富の差は激しい。そのため、剣闘士として活躍することで、一攫千金を狙う市民がいたとしてもおかしくない。うまくいけば、一回の試合で年収よりも多い金額を稼ぐことすら可能であった。

　とはいえ、もし試合に破れてしまえば、すべてを失う恐怖が待ち構えていた。死である。勇敢に戦ったがゆえに助命される場合もあったが、命懸けの行為だったのはまちがいない。ただし、賞金が目当てだったのか、それとも死と隣り合わせという緊張感が忘れられなかったのか、たとえその先に死が待ち受けていようとも、解放された後も剣闘士として試合に参加し続ける者も少なくなかった。それどころか、騎士身分や元老院議員といった支配階級の人間、さらには、ローマ皇帝までもが、スリルを求めて剣闘士の試合へ参加する場合さえあった。

奴隷や庶民からエリートまでローマのあらゆる階層の人間が、剣闘士との関わりを持っていたのだが、それは観客も同様だった。コロッセウムを筆頭として、闘技場に備え付けられていた貴賓席の存在は、エリートたちも剣闘士の試合を熱心に観戦していた事実を物語っている。剣闘士に魅せられる女性もいたことは、「女性たちのため息の的」といった表現で、剣闘士の名前を挙げた落書きから窺い知れる。上流階級の女性の中にさえ、低い身分の剣闘士に夢中な者もいたらしい。1世紀に火山の噴火に巻き込まれたポンペイにおいて、剣闘士の宿舎の遺跡で見つかった女性の遺骨は、貴金属製品を身につけていた。ここから、この遺骨の主は高貴な身分の女性であったと分かる。剣闘士の元へ逢い引きにでも来ていたときに、火山の噴火へ巻き込まれたのであろう。

　熱を上げる人がいるからこそ、興奮を呼び起こす試合を民衆へ提供できれば、それだけ主催者の名声も上がる結果につながった。したがって、皇帝をはじめとする支配階級の人間は、こぞって剣闘士の試合を催した。剣闘士には、闘技場で戦う人々、それを見物する人、そして提供する人々と、民衆から貴族まですべての人間が、それぞれの願望と意志を持って群がっていたのである。

2．剣闘士の見世物をめぐる意識

　現代社会では、何かイベントを催す際には、観客を呼び集めるために宣伝活動が行われるのは、当たり前の光景である。同じように、剣闘士の試合も民衆への告知が日常的に行われていたらしい。たとえばポンペイでは、遺構の壁面に記された剣闘士試合の宣伝文を、時折目にする。ただし奇妙なのは、ほとんどの場合、主催者の名前が剣闘士の試合の告知よりも大きく記されていることである。剣闘士の戦いぶりが人々に興奮を与えるからこそ、主催者たちは可能な限り自分の功績を印象づけようと試みていたのであろう。とはいえ、本来ならば最も伝えるべき「剣闘士の試合」という情報よりも、主催者の名前が目立つのは、あまりにも露骨な売名行為にも見える。

　実際に、剣闘士の試合を含む見世物の提供に執着する支配者たちを、皮肉った同時代人もいる。風刺詩人として、世の中の様々な事象を俎上に載せたユウェナリスである。彼は権力者たちについてこう記す。「いまや自らを制約し、ただふたつのことだけを気に病んでいる。パンと見世物を」と。「パン」とは食物のことであり、ローマにおいて無料で行われていた食糧の配給を指す。見世物は当然のことながら、剣闘士の試合がその代表である。つまり、支配者た

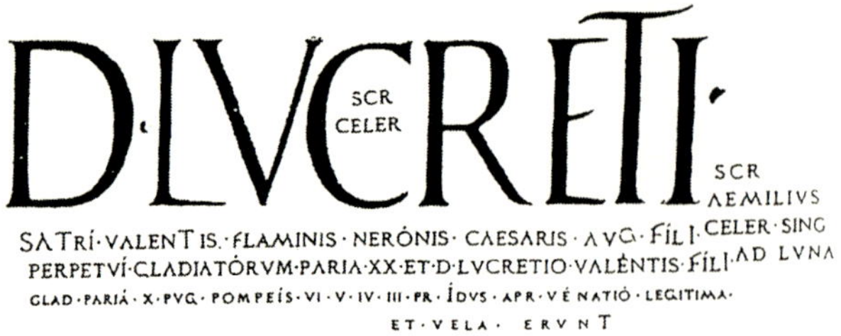

図3-2-1 ポンペイにおける剣闘士の告知文（本村凌二『優雅でみだらなポンペイ』講談社、2004年、103頁）。一番上に大きく書かれている「D・LVCRETI」は主催者の名前。下から3段目の左からふたつ目に「GLADIATORVM」とあるのが、「剣闘士」を示すラテン語。

ちは善き政治を行うよりも、民衆の生活と娯楽を保証することで自分の地位を安泰にしようと試みている、と暗に批判している。

　こうした批判は現代でも見られ、剣闘士のような血なまぐさい見世物に熱狂していた世相をローマの没落と結びつけること、さらには現代の状況と重ね合わせる通俗的な文明批判として語られることもある。たしかに、ローマの衰亡と剣闘士試合の廃れた時期が、ほぼ同時代に重なり合う状況から考えれば、必ずしも間違っていない。けれども、古代人のなかにはこれと逆の意見を持つ者もいた。たとえば、2世紀の政治家である小プリニウスは、見世物は人心を堕落させるのではなく、戦闘に対する恐怖を乗り越える精神を育て、勝利によって得られる名誉への羨望をかき立てる、と記している。同じく政治家であるフロントは、娯楽の提供を怠れば市民たちの間に不穏な空気が広がると述べている。統治を巧みに行う技術として、見世物の開催を軽視すべきではないと考えていたわけである。

　さらに、こうしたプラスの評価を念頭に置いた上で、視野を古代ギリシア・ローマ世界全体へ広げれば、剣闘士の試合が持つ別の重要な意味にも辿り着く。帝国となったローマも、そもそもは都市国家であったように、古代ギリシア・ローマにおける最も重要な共同体の単位は都市であった。都市国家であるポリスは自治を行っていたのだから、都市ごとに支配階層は存在していた。ただし、都市や市民のために政治活動を行うだけでは、支配者としての地位を維持するためには不十分であった。自分の財産を用いて建築物を建てたり祝祭を催したりと、自都市や市民に対する貢献が必要とされた。それを為しえてはじめて支配者として認められたのである。

　恩恵を受けた人々は、これによって自分たちの支配者をそれに相応しい人物と認め、その行為を讃えて後世へと伝えるために碑文を刻むのが常であった。

その際に、「貢献を行った人」という意味の「エウエルゲテス」という称号が与えられた。現代の研究者は、これら一連の行為を称号にちなんでエヴェルジェティズムと呼び、古代ギリシア・ローマに特有な概念として特徴づけている。つまり、有力者が自ら支出してまで、民衆へ何らかの貢献を行うことは、単なる人気取りを超えて、支配者としての地位を証明するための行為であった。

やがて元首政期に、剣闘士の試合は各地でしばしば催されるようになる。かつては建築物の造営や演劇の提供によって支配者の地位を自他ともに確認しあっていたのと同様に、剣闘士試合の開催もエヴェルジェティズムに連なるものとして認識されるようになった、と考えられよう。いわば剣闘士の試合は、それを提供するエリートとそれを受容する民衆という相互関係を確認する場所でもあった。したがって剣闘士の試合を、民衆を楽しませるだけの娯楽や支配者たちの人気取りであったと、単純に見なすことはできない。古代ギリシア・ローマ世界に特徴的な考え方であるエヴェルジェティズムという概念に基づき、支配と民意を反映したひとつの形でもあったといえよう。

3．「都市」としてのローマ帝国

ところで先述の通り、剣闘士の試合はローマ支配下の各都市で催されていた。だが、その主催者は必ずしもローマのエリート層ではなく、むしろ現地の人間である場合が一般的だった。剣闘士の試合にエヴェルジェティズムの概念が反映しているならば、現地の人間がエリートの地位を顕示していたことになる。つまりローマ「帝国」の内部には、ギリシア時代のポリスと同じく土着の支配者も存続していたのである。

実は、ローマ帝国の支配組織は、もともと決して大きくなかった。元首政期の地中海世界の人口は、約5000万人から6000万人と試算されている。そのうち、最上級の階層である元老院議員は600人にすぎない。その下位にあり帝国の実務を支えた騎士身分は、2世紀頃には数万人前後であったとされる。さらに、彼ら全員が常に帝国の行政に関与できたわけではない。公務に携わるローマ帝国の公職のポストは、2世紀にいたっても数百ほどしかなかった。これだけの人数で、西はスペインから東はシリア、北はブリテン島から南はアフリカに至る、広大なローマ帝国の支配は担われていた。こうした状況が生じたのは、ローマ「帝国」もやはり「都市」国家として歩み始めたという歴史に由来する。

ローマは前3世紀中頃から地中海世界へ進出していくが、対外政策を支えた

制度は、共和政の成立時からほとんど変化しない。人数が増えたとはいえ、共和政期に対外政策を指揮したのは、わずか10人前後の公職者と少数の幕僚であった。いわばローマは、「都市」の形態を維持したまま、「帝国」の支配を行おうとしていた。英語のempireの語源であるimperiumというラテン語も、そもそもの意味は「命令」にすぎず、領土の意味は込められていなかった。すなわち、「命令」の範囲の広がった結果がローマ「帝国」であった。

　それでは、公職者は何をしていたのであろうか。まずは軍事活動である。戦争によって新たにローマの勢力を広げる場合もあったが、勢力下の地域では、外部から侵入する異民族の撃退が最も重要な任務である。次に現地での調整活動がある。派遣地域の諸都市を巡回し、都市同士が対立した場合には、間に入って仲裁を行う。そして税の徴収である。地中海世界全体から税金を取ることで、ローマは莫大な収入を得ていた。ただし、税金の徴収や税率は各都市に委ねられており、ローマ人は各都市が集めた税金を掠めていたにすぎない。いわば、ローマの進出以前に用いられていたシステムが、各地ではそのまま利用され続けていた。こうした状態を眺める限り、ローマによる政治の実態は各都市を「管轄」していた程度のものであり、「支配」という言葉は必ずしもそぐわない。

　元首政期には行政組織がローマ帝国内部で整えられていくものの、ローマ帝国の本質はさほど変わらない。それは先に見た公務に携わる人間の少なさからも明らかであろう。いわば本質的な部分で、ローマ「帝国」は「都市国家」としての特徴を維持し続けていた。だからこそ、ローマの支配下に収まっていたとしても、各地方の支配者は自分たちこそが上に立つ身分であると自都市の民衆に示し続ける必要があった。これこそ、ローマ帝国の各地で開催された剣闘士の試合が、エヴェルジェティズムとして現地の支配者に担われていた理由である。「帝国」という言葉から想像されるほど、ローマの支配は強権的でも中央集権的でもなかったといえよう。

　とはいえ、戦争に勝ち続けたローマは、地中海世界で並び立つものがいないほどの巨大な権威となってしまった。したがって、諸都市はローマの権威に属さざるを得ない。オクタウィアヌスは、実質的にはローマ帝国内の最高権力者でありながらも、「予は権威において万人に勝ったが、権限においては他の人物を凌駕しなかった」と自らの業績録に書き残している。この言葉は、「アウグストゥス」つまり「尊厳ある者」を自称することで市民からの支持を得ようとした、彼の意識を示したものである。けれども、ローマ帝国の対外支配が、

どちらかといえば権威に基づくものであったことからすれば、権威と権限の関係はローマ帝国の内実とも符合している。

　このように見れば、ローマ帝国は巨大な権威を持つ「都市」と各地の諸「都市」が組み合わさった連合体であり、近代的な帝国のイメージとはかけ離れていた実態が判明する。つまり、エヴェルジェティズムの習慣は、古代地中海世界の人々の考え方のみならず、ローマ帝国の本質をも物語っている。そして、諸「都市」が組織としての重要性を保っていたとすると、各都市の状況が悪化すれば、ローマの支配もまた揺らぐことを意味する。経済的に不安定な時期を迎える3世紀頃から、支配階層は建物や彫像などの公共建築物の寄贈を避ける傾向がうかがえる。これは、エヴェルジェティズムの精神の衰退を示している。こうした状況に対応するかのごとく、4世紀にはいるとローマ帝国では官僚制度が急速に発展し、3万人を超える官僚が勤務するようになる。こうして、ローマ「帝国」はギリシア・ローマ的な「都市」の性格を失っていき、古代地中海世界も新たな社会へと姿を変えていく。

　とはいえ、エヴェルジェティズムの精神には、その新たな担い手が現れる。当初、古代地中海世界では異端視されながらも、やがてローマ帝国の国教として、新たな「権威」になったキリスト教である。中世の富裕者たちは、あの世での幸福を求めて、進んで教会や修道院への寄進を行っていた。これは現代の欧米社会でごく一般的に行われている、ボランティアやチャリティの原型であろう。それぞれの行為の目的を抜きにすれば、支配者や富裕者という上位者からの奉仕という点で、エヴェルジェティズムと寄進の類似性を見出せる。

　キリスト教は古代地中海世界に広がり、信者となった人々に新たな意識を芽生えさせた。だが、それと同時にキリスト教も、ギリシア・ローマ人の考え方に触れるなかで、伝統的な思想を継承したとしても不思議ではない。確かに古代ギリシア・ローマ的な「都市」は衰退していった。しかし、そこで育まれた精神は、キリスト教を通じてヨーロッパ社会へと受け継がれたのである。

第4章

中世1：西欧カトリック世界の成立

人物と時代　ムハンマドとカール大帝

1．ムハンマドとイスラームの拡大

　かつて、ローマ帝国はヨーロッパの大半のみならず、シリアからエジプト、北アフリカまでの広大な地域を版図としていた。しかしローマ帝国は、テオドシウス1世が395年に没した後、ふたりの息子に分割して相続され、ローマを都とする西ローマ帝国と、コンスタンティノープルに都を置く東ローマ帝国(ビザンツ帝国)に分かれることになる。それに先だって、4世紀後半から、ローマ帝国はゲルマン人の侵入に悩まされていた。そして、476年にゲルマン人の傭兵隊長オドアケルによって西ローマ帝国が滅ぼされると、ブリテン島から北アフリカにいたるかつての西ローマ帝国の領域は、ゲルマン諸族の王国が林立する状態となった。

　一方で、東ローマ帝国は健在であり、6世紀前半のユスティニアヌス1世の治世には、西方ではゲルマン人がうち立てた王国を再征服し、東方ではイランのサーサーン朝と争い、かつてのローマ帝国の版図のかなりの部分を回復するほどであった。しかし、7世紀半ばになると、アラビア半島から興ったイスラーム勢力の台頭を許すこととなった。

　イスラームの開祖ムハンマドが生まれたハーシム家は、商業都市メッカの有力氏族であるクライシュ族の一族であった。彼は、610年に大天使ガブリエルから唯一神アッラーフの啓示を受けたとされている。ムハンマドに神の啓示を授けたのが大天使ガブリエルとされることからもわかるように、アッラーフはユダヤ教やキリスト教と源を同じくする神であり、天地を創造し、最後の審判

第4章　中世1：西欧カトリック世界の成立

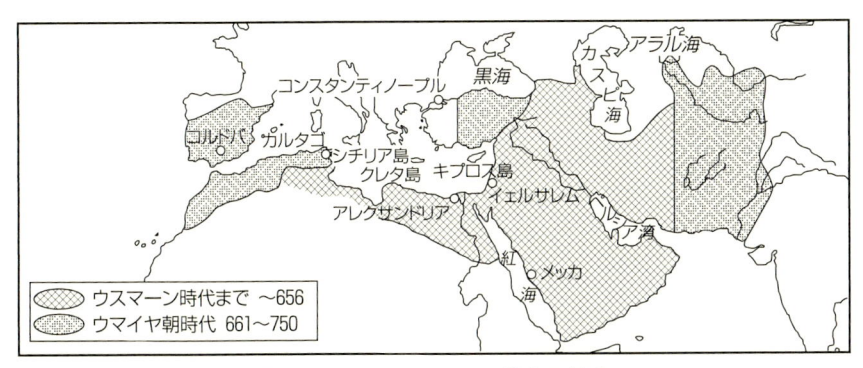

図4-0-1　イスラーム勢力の拡大

を司る唯一絶対神という点でも共通している。また、イスラームの教典を代表するものに、ムハンマドが神から授かった啓示をまとめた『クルアーン（コーラン）』があるが、ユダヤ教やキリスト教と同じく、『旧約聖書』も教典のひとつとして数えられている。こうして、ムハンマドの宣教活動は始まるが、同族のクライシュ族の中には、彼の教えを受け入れず、反対にムハンマドとその信徒を迫害する者もおり、622年に彼はメディナへの移住を余儀なくされた。メディナを根拠地として勢力を拡大していったムハンマドはクライシュ族との対決姿勢を深めていき、630年にようやくメッカを征服することができた。そして、632年に病死するまでの間に、ムハンマドはアラビア半島の大半を勢力下に置くことに成功した。

　ムハンマドの死後、一時分裂の危機はあったものの、信徒によって選ばれた4代のカリフのもと、イスラームは勢力を拡大していき、西は東ローマ帝国に勝利してシリア、エジプト、チュニジアを奪い、東はサーサーン朝を滅ぼしてイランを版図に収めた。そして、第4代カリフのアリーが661年に暗殺された後を受けたウマイヤ朝の時代には、現在のモロッコにいたる北アフリカからイベリア半島までを征服し、732年には現在のフランスに侵入して、トゥール＝ポワティエ間の戦いでフランク王国の宮宰カール・マルテルに敗れるにいたってようやくその侵攻が止まることとなった。こうして、7世紀前半に興った、イスラームという新たな勢力はわずか1世紀ほどの間に、シリアから北アフリカ、そしてヨーロッパの一部という、かつてのローマ帝国の領域のかなりの部分を征服したのである。

2. カール大帝と西欧カトリック世界の成立

　西ローマ帝国が滅亡した後、その領域内にゲルマン人が部族ごとに王国をうち立てていった。それらの王国の中で優勢になったのがフランク王国で、その基礎を作ったのがメロヴィング朝のクローヴィスである。彼によってフランク王国の領域は、北ガリアから、南はトゥールーズ付近にまで広げられた。また、クローヴィスは、496年にカトリックに改宗した。このことによって、いまだ異教を信仰していた他のゲルマン諸族に先んじてローマのカトリック教会との関係が生まれることになる。だが、彼の死後、王国は分裂し、さらに7世紀後半からは実質的な支配は宮宰のカロリング家に握られることになった。

　カロリング朝フランク王国は、トゥール=ポワティエ間の戦いでイスラーム勢力を撃退したカール・マルテルの息子である小ピピンが、ローマ教皇の了解を得て751年にメロヴィング家の王からフランクの王位を奪ったことに始まる。次いで、フランク王位に就いた息子のカール大帝（シャルルマーニュ、位768-814年）は、北イタリアのランゴバルド王国を滅ぼし、ドイツのザクセンやバイエルンなど、周辺のゲルマン諸族を征服し、さらにはイベリア半島にも侵攻し

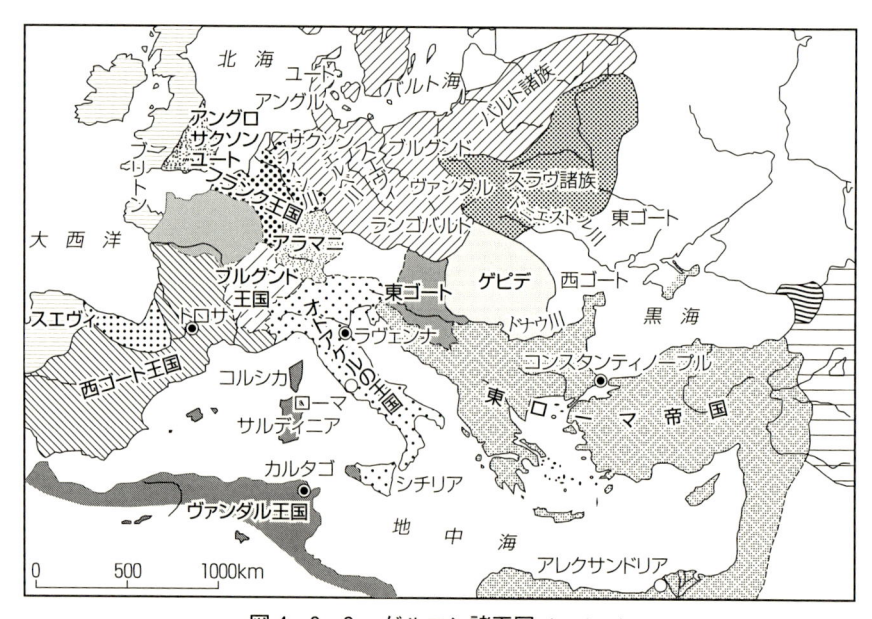

図4-0-2　ゲルマン諸王国（480年頃）

てイスラーム勢力と戦い、イスパニア辺境伯領を設置したのである。こうして、現在のフランス、ドイツ、北イタリアにまたがる広大な領域を支配下に収めた彼は、800年にローマ教皇レオ3世から帝冠を授けられてローマ皇帝となり、西ローマ帝国が復興したことを示した。

　この、カール戴冠の経緯に関しては多少の説明が必要であろう。まずは、カール大帝と、彼を戴冠させた教皇レオ3世との関係は、799年にローマを追われたレオ3世がカールに援助を求めたことから始まる。レオ3世は教皇選出以来、都市ローマの門閥貴族の対立に巻き込まれていたが、敵対する勢力に襲われて追われるように落ち延びた。カールの援助を得る際にレオ3世は、その見返りとして彼をローマ皇帝として推挙することになるのである。

　もうひとつ、カールが西ローマ皇帝として戴冠することには、ビザンツ教会に対抗するという意味があった。ローマを中心とする西方教会（カトリック）と、東方教会との対立の芽はすでにローマ帝国が東西に分かれた直後から存在していた。ただ、東方教会には、コンスタンティノープル以外にもアレクサンドリアやアンティオキアという有力な教会が存在し、東方教会内での主導権争いも激しかった。それが、イスラームの勢力拡大によって、他の有力な教会がイスラームの勢力圏内になってしまうと、名実ともにコンスタンティノープルが東方教会の中心となった。さらに、726年にビザンツ帝国で始まったイコノクラスム（聖像破壊運動）をきっかけとして、それに反対したローマを中心とする西方のカトリック教会と、コンスタンティノープルを中心とする東方教会の対立は決定的となり、分裂は避けられない状況となった。ただ、ビザンツ帝国という後ろ盾があった東方教会に対して、西方教会には政治的、軍事的な後ろ盾は何もなかった。そこに、強大なフランク王国の台頭である。レオ3世がこれを奇貨としたのは当然といえよう。すなわち、カールの戴冠は、単に西ローマ帝国の復活を示すのではなく、東方教会とビザンツ帝国に対抗するための、カトリックの守護者の登場を意味していたのである。こ

図4-0-3　カール大帝のメダル（五十嵐修『王国・教会・帝国――カール大帝期の王権と国家――』知泉書館、2010年、464頁）。

の、カトリックの守護者としての西ローマ帝国という思想は、後のオットーの戴冠による神聖ローマ帝国にも受け継がれていくのである。

　そしてそれは、西ヨーロッパ世界の形成という点でも大きな意味を持っている。西ローマ帝国の滅亡後、その領域にはゲルマン人が部族ごとに王国を建てており、分裂した状態だった。そればかりか新しく興ったイスラーム勢力がイベリア半島にまで進出してきて、政治的には危うい状況にあった。そうした諸王国を征服して一大勢力を築きあげたのがフランク王国だった。そのフランク王国がカトリック信仰を受け入れることで、西ヨーロッパにカトリックの中心となるローマの言語であるラテン語を軸とする文化が広まっていった。それに対して東ヨーロッパは、ビザンツ帝国とコンスタンティノープル教会のもと、東方正教とギリシア語を中心とする文化圏を形成していく。こうして、西ヨーロッパにはラテン＝カトリック的世界が、ビザンツを中心とする東ヨーロッパにはギリシア＝東方正教世界が形成されていった。

3．ピレンヌ・テーゼ――時代の転換期を求めて――

　このように8世紀という時期は、ヨーロッパにとって、イスラームの脅威にさらされ、西欧カトリック世界と東方正教世界に分裂した時代である。この時期に注目したのが、ベルギーの歴史家、アンリ・ピレンヌであった。彼は、その著書『ムハンマドとシャルルマーニュ』（1937年）の中で、イスラーム勢力による地中海世界の分断こそが時代の大きな転機だと考えた。一般には、ゲルマン人の侵入、もしくは西ローマ帝国の滅亡をもって古代から中世への時代の転換期としている。しかしピレンヌは、西ローマの滅亡後もローマ的な地中海世界の交易は続いていたと考え、イスラーム勢力が北アフリカを征服することではじめてローマ的な地中海商業の時代が終焉を迎えたと考えたのである。これにより、ヨーロッパは地中海世界から切り離され、ヨーロッパ世界の形成と発展という、新たな歴史を歩み始めることになった。ピレンヌは、そこに時代の大きな転換点を見たのである。

　ピレンヌの考えは大きなインパクトを与えた反面で、発表直後から多くの批判にさらされてきた。実際、フランク王国がイスラーム勢力の進出を食い止めたトゥール＝ポワティエ間の戦いがあったものの、イスラーム勢力がシチリアなどの地中海を押さえてヨーロッパの経済に影響を与え始めたのは、ピレンヌの提示する8世紀ではなくて9世紀後半以降のことだ。また、ピレンヌの視点

は、中世初期の西ヨーロッパの生産力の発展を過小評価しているという批判もあり、イスラーム勢力の進出によってヨーロッパが外部から切り離された内陸的な世界になったという、ピレンヌ説の核心となる部分は現在では認められていない。しかし、時代の転換点を、ヨーロッパ内部の変化にではなくイスラーム勢力という外的要因に求めた点で、ピレンヌの提示した考えは従来の歴史の時代区分に一石を投じるものであったことは間違いない。

テーマ史1　中世カトリックの世界

1．聖職者と教会組織

　宗教の信仰は、信徒の生活と密接に結びついている。それはカトリックにおいても例外ではない。人間の救済のために神の恩恵を授ける典礼行為を秘蹟というが、カトリックにおいては洗礼、堅信、聖体、告解、結婚、叙階、終油が七大秘蹟として特に重要視されている。赤ん坊の時、あるいはカトリックに改宗するときに洗礼を受ける。または、日曜日やクリスマスなどの祝日にはミサに行って聖体拝領を受ける。さらに結婚式や、死に臨んでの塗油など、秘蹟は人生の節目を区切る、なくてはならないものである。

　そして、それら秘蹟を執り行うのが教会にいる聖職者である。カトリックにおいて秘蹟を授けることができるのは、司祭以上の叙階を受けた者のみであるし、堅信と叙階の秘蹟を執り行うためには、司祭より上位の司教に叙階されている必要がある。こうして、世俗の教会にあって信徒共同体のための司牧活動に従事する聖職者は、在俗聖職者と呼ばれた。司教をはじめとする高位聖職者は、前近代社会では、貴族と並ぶ特権身分であり、社会の支配者層であった。また、中世初期には、世俗の君主が司教の叙任を行い、司教が王の封臣として戦争に従軍することもよくあることであった。それに対して、教皇が司教叙任の主導権を握ろうとしたことが、11世紀の叙任権闘争へと繋がっていく。

　ローマ・カトリックは、ローマ教皇を頂点に戴いたピラミッド状の位階制度（ヒエラルヒー）によって成り立っている。教皇の下に、枢機卿や大司教、司教などの高位聖職者がおり、その下には一般司祭をはじめとする聖職者がいる。さらにその下に、一般の信徒がいるというのが教会共同体の構造である。

　私たちは「教会」という言葉を聞くと一般に、教会の建物を思い浮かべるだ

ろう。たしかに、「教会」という言葉は教会の建物のこともさすが、これは教区教会や司教座教会の教会堂や聖堂であり、本来、教会とはキリスト教の組織、または、一般信者全員も含めたキリスト教共同体そのものを意味している。その組織の最小単位は教区教会を中心とした小教区である。小教区は教区付き司祭によって監督され、西欧では古くから小都市や農村などの行政区を分ける目安にもなってきた。そういった小教区を、いくつかたばねる大きな区分が司教区である。司教区の中心として、大きな都市などに司教座が置かれ、現在では教皇に指名された司教が司教区を管轄している。また、その上にいくつかの司教区をたばねる大司教区がある。

しかし、このような組織が初めからカトリック教会に備わっていたわけではない。中世初期には、ローマ教皇の権力も弱く、影響力もイタリアとその周辺程度だった。教区による組織が整備され始めたのは、グレゴリウス改革を経て、教皇の権力が確立された12-13世紀になってからなのである。

2．修道院の発展

カトリック教会の組織においては、修道院の存在も重要である。修道院は、修道士たちが俗世から離れて共同生活を送る場である。修道士とは貞潔、清貧、従順の誓願を立てて、修行の生活に入った人々のことをさす。修道士は聖職者とはいえ、叙階されていない限りは秘蹟を授けることはできない。その点で彼らは、世俗で司牧活動に携わった在俗聖職者とは区別されている。修道院の起源は3-4世紀頃、現在のエジプトにある。この地域のキリスト教徒には、砂漠のなかで禁欲的な修行生活を送る人々がいた。彼らのように人里を離れてひとりひっそりと暮らす者を特に隠修士とも呼んでいる。そもそも、英語で修道院をさすmonkという言葉自体が、「独り暮らす者」を意味するギリシア語のモナコスを語源としているように、世俗を離れてひっそりと暮らすことが修道士本来の姿なのであろう。そのことは、修道院の腐敗や堕落が叫ばれるたびに多くの隠修士が現れることにも表れている。

修道院は、そのような隠修士のもとに、その徳を慕って集まってきた人が共同生活を送るようになったことに始まるとされている。そして、修道制は、4世紀後半には西方にもたらされ、定着、発展していく。6世紀には、ヌルシアのベネディクトゥスが西欧における修道制を完成させた。初期の修道院では、イタリアのモンテ・カッシーノ修道院や、10世紀にフランスに建てられたク

リュニー修道院が特に有名である。11世紀末には、シトー派修道会が生まれて西欧に広まっていった。

修道士の本質は「修行する者」であり、本来は自己の魂の救済を求めて、世俗を離れて厳しい霊的生活を送る者である。したがって、修道院はしばしば人里離れた場所にある。そして修道士は、「祈れ、そして働け」の教えに従い、早朝から祈りと労働に従事していた。各修道会は、それぞれの会則に従って聖務日課と呼ばれる日に7回、定時の祈祷を行い、生活は労働によって自給自足していた。そうして修道士たちは周囲の森林を開墾していき、西欧における農地の拡大に貢献した。

その一方で、修道院は薬草園や施療院などを持ち、医療施設としての役割も担ったほか、巡礼者の宿泊施設にもなるなど、開かれた面を持つようになっていった。さらに、修道院は教育機関としても重要であった。修道院には図書館や学校が付属され、修道士以外にも貴族の子弟などが教育を受けていた。また、写字生と呼ばれる専門の修道士が写本の作成や学術活動に専念していた。彼ら写字生の多くは、労働に従事することはなかったが、より崇高な作業をする者として修道院のなかでも尊敬を受けていた。このように、修道院は人材養成所でもあり、中世を通じて聖職者だけでなく多くの教師や碩学を生み、12世紀以降盛んとなるスコラ学と呼ばれる神学の発展にも影響を与えた。

このような修道院の活動は、世俗の教会よりも好ましく思われたらしく、修道院は多くの人々の帰依を受けた。また、修道士たちの祈りも、自己の救済のために祈るという本来の姿から、他者、特に王侯貴族の救済を執り成すために祈るというものに変わっていった。とりわけ、クリュニーは祈りを重視して王侯貴族の帰依を受け、多くの寄進が集まり、多くの領地や財産を持つようになった。しかし、こうして修道院が富裕になることは、修道士の堕落につながりやすかった。特に、貴族や富裕な都市民出身者が多く、修道士が華美な服装で贅沢な暮らしをしていたクリュニー修道院は批判の対象と

図4-1-1　修道院の写字生
(ヴェルナー・フォーグラー編（阿部謹也訳）『修道院の中のヨーロッパ―ザンクト・ガレン修道院にみる』朝日新聞社、1994年、67頁）。

なった。

　その反動として、原点回帰を唱える修道会がいくつか生まれたが、それを代表するのがシトー派とシャルトルーズ派である。シトー派は、多くの俗人を助修士として受け入れて未開地を開墾したため、ヨーロッパ各地で好意的に迎え入れられた。シトー派はクリュニーを批判し、「クリュニー＝シトー論争」と呼ばれる論争を経て、クリュニーの改革も進むこととなる。13世紀になると、都市の発展と人口増加が托鉢修道会という新たな修道会の流れを生むことになる。

　托鉢修道会の名は、個人や修道会の財産の私有を否定し、托鉢によって生活したことに由来する。彼らは、清貧と説教に活動の重点を置き、托鉢しながら各地を放浪し、説教をして回った。托鉢修道会のなかでもよく知られているのが、ドミニクスによるドミニコ修道会と、アッシジのフランチェスコによるフランチェスコ修道会である。ドミニコ修道会は、南仏で広まっていた異端のカタリ派を改宗させるために大きな役割を果たし、また、16世紀には中南米での布教に貢献することになる。フランチェスコ修道会は、説教による民衆の教化と、異教徒への布教に努めた。

　これらは、12世紀頃から始まる民衆による宗教的活動の延長線上にある。そのなかには、托鉢修道会のほかに、カタリ派やワルド派など、異端とされたものもあった。特にカタリ派は、反教皇、反教会を唱えてカトリック教会を激しく攻撃した。托鉢修道会の隆盛の背景には、そういった異端の宗教活動を制するために親カトリック的な活動を取り込むという、カトリック教会の思惑があったことも見逃してはならない。そうして、托鉢修道会は、説教による異端や異教徒の改宗に従事したため、神学研究や学術活動に大いに貢献し、ドミニコ会からはトマス・アクィナスが、フランチェスコ会からはロジャー・ベーコンなど、多くの学者を輩出した。

　また、この時期は十字軍の時期とも重なり、騎士修道会という新たな形の修道会が誕生した。騎士修道会は、テンプル騎士団・ヨハネ騎士団・ドイツ騎士団の名がよく知られている。彼らの役割は、巡礼者の保護と聖地防衛であり、また、本来、治療団体として組織されたヨハネ騎士団とドイツ騎士団においては特に病院業務も重要であった。また、巡礼の流行とともに、サンチャゴ・デ・コンポステラへの巡礼者を保護するための騎士修道会がスペインでも設立された。

3．巡礼・聖人・聖遺物

　騎士修道会の活動目的のひとつとして、巡礼者の保護をあげたが、彼らに守られる巡礼者とはいったいどのような人々であったのだろうか。本来巡礼とは、罪の償いを得るため、また、信仰を強めるために聖地に赴く旅をする宗教的行為であり、主な巡礼地としては、イェルサレムやローマなどの重要な聖地が挙げられる。これに、上でも述べたサンチャゴ巡礼が11世紀頃から加わる。スペインの聖地サンチャゴへの巡礼の流行は、レコンキスタ（国土回復運動）の精神的支柱にもなった。

　当然のことだが、現在とは違い交通手段の発達していない当時は、巡礼には多くの困難や危険を伴っていた。その上、遠隔地への巡礼は経済的に大きな負担であった。それにもかかわらず、老若男女、身分を問わず巡礼は流行した。特に、有名な聖地への巡礼は、人々にとって一生に一度の大仕事であった。一方、教会にとっても巡礼の流行は収入源として重要であり、やがて、有名な聖人にゆかりの地や、有力な聖遺物のある場所が巡礼地に加わっていく。中世における巡礼の流行は、当時の人々の宗教的情熱と、救済を求める心理を如実に表している。もちろん、巡礼は現在も続いている。近代以降も、19世紀に聖母マリアの奇跡が起こったとされるフランスのルルドが巡礼地として賑わうなど、カトリックの信者にとって巡礼は現在も重要な行為のひとつである。

　巡礼の背景には、聖人信仰と聖遺物信仰がある。聖人信仰とは、使徒や殉教者、教父や偉大な布教者などに対する信仰のことを指す。カトリックやギリシア正教会において聖人信仰は重要な位置を占めている。カトリックでは、12世紀以降、教皇が聖人を認定するようになっており、現在でも聖人認定には教皇庁が承認しなければならない。聖人のなかでも、カトリックでは特に守護聖人に対する信仰が盛んで、人々の信仰と深く結びついている。守護聖人とは、文字通り個人や特定の職業、あるいは国や地域、都市などの守護者であり、個人の守護聖人は洗礼を受ける時に決められる。国の守護聖人には、フランスの聖マルティヌス、イングランドの聖ゲオルギウスが特に知られており、それぞれの地域では、守護聖人の祝日を盛大に祝う習慣がある。

　さらに、聖遺物信仰も中世以降大いに流行した。聖遺物とは、聖人の遺体や遺骨、生前に使っていたものやゆかりの品などである。聖遺物信仰は、民衆の間で流行し、著名な聖遺物がある場所は巡礼者で賑わった。聖遺物には、病気の治癒や安産など、聖遺物ごとに効果が違っており、人々は、それぞれの目的

に適う聖遺物に祈ったのである。また、教会や修道院にとっても、人気のある聖遺物を持つことによって巡礼者がもたらす利益は大きかったため、聖遺物の収集は教会にとっても重要課題であった。そのため、遺体や遺骨を細分化したり、大量の偽物などが出回るなどして、いたる所に聖遺物があった。その例として、トリノのものをはじめ、ヨーロッパ各地にあるキリスト聖骸布などは、ほとんどがその正統性を否定されている。加えて、第4回十字軍の際には、占領されたコンスタンティノープルから大量の聖遺物が略奪され、西ヨーロッパに持ち込まれたといわれている。それにもかかわらず、人々はより効能のある聖遺物を求め、有力な聖遺物のある巡礼地を目指した。

　このように、聖人信仰や巡礼は、民衆のカトリック信仰において大きな位置を占めていたのである。

第5章

中世2：カトリック教会が統べるヨーロッパ

人物と時代　グレゴリウス7世とサラディン

1．グレゴリウス7世と異端

　中世盛期は、ローマ教皇を頂点としたカトリック教会組織が確立される時期である。その基礎となる部分は、グレゴリウス7世（位1073-85年）によって築き上げられた。

　オットー1世の戴冠により神聖ローマ帝国が成立し、皇帝はカトリック教会の守護者となった。以降、教皇はドイツ王の影響下にさらされることになる。さらに帝国内では、皇帝が積極的に大司教や司教の叙任に関わるようになり、自ら任命した聖職者に地域支配の任務を負わせた。いわゆる帝国教会政策である。

　こうした背景のもとで、グレゴリウス改革は起こる。それは、教皇を中心として展開された、カトリック教会を世俗権力の支配から解放する運動であった。改革はまず、聖職者の道徳改革から進められる。改革派の教皇たちは聖職売買（シモニア）と聖職者妻帯（ニコライティスム）を非難し、さらには禁止した。その背後には、聖職者は金銭や性に関する欲から離れるべきであるとする理念があり、当時広く行われていた聖

図5-0-1　教会と世俗権力
(Florin Mazel, *Féodalités 888-1180*, Paris, 2010, p.244). 上が教皇で下が国王。世俗権力に対する教会権力の優位を示している。

職の売買と聖職者の妻帯を厳しく取り締まったのである。
　その後、俗人による聖職者叙任が大きなテーマとなる。この問題は、世俗権力による教会の保護支配が続くなかで、徐々に教皇と皇帝との間に軋轢を生み出す原因となっていた。そして、ミラノ大司教の選定をきっかけに、俗人叙任をめぐる争いが本格化する。ここで、教皇は皇帝による司教選任に公然と反対したのである。
　俗人叙任の問題が教皇と皇帝との関係を悪化させていくなかで、1073年に改革派のヒルデブラントが教皇に選出されグレゴリウス7世となる。彼の登場により、教皇と皇帝との対立はさらに激しさを増す。グレゴリウス7世は1075年に俗人叙任を禁止した。対する皇帝ハインリヒ4世は、グレゴリウス7世の廃位をもくろむ。だが逆に、教皇は皇帝を破門に処した。1077年ハインリヒ4世は、カノッサにいたグレゴリウス7世のもとを訪れる。そこで彼は、破門の取り消しを求めて三日間謝罪を続けた。教皇は破門を解き、ようやく対立はおさまる。
　「カノッサの屈辱」と呼ばれるこの出来事は、皇帝に対する教皇の優位を示す事件とされる。ただ、これはあくまで一時的な解決でしかなかった。なぜなら、この後ハインリヒ4世はローマに攻め込み、グレゴリウス7世を敗走させている。教皇と皇帝との聖職叙任権をめぐる争いは、1122年のヴォルムス協約でようやく決着がつけられることになる。皇帝は聖職叙任権の放棄をここで約束した。しかし、聖職者の選任における世俗権力の影響は完全に払拭されることはなく、聖職叙任権はその後もヨーロッパ各地で度々問題となる。
　グレゴリウス7世による改革の大きな成果は、むしろカトリック教会の組織化にあった。教皇を支える枢機卿団が形成され、財政や行政システムの整備が進み、教皇庁を中心とした中央集権体制が確立されていく。同時に、教階制や小教区の整備が進み、一般信徒への司牧活動と十分の一税の徴収が安定的に行われるようになる。ただ、こうしてカトリック教会の存在感が増す一方で、聖職者の間では清貧と福音説教の生活を追求する「使徒的生活」が盛んとなり、シトー会などの修道院が誕生することになる。
　様ざまな問題点を残しつつも、グレゴリウス改革を通じて教皇の権威は上昇し、確固としたカトリック教会組織が築き上げられた。しかし、こうして生み出される教皇と教会とを絶対視する姿勢は、中世に多くの異端を生み出すことになる。

異端はキリスト教誕生以来、常に内在する問題であり、古代より様ざまな形で姿を表してきた。基本的には、キリスト教の正統教義に反する思想の持主が異端者となる。その意味で、12世紀の後半、南フランスを中心に広まったカタリ派は、異端の典型といえる。この宗派はマニ教の流れを汲むとされ、独自の善悪二元論の思想を持っていた。教皇は、カタリ派を正統の教義に反する異端とし、徹底的な排除と根絶を目指した。一方、ヴァルド派は、カタリ派と同じく異端とされるのだが、ふたつの性質は大きく異なっていた。ヴァルド派の始祖ヴァルデスは、リヨンで商業を営む家系に生まれ家業を引き継ぐ。だが、信仰に目覚めると、彼は私財の一切を放棄し、キリストの清貧と福音説教に重きをおいた活動に従事するようになる。彼の熱心な活動と説教は多くの人を魅了した。こうしてヴァルド派は誕生する。ヴァルド派の活動は、グレゴリウス改革以降、聖職者の間で興隆した「使徒的生活」の流れに位置づけられるはずであった。しかし、ヴァルデスの行動は教会に認められなかった。聖職者でない一般信徒による説教を、カトリック教会は聖書の誤読あるいは誤解の可能性から認めなかったのである。結局、ヴァルド派は異端とされ、活動が禁じられることになる。

中世にあらわれる異端者の多くは、自身の純粋な信仰心に駆り立てられていた。しかし、正統であるカトリック教会に認められなければ、その瞬間に異端のレッテルが貼られることになる。正統と異端とは、紙一重であった。グレゴリウス改革にともなう教皇権威の高揚とカトリック教会組織の確立は、同時に「不服従の異端」という理念を生み出す。つまり、教皇に従うことなく、教会の組織から逸脱する者には救いはなく、また異端となりえたのである。

2．十字軍とサラディン

中世盛期の出来事として、もうひとつ注目すべきなのが十字軍である。十字軍は、聖戦思想のもと、キリスト教世界に脅威をもたらす者たちに対して組まれた。それゆえ、異教徒に対する十字軍以外に、カタリ派異端に向けられたアルビジョワ十字軍や、世俗権力を対象とした十字軍もあった。ここでは、中世を通じて何度も繰り返される、東方に向かった十字軍を中心に見ていく。

ムスリムに対する十字軍は、ビザンツ皇帝アレクシオス1世による救援要請から始まる。当時ビザンツ帝国はセルジューク＝トルコの軍勢に攻め込まれ、窮地に立たされていた。援助を求められた教皇ウルバヌス2世は、聖戦を掲げ

図5-0-2 サラディン (ジョルジュ・タート著 (池上俊一監修)『十字軍——ヨーロッパとイスラム対立の原典』創元社(「知の再発見」双書)、1993年、102頁）。

聖地奪還を喚起する演説をクレルモンで行う。多くの賛同者が集い、第1回十字軍は開始される。十字軍士たちは、イスラーム軍を撃退し、イェルサレム王国をはじめ、周辺に三つの十字軍国家を築き上げることに成功する。しかし、この成功も長くは続かなかった。なぜなら、キリスト教徒側の勝利は、イスラーム側の不安定な情勢に乗じて得た結果であった。

聖地奪還の波がイェルサレムに押し寄せてきたとき、イスラーム側はスンナ派とシーア派との宗派対立を軸に、混乱状態にあった。ここで登場するのがサラディン（サラーフ・アッディーン）(1138-93年) である。ファーティマ朝カリフのもと、宰相を務めていたサラディンは、その後、頭角を現し、イスラーム世界の再統一という大事業を成し遂げる。まとまりを取り戻したイスラーム軍は、勢いに乗じてキリスト教徒への反撃にでる。十字軍国家は次々に制圧された。

サラディンの強襲にさらされるなかで組まれたのが、第3回十字軍であった。各国の王が参加した史上最も豪華な十字軍である。しかし、足並みが揃わず、最後まで東方の地で戦ったのは、イングランド王リチャード1世（獅子心王）のみであった。サラディンとリチャード1世は、幾度となく戦火を交えた。両者が休戦を結んだのは、戦闘が始まって一年が経過した後のことであった。交渉の結果、結局イェルサレムはサラディン側の手にわたった。一方、キリスト教徒側は信徒による聖地巡礼の保障と、アッコンを中心にわずかな所領を確保するにとどまる。

その後も十字軍は継続された。ただ、第4回十字軍はコンスタンティノープル占拠という結末に終わり、第5回、第6回の十字軍も聖地イェルサレムを完全に取り戻すまでにはいたらなかった。第7回十字軍を率いたフランス王ルイ9世はアッコンにとどまり、一時的に東方におけるキリスト教徒の活動を活性化させるが、彼の帰国とともにその勢いも失う。1291年にアッコンが陥落し、イェルサレム王国は滅亡する。東方に建てられた十字軍国家は、全て姿を消すことになる。

十字軍に参加した者たちの動機は様ざまであった。純粋な信仰心に基づく者

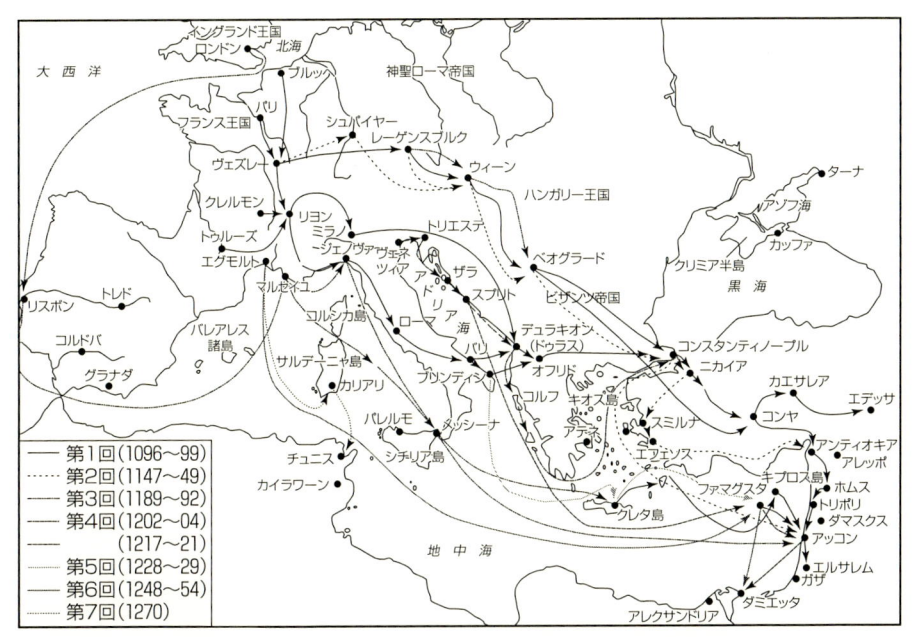

第5章　中世2：カトリック教会が統べるヨーロッパ　55

図5-0-3　**十字軍遠征図**（服部良久、南川高志、山辺規子編著『大学で学ぶ西洋史［古代・中世］』ミネルヴァ書房、2006年、277頁）。

もいれば、政治的な理由、あるいは経済的な利益を求めて東方遠征に参加した者もいた。財産相続を見込めない貴族の次男、三男が、第1回十字軍に多く参加したのはこのためである。彼らは東方の地に定着し、十字軍国家の設立を担う。しかし、多くの参加者は巡礼を果たすなど、得るものを得れば帰国の途についた。それゆえ、十字軍国家では人員の確保が難しく、外部からの攻撃にももろかったのである。

　アッコン陥落で十字軍国家が消滅し、聖地回復が事実上望めなくなった後も、十字軍は続けられた。なおも東方を目指す十字軍士を支えていたのは、経済的な利益の追求ではなく、これまで以上に熱心な信仰心に基づく動機であった。

　十字軍により、多くの人とともにたくさんの物が東西を行き交った。香辛料や絹織物をはじめとした東方の奢侈品は、北ヨーロッパ世界へと届けられ、逆に木材や毛織物等の品物が、地中海世界へと運ばれていく。幅広い物流は商業

を活性化させ、多くの富を生み出した。一番の恩恵を受けたのが、南北交易の交差点であったシャンパーニュ地方の各都市であり、大市が開かれたプロヴァンの町は活況を呈した。

　キリスト教徒とムスリムとは、十字軍により敵対関係で捉えられがちであるが必ずしもそうではない。たとえば、地中海のほぼ中央に浮かぶシチリア島は、ラテン系、イスラーム系、そしてギリシア系の人々が混じり合って生活していた。またイベリア半島では、11世紀頃からイスラーム勢力に対するキリスト教徒のレコンキスタ（国土回復運動）が始まるが、ただ、その過程は必ずしも排他的ではなかった。キリスト教徒とムスリムとは、そのなかで共存していた。交流の過程で、イスラーム世界の知識や文化が伝えられていく。パレルモやトレードは翻訳の一大拠点となり、ビザンツ帝国を経由してイスラーム世界に受け継がれていたアリストテレスの著作や、プトレマイオスの自然科学書、さらにはイブン・シーナー（アヴィケンナ）の医学書やイブン・ルシュド（アヴェロエス）の哲学書など、ギリシア語やアラビア語の書物が翻訳された。これらは、その後ヨーロッパ世界に広まり、スコラ学の発展や大学の創設を促すことになる（十二世紀ルネサンス）。

テーマ史1　中世の村

1. 中世初期の農村と農業

　中世ヨーロッパに住む人々の大半は、農民であった。彼らは生まれた村を出ることなく、農業を営みながら一生を終える、そのようなイメージがあるかもしれない。だが中世の村は、そのような静態的な場所ではない。ここではフランスとドイツ地域を中心に、農村と農民のあり方を述べたい。

　ローマ帝国時代には、ウィラと呼ばれる大規模農場が各地にあったが、西ローマ帝国の滅亡後は一部をのぞいて消滅するとともに、農民の個別経営が一般化した。だが7世紀頃から気候がより温暖になると、王や修道院などの所領規模が再び拡大しはじめた。市場も各地に存在し、日常的ではなかったもののデナリウス貨という銀貨も使用されたようである。

　所領経営の一例として、パリ左岸のサン＝ジェルマン＝デ＝プレ修道院をとりあげよう。9世紀、この修道院は1470マンスという広大な所領を有していた。

マンスあるいはフーフェとは経営単位を指す語で、面積にすると平均10haとされる。ただし、実際は1ha未満から20haを超える場合もあった。そしてマンス保有農民たちは、そこに家と屋敷地、耕地を保有して耕作した。また採草地、森林、放牧地を他の農民たちと共同で利用して、家畜の放牧などをおこなった。さらに週に3日程度は領主直営地で、運搬や建築作業、パンやブドウ酒の製造といった賦役労働に従事した。彼らの他に領主に隷属する農民もいて、領主直営地で働いた。このような荘園は「古典荘園」と呼ばれている。

　カロリング朝時代の北フランスでは、三年輪作システムも始まっていた。これは耕地を3部分に分け、小麦かライ麦を秋に播いて夏に収穫する秋耕地、大麦かオート麦を春に播いて秋に収穫する春耕地、家畜を放牧して地力の回復をはかる休耕地とするもので、作付ける場所を年毎に替えた。この方法は11世紀頃から各地に広まり、いわゆる「中世農業革命」をもたらす。

2．中世農業革命

　11世紀頃に始まる農業革命は、いくつかの技術革新が複合したものである。三年輪作システム以外に、水車や風車の普及がある。その力を利用して粉をひいたり、鍛冶屋が鉄の農具を作るようになった。鉄の歯を具えた重量有輪犂が広まり、それを馬や牛に引かせる繋駕法も改良されて、より深く土地を耕せるようになった。ただ馬や重量有輪犂を購入するのは一軒ごとの農家では難しく、またそもそも小回りのきかない農具のため、村全体で共同耕作を行うようになった。こうして村全体の耕地を三分割して共同で農作業を行う「三圃制」の村落が広まっていく。アルプス以北の地域では小麦の生産量が、以前は播種量の2-3倍程度にすぎなかったが、農業革命後は4-5倍かそれ以上に増加したとされる。穀作に向いた地域では市場向けに小麦を栽培し、逆にブドウ酒や野菜、

図5−1−1　重量有輪犂による農業（15世紀フランス）。
（ロバート・バートレット（樺山紘一監訳）『図解 ヨーロッパ中世文化誌百科』下、原書房、2008年）。馬が用いられることが多かったが、この図のように牛による犂耕も行われた。

図5-1-2 無輪の犂による農業 (15世紀スウェーデン)。
(Janken Myrdal, *Det svenska jordbrukets historia*, II, Stockholm, 1999). 手前にブタが見えるが、ブタは秋になると森に放ち、木の実などを食べさせた。

亜麻や大青の生産に力を入れる地域もあらわれた。もちろん、ヨーロッパ全体で同じことが起こったわけではない。地中海の周辺地域や北欧地域では長らく二圃制が続けられたし、軽い犂も用いられた。またスイスやスペイン、北欧などでは羊や牛などの牧畜が大きな意味を持っていた。

　それでもヨーロッパ全体としては、11-13世紀に農業がさかんになり、それにともなって商業活動も活発化して、新たな都市が陸続と誕生した。また人口の伸びも著しい。おおよその推計であるが、フランスでは13世紀の間だけで2.5倍増えて2000万人に達した。とくに都市人口は、人口全体の10%だったのが同時期に15%に増加している。イングランドでは、『ドゥームズデイ=ブック』が作成された1086年からペスト直前の1346年の間に110万人から370万人となった。南・東ヨーロッパでも勢いは劣るものの、やはり相当の人口増加があったとみられる。

　このような農業と商業の活発化と人口増加は社会に余力と活力をもたらし、「ヨーロッパ世界」は拡大した。イベリア半島での国土回復運動(レコンキスタ)や、地中海東部への十字軍運動はその典型的な表れである。バルト海南岸部にむけて、北方十字軍も行われた。ドイツ騎士団による活動で、激しい戦いを通じてスラヴ人たちをキリスト教化していった。他にも、個々の農民が家や村の周りを切り開いていったり、シトー会などの改革派修道士たちが清貧、瞑想、労働の場を求めて森林を開墾したことも、拡大の一局面である。領主層が主導して行われた、フランドル地方での干拓やドイツの東方植民などもそうである。

　「大開墾時代」とも言われるこの時代、農村人口は外部へと流出する。領主たちは、新村に対しては入植者を誘致するために経済的・法的に良い条件を規定した「特許状」を与え、旧村に対しては必要以上の人口流出を避けるために、

やはり好条件を規定した「免除特権証書（解放証書）」を与えた。それらによると、農民が保有する農地は「世襲」の保有地として認められ、農民は生産物地代か貨幣地代を支払う、と定められた。それ以外に死亡税や領外結婚税などさまざまな負担が課せられたが、領主直営地も農民保有地に転換してゆき、賦役労働は総じて軽減ないし消滅した。フランス北部の場合、11世紀後半には年間1ヶ月程度、12世紀には年間1週間程度にまで減少している。このような荘園は「純粋荘園（地代荘園）」と呼ばれる。

だが拡大はいつまでも続かない。14-15世紀に開墾は限界に達し、急増した人口に食糧生産が追いつかなくなった。くわえて気候が寒冷化したと考えられ、飢饉は頻発し、ペストが14世紀半ばに大流行した。百年戦争をはじめとする数多の戦乱も重なり、各地で人口が減少した。中世後期のヨーロッパは、停滞ないし衰退局面に入るのである。

3．東方植民

ここでは、中・東部ヨーロッパ地域への植民、いわゆる「ドイツ東方植民」をとりあげ、拡大の一局面をみていこう。

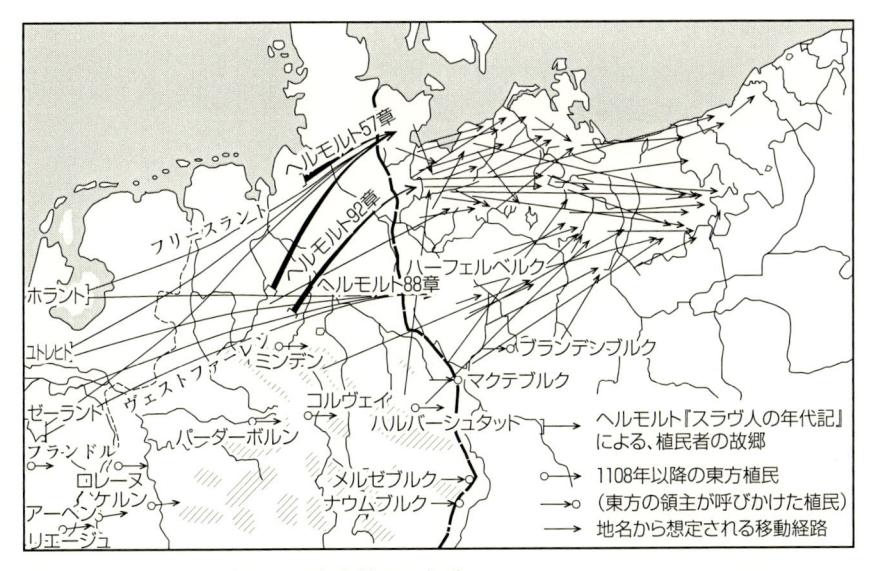

図5-1-3　北東部方面への東方植民の経路（富田矩正『バルト海の中世』校倉書房、2009年）。

東方植民活動は10世紀頃に端を発する。オットー大帝の頃から、エルベ川以東への進出とスラヴ人のキリスト教化が試みられ、983年にスラヴの一部族ヴェント族が決起してエルベの東からドイツ人を追い出したとされる。だが12世紀半ばに、現地スラヴ人との激しい軋轢を生じながらも植民はふたたび本格化した。シトー派修道会による開墾もあったほか、とりわけ13世紀になると、現地の聖俗の領主が開墾と農村建設を推進した。12-13世紀のドイツ人口は500万-600万人とされるが、そのうちおよそ40万人が東に向かったともいわれる。

　実際の植民にあたっては、ロカトールと呼ばれる植民請負人が農村や都市を建設することが一般的だった。彼らは領主から植民を請負い、必要な資金を折半して、入植民の募集に向かった。ある年代記によると、ロカトールは耕地が不足している地方の人々に向けて「美しい土地が豊富にあり、果物も魚も肉も豊富にある」から、家族とともに東方植民に参加するようにと呼びかけた。

　勧誘が成功すると、領主との請負契約に基づいて村が作られることになる。入植民とともに開墾を始め、村を建設する段になると、ロカトールはどの植民者にどこの農地（フーフェ）を割当てるかくじ引きで決めた。自らも封土として村落全体の1割ほどの農地を与えられた（免租）。その具体的な面積は地域によって違うが、およそ2-3フーフェで、ベーメン、シュレジエン、プロイセンでは6-10フーフェだった。さらにロカトールは世襲の村長の地位も保証され、手数料4ソリドゥス以下の下級裁判権、漁獲権、水車小屋で農民が粉を挽く際に使用料を取る権利、居酒屋などの経営権、こうした権利が与えられた。ただし領主にかわって農民から税を徴収する義務と、領主に対して軽騎兵勤務を負担しなければならなかった。

　一方の入植民だが、一定の広さの土地を与えられ、まずは開墾した。男たちは畑に柵をめぐらせ、牛や馬に犂を引かせて土地を耕し、小麦やライ麦などを栽培した。女はパンを焼き、ビールを醸造し、機を織り、家畜の世話をした。入植民は定額の地租を毎年支払うことが義務づけられた。1デナリウスの地域もあれば、2分の1マルクと鶏2羽とされる村もあるなど、その額は様ざまで、かつ小額だった。さらに開墾後しばらくは、「フライヤーレ」と呼ばれる免税期間があった。開墾地域の土地の状態によって期間は異なっており、スラヴ人がすでに開墾していたシュレジエンなどの地方では2-6年だったが、プロイセン地方の原生林地帯は、開墾が大変であったため14年以上の長期間にわたった。

東方植民に向かった農民たちは、貧民ではなく一定の資産を持つ者だったともいわれる。だとしても、植民が一筋縄ではいかないことは分かっていただろう。それでも人々は生き延びるために、あるいは新たな可能性を求めて村を出て行った。送り出す側も将来を案じつつそれを見送った。おとぎ話「ハーメルンの笛吹き男」では、子供たちが笛吹き男に連れられて町を去っていった。この話が生まれた背景には東方植民活動があったとする説がある。その真偽は分からないが、中世の人々にとって、自分が、あるいは身近な誰かが見知らぬ土地に移動していくことは、決して無縁のことではなかったのである。

第6章

中世3：教会権威の斜陽と王の台頭

人物と時代　ヤン・フスとジャンヌ・ダルク

1. 教会大分裂とヤン・フス

　中世後期は、教皇の権威が下降線をたどり、カトリック教会を中心とした社会に、様々なほころびが見え始める時期である。

　1303年にひとつの事件が起こる。フランス王フィリップ4世が、貧窮する王国財政を立て直すため、これまで免税特権が与えられていた聖職者に課税を行おうとする。対する教皇ボニファティウス8世は、反対の意を示すとともにフランス王に対して破門を言い渡した。ここでフィリップ4世は強硬手段をとる。アナーニに滞在していた教皇を家臣に襲撃させ、教皇を捕縛したのである。その後、ボニファティウス8世は憤死することになる。

　アナーニ事件と呼ばれるこの一連の出来事は、教皇権威の失墜を象徴する事件とされる。しかし、これは単なる序章でしかなかった。次期教皇となった元ボルドー大司教のクレメンス5世を皮切りに、その後、南仏出身の教皇が多く選出される。さらに、1309年にクレメンス5世がアヴィニョンに定着して以来、9代続いて教皇はアヴィニョンに居続けた（「教皇のバビロン捕囚」）。カトリック教会内部で縁故主義がはびこり、中でもフランス勢の影響力が増していることは明らかであった。

　60年以上の月日を経て、教皇はようやくアヴィニョンからローマに帰還していた。そこで新たな教皇ウルバヌス6世が選出される。しかし、この選出に不満を持ったフランス人枢機卿たちは、アヴィニョンで新たな教皇クレメンス7世を擁立する。教会大分裂（大シスマ（1378-1417年））の始まりである。ふたりの

第6章　中世3：教会権威の斜陽と王の台頭

教皇の並存は、単なる教会内部の問題にとどまらず、世俗権力の政治的な思惑が絡むことで、ヨーロッパ世界をも大きく二分する事態へと発展する。

混乱が続く中で、アヴィニョン教皇庁の活動自体にも批判が向けられる。特に教会財産の増大を目指した教皇庁の「財庫主義」は、本来教会が進めた行政改革の所産であったのだが、中世後期の社会に広がる不況や混乱と相俟って、信徒たちの不満をかき立てた。

中世後期のヨーロッパ世界では、耕作の限界や天候不順が重なり、収穫量が減り人々は不安定な

図6-0-1　クレメンス7世の教皇就任
(Boris Bove, *Le temps de la guerre de cent ans 1328-1453*, Paris, 2009, p.403). フランス王家の紋章（百合の紋）の前で、教皇位の象徴である三重冠を被せられている。

生活を強いられていた。そこにペスト（黒死病）が加わる。クマネズミを宿主とする蚤を媒介として広まるこの疫病は、1340年代からヨーロッパ各地に広がり、ヨーロッパ全体のおよそ40%から60%の人口を奪ったとされる。厳しい環境にさらされ、耕作者を失った農地は荒れ果て、人を失った都市は廃墟と化していく。「死を想え（メメント・モリ）」の言葉が流布し、人間の隣に髑髏がいる『死の舞踏』の挿絵が流行る。死は人間の身近にあった。暗い影を落とす人々の生活の中で、カトリック教会は救いとなるはずであった。しかし、ふたりの教皇の間で教会は分裂しており、その政策も信徒の目には富の追求にしか見えなかった。

組織内部の問題に加え、カトリック教会は思想や教義の

図6-0-2　『死の舞踏』(Boris Bove, *Le temps de la guerre de cent ans 1328-1453*, Paris, 2009, p.418).

面でも攻撃にさらされる。十二世紀ルネサンスは普遍論争を活性化させていた。トマス・アクィナスは信仰と理性との調和を求める。しかし、13世紀末ウィリアム・オブ・オッカムは、宗教上の信仰は、知識によって解明できないとし、ふたつの理念の完全なる分離を主張した。その他にもフランチェスコ会との清貧論争など、教会は様ざまな側面から挑戦を受け、対応を迫られることになる。

以上のような背景のもとでヤン・フス（1369-1415年）は登場する。彼はベーメン出身の聖職者であり、カレル大学の教授であった。フスは、イングランドで教皇の権威より聖書を重視する思想を展開したウィクリフの影響を受けていた。説教の中で、聖書重視の姿勢を示すとともに、教会の財産所有を痛烈に批判し、聖職者のモラルの低下を非難し続けた。さらに、世俗権力が教会を監督する役割を重視したことから、国王からの支持も受け、フス派の影響力は増していく。

教会内部の混乱が続き、改革の声があがるなかで、コンスタンツ公会議が開かれることになる。開催を主導したのは皇帝ジギスムントであった。分裂をきっかけに主導力を失っていった教皇にはすでに、事態を収拾する力がなく、教会の保護者としての皇帝の存在感が再び高まっていたのである。

教会関係者だけで600人以上が集まったとされる。それだけ人々の関心と期待が寄せられていた。会議の場では、まず教皇の立場が議題となる。複数の教皇が並び立ち、教会の混乱が続くなかで、公会議を重視しようとする考えが広まりつつあった。そして、議論の末に採用されたのが、教皇よりも公会議の決定を優先する公会議主義の立場であった。公会議の決議により、当時並存していた3人の教皇の廃位が宣言され、新たな教皇マルティヌス5世が選出された。半世紀以上続いた教会大分裂は、ようやく解消されることになる。

コンスタンツ公会議で扱われた、もうひとつの重要な案件がヤン・フスの処遇であった。フス自身は教会改革について議論を深めるべく法廷に立ったのだが、教会側は取り合わなかった。自身の立場を貫き、教会のもとに戻ることを拒んだフスは、異端者として火刑に処されることとなる。フスは「不服従の異端」に相当した。彼が説いた教義の正統性はさておき、教会に従わなかった事実が異端という裁定に繋がった。カトリック教会は、教会改革の芽を摘み取ることで、教皇権威の復活と教会組織の再建を目指したのである。ベーメンではその後、フス派の一部（タボール派）が武力闘争を続けたが、1436年には鎮圧されてしまう(フス戦争)。しかし、ウィクリフやフスが始めた教会改革の動きは、

次の世紀に起こる宗教改革へと繋がっていく。

2．百年戦争とジャンヌ・ダルク

　中世後期における教皇権威の低下に対して、頭角を表わすのが世俗の権力であった。フランスでは、12世紀頃から王権が強化され、王国は徐々に国家としての体裁を整えていく。

　かつてフランス王は、パリ周辺にしか領土を持たなかった。しかし、12世紀頃から最高封主の立場を主張し、領主たちに封建関係を強制していく。同時に有力諸侯らに対しては婚姻政策を用い、所領を併合していく。こうしてフランス王の支配圏は徐々に広がっていった。

　フランス王権強化の過程で、常に立ちはだかるのが、イングランド王の存在であった。ヘンリ2世が父からアンジュー家の所領を継承し、妻を通じてアキテーヌ公の所領を手に入れたことで、イングランド王はフランス王国内で最も大きな領土を持つ諸侯となる。しかし、大陸においてイングランド王はあくまでフランス王の封臣であったことから、封建関係にともなう義務の履行が求められる。だが、イングランド王は、しばしばそれを拒否した。対するフランス王は度々、封臣としての義務の不履行を理由に土地の没収を宣言する。こうして、幾度となく戦争が繰り返されることになる。

　1337年から始まる百年戦争は、長年続く争いの延長線上で起きた。フランス王位継承問題やフランドル経済の問題、ガスコーニュの領有問題など、両国の間には、様ざまな争点があったが、解消すべき問題は、イングランド王とフランス王との封建関係の整理であり、イングランド王が持つ大陸の所領であった。

　クレシーとポワティエの戦いでフランス軍は、イングランド軍に大敗するが、その後、態勢を立て直し勢力を盛り返す。戦局は一進一退であった。しかし、15世紀初頭フランス王国で、諸侯たちの間で政治の主導権をめぐる争いが生じ内乱となると、再びイングランド軍に侵入を許す。パリを含めた北フランス一帯を奪われ、さらにはフランス王位もイングランド王が兼ねる事態となる。危機に瀕する中、ジャンヌ・ダルクは現れる。

　「フランスを救え」という神の声を聞いたジャンヌ・ダルクは、王太子シャルル（シャルル7世）のもとを訪れ、神の意志を伝える。なぜ王太子シャルルがジャンヌを信用したのかは謎であるが、危機が迫る中で王太子はジャンヌ・ダ

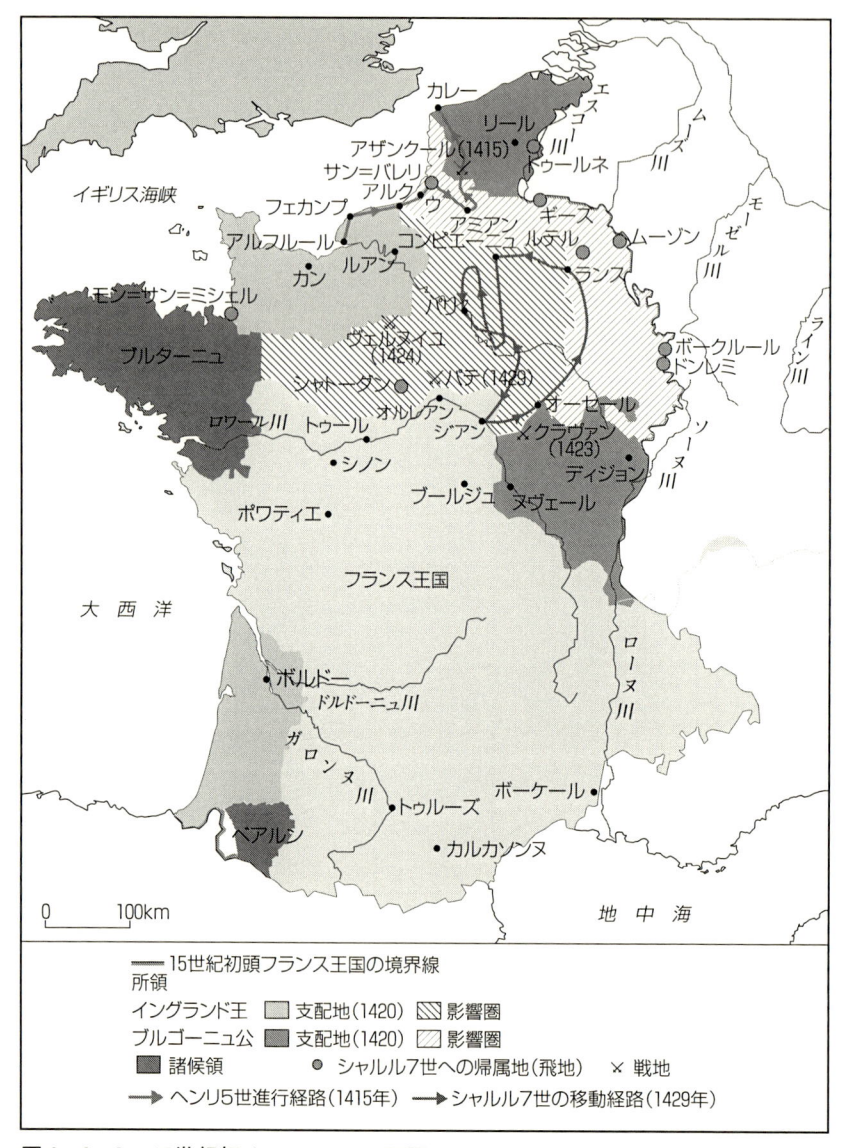

図6-0-3　15世紀初めのフランス王国 (Boris Bove, *Le temps de la guerre de cent ans 1328-1453*, Paris, 2009, p.262).

ルクに兵を与える。向かった先は、フランス軍の要所であり、今やイングランド軍に包囲され陥落目前のオルレアンであった。先陣を切って立ち向かうジャンヌの姿に鼓舞されたフランス軍は、勢いに乗じてイングランド軍を追い払い、オルレアン解放を成し遂げた。ジャンヌの快進撃はまだ続く。今度は、敵軍が支配する領地を駆け抜け王太子シャルルをランスへ導き、戴冠式を行わせた。ただ、ジャンヌの栄光はここまでであった。続くパリ進撃では、強固な城壁を前に跳ね返され、コンピエーニュでは勇み足の末、敵軍の捕虜となる。ジャンヌの身柄はルアンに移され、異端審問にかけられると、最終的には異端に仕立て上げられ、火刑に処されることとなる。

図6-0-4 ジャンヌ・ダルク
(Boris Bove, *Le temps de la guerre de cent ans 1328-1453*, Paris, 2009, p.555). ドミニク・アングル『シャルル7世の戴冠式におけるジャンヌ・ダルク』(ルーブル美術館所蔵)。

　ジャンヌ・ダルクはフランス国民意識の象徴とされる。戦闘で祖国の救済を掲げ戦う彼女の姿は、人々の国民意識を目覚めさせたと。百年戦争は、様ざまな側面で王国を近代国家へと発展させる刺激となった。常備軍に繋がる軍政改革が行われ、その土台となる課税が恒常化される。同時に統治組織も改めて整備され、官僚制が姿を見せ始める。そして、国家形成の仕上げとしてジャンヌと国民意識の萌芽が出てくる。たしかに、イングランド軍との戦闘や、フランス王からの課税を通じて幅広い人々にフランス国民を意識する機会が増えていたといえるが、それがフランス全土あるいは全階層の人々に浸透していたわけではなかった。また注意しなければならないのが、ジャンヌ・ダルクを英雄視し、国民意識の担い手とする背景には、19世紀に登場するナポレオンのプロパガンダ活動があった点である。彼は自身をジャンヌに重ね合わせることで、フランスを救う英雄になろうとした。つまり、救国の英雄としてのジャンヌ像は近代に作られたものであり、それを中世後期の世界にそのまま投影することはできないのである。

　ともあれ、ここからフランス軍は一気に攻勢を仕掛け、イングランド軍を大陸から追い出していく。1453年アンジュー帝国成立以来、手放すことがなかっ

たガスコーニュ地方を失い、その中心都市ボルドーが陥落する。イングランドの所領がカレーを除き、ほぼ大陸から失われたことで、百年戦争は終結することになる。王国の統一をほぼ手中に収め、フランス王はさらに王権の強化を進めていく。一方のイングランド王は、ブリテン島での支配を確立させる方向へ進み、その後、バラ戦争で一時混乱期をむかえるが、それを克服した後、中央集権的な国家体制が姿を現すことになる。

テーマ史1　中世後期の都市
――聖体祭と貧民対策――

1. 中世都市

　中世都市は、商業活動の活発化を背景に12世紀頃から発達し、領主や王から自治権を獲得して成立した。自治都市の市政は、市民から選ばれた市長と市参事会を中心に行なわれた。一方で、都市に住み、農業以外の経済活動に専念する商人や手工業者は、互いの利益を守るために同業者同士で協力関係を結ぶようになった。これがギルド（同職組合）へと発展する。ひとつの職業につきひとつのギルドが形成されたが、職の細分化に伴って、1300年頃のパリには300以上のギルドが存在したといわれる。中世後期には、市内の有力なギルドの出身者が市政府の要職を占め、次第に寡頭政を強めていく。

　このような、市壁に囲まれ、市民による自治が実現していた都市は、農村とはまったく異なる空間であった。第一に、中世都市は、外敵の侵入を防ぐために堅牢な石壁に囲まれた閉鎖的な空間であった。出入りはいくつかの市門に限られ、門は夜や非常時には閉じられた。さらに中世末期には10万人の人口を抱えたとされるロンドンです

図6-1-1　中世都市の一場面(オットー・ボルスト（永野藤夫他共訳）『中世ヨーロッパ生活誌』第1巻、白水社、1985年、206頁)。裸の女主人が楽士たちの上に室内用便器の中身をぶちまけている。

ら、市壁内の範囲は東西約2キロ、南北700-800メートルしかなく、都市の人口密度はかなり高かった。また、市内の道路の大半は舗装されておらず、道幅も狭かった。道路の両脇には、木造の3-5階建ての建物が密集し、上階ほど道路上にせり出し、空を覆っていた。そして家々の窓からは、「屎瓶」に溜めた汚物が道路の溝をめがけて投げ捨てられ、商店や作業場から出る大量のゴミも道端にあふれていた。中世都市は、狭く、薄暗く、かつ極めて不衛生な空間であった。当然ながらこのような環境は、伝染病の蔓延に適していた。

　しかし、こうした劣悪な生活環境とは別に、14世紀のペストや都市反乱、戦争などの被害から回復した都市は、15世紀のうちに繁栄を取り戻した。各地の都市で、市民の参加する様ざまな儀礼や行事が豪華に盛大に行われるようになる。それらは参加する市民の一体感を強めた。しかし、それと同時に、都市内の社会秩序維持の観点から、社会的規制と選別化の動きも現れてくる。

　ここでは、都市儀礼の例として「聖体祭」を、選別化の例として貧民救済政策を取りあげる。

2. 聖体祭

　「聖体」とは、キリストの肉を象徴するパンと血を象徴するブドウ酒のことで、それらの形をとってキリストが「現在」するとされる、カトリックの重要な「秘蹟」のひとつである。聖体祭は、1264年に定められた「御聖体の祝日」に毎年挙行された。御聖体の祝日は、移動祝日のため毎年おおよそ5月下旬から6月末までの間になる。1306年にドイツのケルンで、1316年にシュトラースブルクで祝日が祝われたことが確認されている。イングランドへは1320年から1325年の間に導入された。

　ここではおもにイングランドの聖体祭を例に、祝祭が都市空間において果たした役割を見てみよう。聖体祭は、市政府の主催のもとに聖俗の市民が参加し、聖体行列と聖史劇の上演からなる。まず聖体行列は、教会を出て、司祭が天蓋の下で聖体顕示台を捧持しながら市内を一巡し、市内の要所に設けられた仮祭壇で、会衆を祝福した。これによって、都市全体が聖化されると考えられた。行列の順は、下位のギルド成員を先頭に、上位のギルド、市参事会員、聖体と続き、最後尾は市長が占めた。こうした行列の順序は、市内の社会秩序を反映したものとなっている。15世紀後半ドイツのシュトラースブルクで祭の行列順を巡ってギルド間で対立が起こった事件は、行列順がいかに市民にとって重要なことであったかを示している。

聖史劇は、山車の上で上演された。山車は市内各地のあらかじめ決められた地点で停止し、その舞台の上で、天地創造から最後の審判までの「聖史」の各場面を上演した。山車ごとに別の場面が演じられることで、都市全体としてひとつの聖書的世界が表現されたのである。多くの場合、聖体行列と聖史劇は同じ日に挙行されたが、いくつかの都市では演劇は日を改めて行われた。

演劇の上演は、ひとつの山車につきひとつあるいは複数のギルドが担当した。たとえば、大工のギルドが「キリストの復活」を担当し、パン屋のギルドが「最後の晩餐」を、船頭のギルドが「大洪水とノアの箱舟」を担当した。これらの演劇は蓄積され、中世後期には各地で聖史劇群が成立してくる。現存するヨークのものには47の演劇が含まれている。

このような各職業のギルドのメンバーが参加、上演した舞台は、外向きには、そのギルドの結束と財力を示すものであり、内向きには、そうした共同プロジェクトに参加することを通じて、メンバーのギルドへの帰属意識が強められた。しかし、時代の流れによって、ある職業のギルドが没落し、ひとつの舞台全体を担当できず、他のギルドとの共同演出となったり、逆にこれまで弱小であったギルドが繁栄して、ひとつの舞台を担当するようになったりする。その盛衰は、聖体祭という公的な祭礼の場で、市民に明示された。

さらに、聖体祭の観客は、市民だけでなく外部の貴族や他都市の市民、ときには王族も含まれた。そのため、聖体祭を盛大に挙行することは、その都市共同体の信仰心と経済的繁栄を外部に誇示することであった。寡頭政への傾向を強める市政府は、こうしたパブリックな儀礼を通じて、市の繁栄と市の権利を誇示した。そして、そのような祭に参加することは、各ギルドの「名誉」であり、ステイタス・シンボルとなった。

しかし、市政府は、次第に祝祭日に大観衆が集まることは騒乱や秩序破壊的行動に繋がるとして警戒するようになる。また、祭を主体的に担ってきたギルドも、経済構造の変化とともに衰退していった。一方で、劇場演劇の発達にともなって市民の娯楽のありかたが変化していく。さらに、宗教改革者らは、カトリックの教義に基づく宗教行事を攻撃した。こうして、16世紀以降、聖体祭のような都市の大規模な祭礼は衰退していくことになる。

3．兄弟団の活動と貧民救済

盛大な聖体祭のスペクタクルの陰で、14-15世紀には都市民の間の貧富の格

差が広がり、貧民層が拡大していた。従来、貧民はすべて喜捨の対象であり、その保護はおもに教会や修道院が担っていた。都市では、13世紀頃から兄弟団（コンフラタニティ、宗教ギルド）が盛んに設立され、中世後期の都市の貧民救済に一定の役割を果たした。

兄弟団とは、聖職者の指導のもと、慈善と信仰活動の実践を目的として設立された俗人の信心団体である。職業ギルドが職種別に設立され、メンバーは親方に限られたのと異なり、兄弟団のメンバーの職業や地縁、身分などはさまざまであった。その活動は、メンバーの互助活動を中心に、慈善活動や守護聖人の崇敬と祝祭行事の挙行などであった。

たとえば、ネーデルラント南部の諸都市では、「聖霊ターフェル」と呼ばれる組織が、14世紀から教区在住の老人や寡婦などの貧民に、パンとブドウ酒、鰊などの食料や靴、布などの生活用品を分配していた。イタリアのフィレンツェでは、たとえば「オルサンミケーレの兄弟団」が、全市域から約1000人の「選ばれた貧民」を金銭的に援助していた。しかし、こうした援助の対象となったのは都市全体の貧民のうちの一部であり、分配された生活用品や金は、ささやかな足しにしかならなかった。

したがって、兄弟団の貧民救済活動は、貧民の救済そのものを目的としたというよりも、むしろ兄弟団の信仰活動の一環として行われたといえる。15世紀になると、兄弟団の活動は、ますます貧民の救済よりもメンバーの魂の救済を中心にしていく。また、人文主義者や後には宗教改革者も、労働を賛美し、労働しないことを怠惰の罪として批判し、労働が義務であることを教育する重要性を唱えた。そのなかで、15世紀には都市当局による貧民対策が本格化する。

市政府は、治安維持の観点から、物乞いの取締りを必要とみなすようになった。貧民を選別し、物乞いを取り締まることを目的とした都市条例のなかで、最も初期のものは、1370年頃にドイツのニュルンベルクで発布

図6-1-2　兄弟団による貧民救済 (河原温『中世ヨーロッパの都市世界』山川出版社、1996年、63頁)。

されたものとされる。この条例では、当局が物乞いを認めた貧民に記章を配り、それを帯びていない者すべてに物乞いを禁じた。そして、当局が任命する「物乞い担当官」が取締りにあたること、よそ者の乞食は3日に限って市内滞在が許可されること、などが定められた。以後、15世紀には各地の都市で、同様の趣旨の条例が定められるようになる。

　こうして、それ以前はすべて「聖なる貧民」として喜捨の対象とされていた貧民が、身体的に労働不可能であるゆえに援助に値する「良き貧民」と、身体壮健にもかかわらず労働しないゆえに援助に値しない「悪しき貧民」とに、二分される。そして、貧民・貧困問題は、教会や宗教団体の慈善事業の対象から、都市当局の社会政策の一部となっていった。こうして社会は、ますます規律化されていくのである。

第7章

近世1：新たなる船出

人物と時代　コロンブスとルター

1．コロンブスと大航海時代

　いわゆる大航海時代の幕開けを準備したものは、何よりも外の世界への好奇心であった。13世紀末に中国（元）まで旅したとされるマルコ・ポーロの『東方見聞録』は、黄金の国ジパングを紹介し、一攫千金の夢をかきたてていたし、

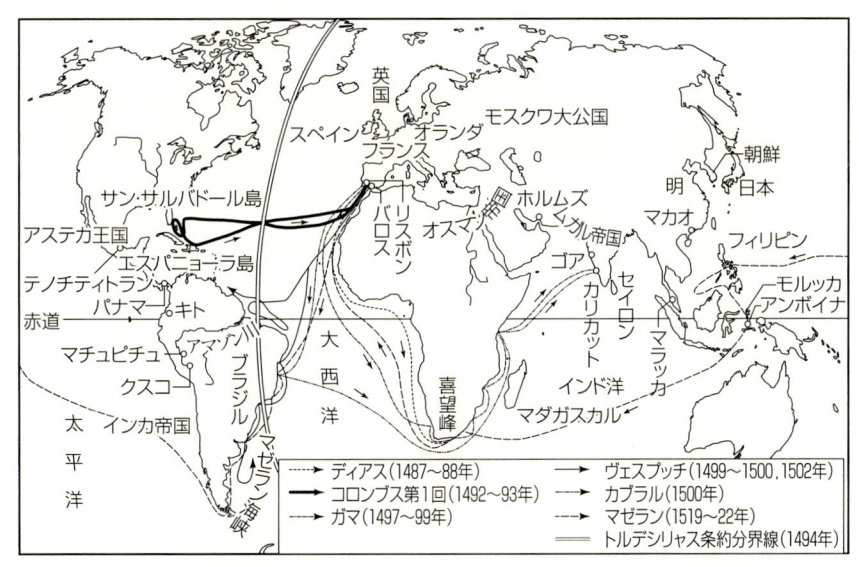

図7-0-1　大航海時代（『詳説世界史B改訂版』山川出版社、2005年、158頁。「大航海時代」をもとに作成）。

東方にキリスト教国が存在するという中世以来のプレスター・ジョン伝説は、未知の世界にキリスト教を伝道するという強い宗教的使命感を、ヨーロッパ人に植えつけたであろう。そして、1406年にヤコブス・アンゲルスによって、古代ギリシアのプトレマイオスの地理書がラテン語に翻訳されると、ヨーロッパ人の世界の地理についての関心は大いに刺激された。さらに、天文学者や地理学者は地球は球体であると主張し始めていたし、大型帆船の建造や羅針盤の改良など技術面の進歩も、外洋航海の実現には不可欠だった。そして何より資金である。未知の世界への冒険と征服、植民地の建設という大事業は、国内を統一し、それによって財源を掌握した王権によってのみ可能であり、その点で、国家統一の遅れたイタリアやドイツは植民地帝国の建設にも遅れをとることになる。

　まずポルトガルが海外進出を開始する。ポルトガルは、15世紀初頭から大西洋諸島および西アフリカに進出して交易ルートを拡大していたが、1498年、ついにヴァスコ・ダ・ガマの艦隊がインド西岸のカリカットに到達し、インド航路を開いた。そしてインド西岸のゴアを征服し、マラッカとモルッカを攻略、セイロン（スリランカ）島やホルムズに要塞を築き、インド洋の制海権を握った。さらに、アジア貿易における覇権を確立すると、16世紀半ばからは中国（明）からマカオを租借し、日本との交易も開始して、交易拠点帝国を築いていく。

　これに対して西廻り航路によるインド到達を主張したクリストフォルス・コロンブスが、スペイン女王イサベルから「インド」征服許可状を獲得したのは、まさにイベリア半島に残る最後のイスラームの拠点グラナダが陥落した、わずか3カ月後のことであった。コロンブスは定説ではジェノヴァ出身とされるが、生い立ちはよくわからない。ポルトガルのリスボン滞在中に航海術を学んだらしい。『東方見聞録』も愛読していたようだ。ただし、コロンブスは、フィレンツェ出身の天文学者トスカネリの説に影響を受けて、アジアまでの距離はそれほど遠くないと信じていたため、実際にはその航海は困難を極めた。

　コロンブス一行は1492年8月3日にパロス港を出帆し、10月12日、ついに現在のサン・サルバドール島に到達した。コロンブスは、初めて出会った先住民について「利巧なよい使用人になるだろう」とか「簡単にキリスト教徒になるだろう」などと航海日誌に記しており、当初から先住民の奴隷化とキリスト教宣教の意図をもっていたことを窺わせる。「ジパング島」と信じた島（キューバ）では、期待した黄金は見つからなかったが、エスパニョーラ島（ハイティ）で

は豊富な砂金を見つけたらしい。砦を築いて乗組員39名を残し、1493年1月、帰国の途についた。この時先住民6名を連れ帰っている。

コロンブスの「インド」到達をうけて、スペイン王が発見地のスペイン領有を宣言すると、ローマ教皇の仲介でトルデシリャス条約が結ばれ、世界を二分して西半分をスペインが、東半分をポルトガルが領有することになった。

「インド総督」に任じられたコロンブスは、帰着の半年後には大船団を組んで第2次航海に出発した。これは本格的な黄金獲得と植民地建設を目指したものであった。しかし、エスパニョーラ島の砦に残したスペイン人は全滅しており、黄金の採掘を焦るスペイン人入植者が先住民を酷使、虐待したことで、情勢は悪化した。コロンブスはその後、第3次（1498年）、第4次（1502年）の航海に出ているが、エスパニョーラ島の混乱を理由に総督職を解任されるなど、晩年のコロンブスに対するスペイン王権の扱いは冷淡なものであった。

大西洋航路が開かれたことで、スペインからは探検者に次いで「コンキスタドレス（征服者）」が「新大陸」を目指した。1521年にコルテスが、アステカ（メシーカ）王国を、1533年にピサロがインカ帝国を滅ぼした。スペイン人征服者や入植者は、先住民を鉱山や農場での重労働に強制的に動員したうえ、ヨーロッパから様ざまな病原菌を持ち込んだため、先住民の人口は激減した。その結果、労働力不足を補うために、アフリカ人を奴隷として植民地に「輸入」するようになった。

図7-0-2 **スペイン軍の船によるテノチティトラン攻撃**（増田義郎『インカとアステカ黄金帝国の滅亡』小学館、2002年、106頁）。アステカ帝国の首都テノチティトランは湖に浮かぶ水上都市であった。

2．ルターと宗教改革

大航海時代の幕開けはヨーロッパ人の世界観に大きな変化をもたらしたが、ヨーロッパ内部でも価値観の転換を迫る激動が起こった。宗教改革運動である。宗教改革運動とは、キリストの教えに立ち戻ることを掲げる教会改革運動

であり、この結果、ローマ・カトリック教会という普遍的権威によって象徴される中世的枠組みは崩れ去った。それは、マルティン・ルターというひとりの修道士の苦悩から始まった。

　ルターは、1483年ドイツ北部ザクセン地方の出身で、長じて修道士になった。ルターは、清貧、貞潔、服従という修道生活の原則を完遂することを目指したが、結局それは不可能だった。ルターは、神が人に望む生活について思索を続け、ついには「信仰のみ」「恩寵のみ」「聖書のみ」という悟りに達した。しかし、当時のドイツ各地ではローマのサン・ピエトロ大聖堂を改築する名目で贖宥状が販売されており、「箱にお金を投げ入れれば、チャリンという音ともに魂が天国に飛び上がる」と詠われていた。ルターは、このような金儲け主義に激しい怒りを覚え、1517年10月31日、「95か条の提題」を発表した。カトリック教会は贖宥状の購入という「善行」によって魂は救われると説いていたが、これに対してルターは、「人が義とされるのは信仰によってのみ」であり、そのような信仰を可能にするのは福音すなわち聖書だけであるとし、聖職者の役割と教会による聖書解釈の独占も否定した。

　ルターの発表した「提題」はラテン語で書かれたもので、一般向けではなく、贖宥状もあくまで神学上の問題として扱われていたが、これをきっかけに宗教改革運動が本格化していくことになった。当時の西ヨーロッパでは、1438年以来ハプスブルク家がドイツ南東部のオーストリアを本拠としつつ神聖ローマ皇帝位を世襲し、さらには積極的な結婚政策によりネーデルラント、スペイン、ハンガリーの支配者にもなっていた。一方で、ドイツ国内では諸侯の自立性が強まり、それぞれに領邦国家を形成しており、スイス地方の諸都市も1499年に実質的に独立を果たしていた。したがって、フランスやイングランドが王権を中心とした中央集権国家の建設を目指し、ポルトガルとスペインがすでに国家的事業として探検航海に乗り出していた時代に、ドイツは帝国としての一体性を欠き、領邦国家ごとに権力は分散していたのである。このようなドイツの政治的状況は、ルターの宗教改革運動にも大きく影響した。

　ルターは、1519年の神学者エックとの論争のなかで、ついにカトリック教会との断絶を宣言するに至る。1521年、ローマ教皇レオ10世によりルターは破門され、神聖ローマ皇帝カール5世もルターを帝国追放とした。しかし、ザクセン公の庇護をうけたルターは、密かにヴァルトブルク城にかくまわれ、その間に聖書のドイツ語訳を進めた。ルターの考えでは、すべての信徒が自由に福音

に接するべきである以上、聖書は日常語で読める必要があったからだ。一方で、ルターを支持する改革派は、当時最新のメディアであった活版印刷術を活用し、簡単な言葉と木版画の挿絵のあるパンフレットを大量に発行した。グーテンベルクが考案したとされる活版印刷術は、宗教改革運動の情報戦において重要な役割を果たしたのである。

図7-0-3　「ルターの敵対者たち」（森田安一『ルターの首引き猫』山川出版社、1993年、195頁）。中央にローマ教皇レオ10世が邪悪なライオンの姿で描かれ、その左右にはルターと論争したカトリック神学者たちが、それぞれ愚かな動物（猫、ヤギ、豚、犬）の姿に描かれている。

　しかしルターの蒔いた種は、ルターの許容範囲を越えて拡大した。トマス・ミュンツァーが社会改革を目指す急進的主張を唱えるようになると、ルターは彼を否定し、1524年に農民戦争が始まると、これを鎮圧するよう領邦諸侯たちに求めた。ルターにとって、君主や社会秩序も神が定めたものであり、従うべきものであった。

　皇帝カール5世は、ヨーロッパに攻め入るオスマン・トルコ軍に対抗するため、諸侯の支持が必要な時はルター派を容認し、トルコの脅威が去ると弾圧するということを繰り返した。こうした皇帝の態度にルター派諸侯は抗議（プロテスト）し、軍事同盟を結んで結束した。ルター派諸侯と、皇帝およびカトリック諸侯との対立は1546年には内戦に発展し、1555年アウクスブルグの宗教和議（宗教平和令）でルター派は容認されることになった。ただし、「領主の宗教がその領土におこなわれる」が原則とされ、カトリックかルター派か、宗派を選ぶ自由は領邦諸侯にしか認められなかった。これ以後、領邦教会としての整備が進められていく。

　ドイツでのルターの活動は、多くの宗教改革者を西ヨーロッパ各地に生んだ。なかでも、ジュネーブで宗教改革を進めたジャン・カルヴァンは、ルターの教えをさらに発展させた。神は誰を救い、誰を地獄に落とすかをアダムとイ

ヴの原罪以前にすでに決定していて、人にはどうすることもできないが、神を信じ、神の教えを受け入れる者は、救われるほうに自分が選ばれていることを確信できると説いたのである。またカルヴァンによれば、職業も神が定めた天職、召命であり、これに勤しまねばならないとした。カルヴァンのこうした教えは、特にハプスブルク家の支配下にあったネーデルラントに広まり、そのために皇帝カール5世から厳しい弾圧を受けた。また、フランスにもカルヴァン派は広まり、宮廷内の派閥争いと相俟って、ユグノー戦争と呼ばれる内戦が起こるに至った。

　一方、イングランドや北欧諸国では、中央集権化を進める王権が主導して宗教改革を断行した。国家統合のイデオロギーとして、普遍的な教会よりも国家教会を求めたのである。

　宗教改革運動の進展は、カトリック教会内部の刷新も促した。1545年から18年にわたって断続的に討議が繰り返されたトリエント公会議では、信仰を支える制度としての教会の意義が再確認されるとともに、司教職の兼任禁止や贖宥状販売廃止など綱紀粛正が進められた。また、スペインのイグナシオ・デ・ロヨーラが設立したイエズス会は、ローマ教皇への絶対服従を唱えて対抗宗教改革の先頭に立ち、積極的に海外宣教にもうって出た。

　次第にカトリック教会は、保守的で不寛容な傾向を強めていった。彫刻や絵画の裸体表現は制限されるようになり、異端審問制が「秩序回復」の道具となった。そうしたなかで、望遠鏡を用いた観察によってコペルニクスの地動説の正しさを確認したガリレオは、1633年、自説を否定するよう強いられた。ヨーロッパ人の宇宙観を大きく変えることになった発見も、神の創造した世界についての重大な神学上の核心に触れることとして、異端審問制の対象となったのである。

テーマ史1　ルネサンス

1．イタリア諸都市の繁栄

　14世紀以降、ヨーロッパの経済構造や商業ルートに大きな変化が起こった。航海技術や船の改良により、イタリア商人が、地中海からジブラルタル海峡を経て、直接北西ヨーロッパへ赴くようになったのである。その結果、南北商業

の中継地であったシャンパーニュ地方の商業都市が廃れた一方で、高級品のイングランド産羊毛を直接買い付けてイタリアで毛織物製品に仕上げるようになり、フィレンツェなどトスカーナ地方の毛織物工業が発展した。ヴェネツィアは、ライバルのジェノヴァと対抗しつつ、ビザンツ帝国およびイスラーム世界との貿易（レヴァント貿易）を掌握し続けた。イタリア商人はこうした遠隔地交易のための為替や小切手、両替や簿記などの金融業務を発展させ、市民の読み書き能力も向上した。

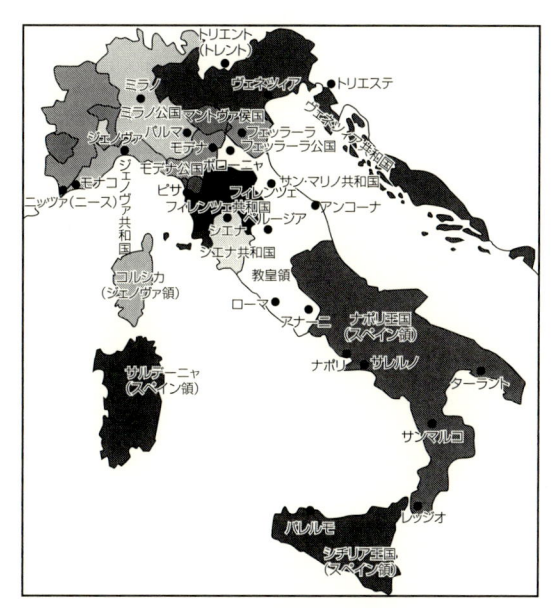

図7-1-1　ルネサンス期のイタリア（中嶋浩郎『図説メディチ家　古都フィレンツェと栄光の「王朝」』河出書房新社、2000年、20頁。「ルネサンス期のイタリア」をもとに作成）。

　商業ネットワークの独占によって繁栄したイタリア諸都市の多くは、コムーネ（共同体）の名のもとで共和政を行っていたが、次第に富裕な有力家門が市政の実権を握るようになった。これら新興の支配者たちは、互いに競うように、最新かつ壮麗な美術作品や建築物でもって自らの都市を飾ろうとした。その際に、イタリア独自の文化的アイデンティティーとして、古典古代文化を「発見」したのである。そもそも「ルネサンス」とは「再生」を意味する語で、古典古代文化の復興を目指す文化運動を指す。しかし、キリスト教以前の古典古代文化の単なる「再生」ではなく、当時のキリスト教信仰やキリスト教倫理と合致するものとして受容されたのだ。

　当時のイタリア諸都市では、あらゆる技芸の職人は同職ギルド（アルテ）に属していた。画家や彫刻家という概念はまだ成立しておらず、アルテから独立して自由にパトロンを見つけて活動できたのは、ごくひと握りであった。レオナルド・ダ・ヴィンチほどの「万能人」であっても、ミラノ公に宛てた書簡で、

「わたしは軽い橋の建造方法を心得ている」「わたしは運搬に容易な軽い大砲の作り方を知っている」と、土木工事や兵器製造の技で自分を売り込まねばならなかった。それでも、作品と作者の名が関連付けて記憶されるようになり、知的職業としての芸術家の社会的地位は上がったといえるだろう。

2．イタリア・ルネサンス芸術

　最初にルネサンス芸術の中心地となったのは、メディチ家のもとで繁栄した15世紀のフィレンツェであった。ブルネレスキの手掛けたサンタ・マリア・デル・フィオーレ教会のクーポラは、古代建築を範とするルネサンス様式の代表作であり、現在でもフィレンツェ市のランドマークである。さらにブルネレスキは、幾何学の定理にしたがって消失点を算出し、その線に沿って描くことで奥行を表現できることに気付き、線遠近法の手法を考案した。この数学的美術表現の理論は、1436年にアルベルティが『絵画論』で論じたことで広まった。マザッチョの「聖三位一体」は、線遠近法を絵画表現に応用した初期の作品のひとつである。目に映る世界をできるだけ正確に画面に描こうという熱意が、ネーデルラントでファン・アイクが発展させた油彩画技法のイタリア伝来と相俟って、豊かでリアルな絵画表現を生み出していった。

　絵画や彫刻のテーマのほとんどは、中世と同様に聖書や聖人の物語などキリスト教に関連するものであった。ルネサンス美術は、決してキリスト教を否定したものではなかった。ボッティチェリの代表作「春」（1482年頃）や「ヴィーナスの誕生」（1486年）のように、古典古代をモチーフにした作品は、あくまで発注者の古典の教養をアピールするためであって、異教信仰を示すものではない。また、聖書や神話を題材とし、崇高な理想の表現としている限りは、裸体表現も許容されたのである。

図7-1-2　ブルネレスキ「サンタ・マリア・デル・フィオーレ教会のクーポラ」(1420-36年、フィレンツェ) (M. L. King, *The Renaissance in Europe*, London, 2003, p.117). 正確な比率計算と矢筈積み工法によって完成させた。

ミケランジェロの「ダヴィデ像」、ダ・ヴィンチの「モナ・リザ」、ラファエロの数々の聖母子像などが、市政府や有力市民の注文によって制作され、フィレンツェは15世紀末までルネサンス芸術の本場としての地位を保った。しかし、教会大分裂を克服したローマ教皇が教皇座関連施設の再建に乗り出した16世紀初頭には、ローマが中心的存在になった。サン・ピエトロ大聖堂の改築工事は、ブラマンテが設計し、同郷の後輩ラファエロが引き継ぎ、最終的にミケランジェロが請け負うことで進められた。また、教皇ユリウス2世の注文で、ラファエロはヴァチカン宮殿の「署名の間」にフレスコ画「アテネの学堂」を手掛け、ミケランジェロはシスティーナ礼拝堂天井画の制作を開始した。

しかしながら、イタリア・ルネサンス芸術は、あくまでイタリア諸都市の支配者層の古典趣味を反映したものであった。それは、大多数の市民にとってはあずかり知らぬことであり、財力にものをいわせた豪奢な装飾は、厳しい批判の的にもなった。

図7-1-3 マザッチョ「三位一体」（1426-28頃、サンタ・マリア・ノヴェッラ教会、フィレンツェ）。（杉全美帆子『イラストで読むルネサンスの巨匠たち』河出書房新社、2010年、54頁）。線遠近法を絵画に用いた初期の作品のひとつ。

1494年、フランスによるイタリア侵攻が開始され、スペイン領のナポリが攻略された。いわゆるイタリア戦争である。以後50年以上にわたってイタリアはハプスブルク家とフランス国王の勢力争いの場と化し、1527年の「ローマ劫掠」では、神聖ローマ皇帝カール5世の軍勢が暴虐の限りを尽くした。この混乱の時代を生きたフィレンツェ出身のマキャヴェリは、1513年の『君主論』において「狐の鋭敏さと獅子の勇猛さ」を兼ね備えたイタリア出身の君主の登場を期待したが、1559年のカトー＝カンブレジ条約によってイタリアにおけるハプスブルク家の覇権が確認されると、ヴェネツィアとローマを除いてイタリア諸都市の政治的独立は失われた。それとともにイタリア・ルネサンス芸術もまた、活力を失っていったのである。

3. 人文主義

　14世紀初頭、フィレンツェ出身の詩人ダンテは、ラテン語よりも、幼い頃より母から習い覚える口語の表現力のほうが、詩人が創作に用いる言語として優れていると主張した。それを自ら実践した代表作『神曲』は、フィレンツェ内部の政治闘争によって追放されたダンテが、死の直前までかかって完成させた大作である。このダンテを敬愛し、詩作の道に進んだのがペトラルカであり、その友人ボッカッチョであった。こうした文人たちは、古典古代の詩人の作品を範とし、新たな表現方法を探り始めていた。そこへ、ペストの災禍と教会大分裂の混乱である。もはや、分裂し堕落したカトリック教会の教えに囚われずに古典文献を研究し、古代の英知に人間としての新たな生きる指針を見出そうとしたのが、人文主義者であった。

　古典文献の研究のためにラテン語に加えてギリシア語学習の必要が痛感され、14世紀末以降フィレンツェを中心に、イタリアを訪れるビザンツ帝国の知識人を通じてギリシア語の学習が熱心に行われていた。1453年ついにオスマン・トルコによりビザンツが滅亡すると、多くのギリシア語文献がイタリアにもたらされた。さらに、広くヨーロッパ各地の修道院の書庫などに眠っている古典文献写本の発掘と収集も進められた。

　人文主義者は、古典の教養とキリスト教信仰を一致させることを目指し、古典文献の校訂と翻訳作業を進めた。とりわけプラトンの著作は、フィレンツェにメディチ家が設立したプラトン学院で熱心に研究され、新しい思想の潮流を生み出した。また、ヘロドトスやトゥキュディデスの『歴史』もラテン語に翻訳され、アリストテレスの著作も新訳が出版された。プルタルコスの著作では『対比列伝（英雄伝）』よりも『倫理論集』がもてはやされた。こうした成果は、西ヨーロッパ全体に大きな影響を与え、人文主義は各地に広まった。そして古典の教養は美徳とみなされ、知識人にとどまらず支配者たる者に不可欠な素養とされるようになった。

　さらに、キリスト教関連の文書すらも校訂の対象とされると、その成果はカトリック教会を揺るがした。ロレンツォ・ヴァラは、1440年の論文で、「コンスタンティヌスの寄進状」は、古代ローマ皇帝コンスタンティヌス1世の時代のものではなく、後世の偽造であることを明らかにした。この「寄進状」は、キリスト教を公認したコンスタンティヌス帝がローマ教皇に帝国西部を委ね、教皇座を他のあらゆる教会の上位に置くと定めたと称する文書で、教皇権の独

立性や教皇領の存在する根拠として使われてきたものであった。
　とりわけネーデルラントのデシデリウス・エラスムスの活動は、宗教改革運動と密接な繋がりをもった。ペストの流行以降、北ヨーロッパでは、カトリック教会を批判し、「キリスト教本来の信仰を取り戻そう」とする機運が各地で高まっていた。ネーデルラントでも、そうした動きのひとつである共同生活兄弟団の運動が広まっており、ロッテルダム出身のエラスムスもその影響を受けていた。エラスムスは、ギリシア語新約聖書こそキリストの教えの凝縮されている源泉であり、誰もが聖書を読み、それに基づいた生活をすべきであると考えた。そしてそのためには聖書を正しく理解できるように、聖書の正確なテキストを確立しなければならないと確信し、1516年に『校訂ギリシア語新約聖書』を出版した。この研究は高く評価され、エラスムスは当時のネーデルラントの支配者ブルゴーニュ公の息子シャルル（後の神聖ローマ皇帝カール5世）の教育係に任じられた。
　エラスムスの影響を受けて聖書研究を行い、各国語への翻訳を進めた各地の人文主義者のなかには、ルターの宗教改革運動に賛同した者も少なくなかった。また、ルターがドイツ語に翻訳したのは、エラスムスが校訂したギリシア語新約聖書であった。そのため両者の関係は、「エラスムスが産んだ卵をルターが孵した」と表現されることもある。
　こうして人文主義の潮流は、16世紀ヨーロッパを激動させた宗教改革運動に収斂されつつ、その後のヨーロッパの思想的、文化的基礎のひとつを形成していくことになる。

テーマ史2　食卓の歴史
――食べ物の履歴書――

1．ジャガイモ――アメリカ大陸からの新参者――
　ヨーロッパで主食というとやはりパンである。パンの原料となるのは主に小麦やライ麦といった麦類であるが、ヨーロッパにはパン以外にも小麦を原料にした食べ物がある。現代の私たちにもなじみの深いパスタである。パスタというとやはりイタリアの食べ物だが、その起源はローマにあるといわれている。ただ、それは現在のものとは食べ方がかなり異なっていたようだ。現在のよう

に茹でて食べるパスタは13世紀頃までに生まれたと考えられている。面白いのは、今では同じように楽しまれている生パスタと乾燥パスタでは起源が違い、生パスタは北イタリアで、乾燥パスタはシチリアにいたムスリムによって生み出されたことである。やがて、南イタリアで生まれた乾燥パスタは北イタリアにももたらされ、特に商人や船乗りに重宝されるようになる。保存の利く乾燥パスタは、長旅をする商人たちの携行食としてパンよりも優れていたからである。

　ヨーロッパの食卓に大きな変化が現れるのは、15世紀末に始まる大航海時代以降である。それ以降、アメリカ大陸原産の、それまでヨーロッパになかった食べ物が次々と入ってくることになる。この時、ヨーロッパに新たにもたらされた作物には、ジャガイモ、トマト、カカオ（チョコレート）、トウモロコシ、サツマイモ、カボチャ、ピーナッツ、トウガラシ、タバコ、ヒマワリなどが挙げられる。今ではなじみの深いこれらの野菜のない風景というのはヴァリエーションの面でも彩りの面でも少々寂しくはないだろうか。たとえば、現在ではトマトやトウガラシを使わないイタリア料理というものが想像できるだろうか。先ほど触れたパスタも、これらがなければなじみの深いペペロンチーノも、トマトを使ったミートソースも作れないのである。

　それら、アメリカ大陸からもたらされた作物の中でも、現在ヨーロッパでもっともポピュラーなものはジャガイモであろう。南米原産のジャガイモがヨーロッパに持ち込まれたのは16世紀後半に入ってからと考えられている。だが、ジャガイモはすぐに受け入れられたわけではなかった。その理由は、ただでさえヨーロッパではイモ食の習慣がなかったことに加え、今でもジャガイモに芽が出ると丁寧に取り除くように、その芽には毒があるために敬遠されたためとも、あるいは単に見た目が醜いためだとも言われている。現在では、白身魚とジャガイモを揚げたイギリスの名物料理「フィッシュ＆チップス」として、あるいはさまざまな料理の付け合わせとして、また、ドイツなどでは主食同然に、ヨーロッパで広く食べられているジャガイモも、人々の生活にすぐに浸透していったわけではなかった。

　こうした状況に転機が訪れたのは飢饉であった。18世紀には、飢饉がヨーロッパを度々襲った。特に1770年代初頭には、厳しい寒さと夏の長雨のために穀物が被害を受け、ヨーロッパ各地で大飢饉となった。しかし、もともとアンデスの高地原産で寒冷な気候に強かったジャガイモはその影響をほとんど受けるこ

とはなかったのである。こうして、穀物が被害を受ける飢饉のたびにジャガイモはその存在感を増していった。もっとも、はじめは飢饉の時の救荒食としてではあるのだが。次いでジャガイモが得た地位は、日常的にパンを食べることができない貧しい人たちの食べ物としてであった。19世紀になると、救貧院で出される食事にジャガイモが供されるようになっていた。そして、ジャガイモは労働者の食べ物として受け入れられていく。このように、最初は貧しい人の食べ物から、ジャガイモは受け入れられていった。

図7-2-1　ジャガイモ飢饉（波多野祐造『物語アイルランドの歴史』）中央公論社（中公新書）、1994年、168頁）。

　そのような状況で、唯一ジャガイモがすぐに受け入れられて、生活の中に浸透していった地域がある。それがアイルランドだ。アイルランドは、土地が痩せていてもともと小麦の生産に適していない貧しい島であった。だが、その土壌がジャガイモ栽培には適していたため、17世紀初めには早くもジャガイモが栽培されるようになっていたのである。ジャガイモがアイルランドに与えた影響は大きかった。食糧事情が改善されたことで、18世紀半ばには320万人程だった人口は19世紀半ばには900万人近くにまで増えたのである。そんなアイルランドを悲劇が襲ったのは1846年のことだ。この年、ジャガイモに病気が広まり、生産の9割が被害を受けた。さらに、翌年、翌々年も被害は続き、アイルランドはひどい飢饉に陥った。いわゆる「ジャガイモ飢饉」である。この飢饉によって多くの人命が失われ、生き残った人も故郷を捨ててヨーロッパやアメリカへと新天地を求めて旅立つことになった。アイルランドの人口は、現在でも400万人未満である。一方で、アイルランド系移民の子孫は世界中に4000万人以上いることを考えると、アイルランドがこの飢饉で受けた被害がいかに大きかったかがわかるというものだ。

2．コーヒー、紅茶──嗜好品としての飲み物──

　ヨーロッパやアメリカの人たちは、コーヒーや紅茶を好む。もちろん、今は

日本でも多くの喫茶店があるが、その多くはヨーロッパやアメリカのスタイルのものだ。しかし、コーヒーも紅茶もヨーロッパにもたらされたのはそんなに古くはなく、17世紀に入ってからのことである。ロンドンに最初のコーヒー・ハウスができたのが1652年のこと、パリでは1671年である。ヨーロッパに比較的近いアラビア半島原産であることを考えると遅い気もするが、コーヒーを飲むことはイスラーム世界でもあまり知られていなかったのである。一方、中国南部、インドとの国境付近が原産地と考えられている茶は、1630年代頃にヨーロッパにもたらされた。今では紅茶のイメージが強いイギリスで最初にできたのがコーヒー・ハウスだったのは意外と思うかもしれないが、当時のコーヒー・ハウスはコーヒーだけでなく茶も提供していた。

これら、コーヒーや茶を輸入し始めたのがイギリスとオランダの東インド会社であった。イギリス東インド会社では当初、茶よりもコーヒーの方が早く扱われていた。だが、それが1730年代になると飛躍的に茶が増えて、コーヒーが減ってしまう。その理由は、オランダとの輸入競争に敗れたからであった。1710年代にオランダがジャワやセイロンでコーヒー栽培に成功し、一気にオランダが優位になったのである。さらには、フランスも西インド諸島でコーヒーの栽培に成功した。イギリスもジャマイカでコーヒー栽培に手をつけたのだが、ハリケーン被害で失敗したという経緯がある。

ともあれ、コーヒーの競争に負けたイギリスでは、中国からの茶の輸入が増えていくことになる。もっとも、この頃輸入されていたのは緑茶の方が多く、紅茶が少なかった。イギリスは自分たちで茶を栽培したかったのだが、中国側は茶の苗も種も国外に持ち出させようとしなかった。そこでイギリスはインドの奥地、中国との国境付近へと探検隊を派遣し、1823年にアッサム地方でついに野生のチャを発見したのは執念としか言いようがない。そして、アッサムやダージリンなど、今でも紅茶の銘柄で知られる場所で茶を栽培し

図7-2-2　コーヒー・ハウス
（角山栄『茶の世界史——緑茶の文化と紅茶の社会——』中央公論社（中公新書）、1980年、34頁）。

始めたのである。

　さて、先ほどコーヒー・ハウスの話をしたが、当時のそれを今の喫茶店のイメージで語ってはならない。そもそも、そこは男しか入れない場所だった。そして、その店内でされていたのは、コーヒーを楽しむことよりもビジネスや商売の話だった。そこで発達したものには、政党や株式売買、損害保険、新聞、郵便制度が挙げられる。それはロンドンに限らず、パリでも似たようなものだった。ただ、パリのカフェには芸術家や文人なども多く出入りしていたので、ロンドンよりは文化サロン的な雰囲気が強かっただろう。

　もちろん、コーヒーも茶も当初は高級品で、貴族や金持ちの飲み物だった。先ほど、ヨーロッパ各国がコーヒーや茶の栽培に成功したことは述べたが、それによりこれらの値段も下がり、庶民の口にも入るようになる。ただ、これらに共通していることは、それが広まるのに砂糖が必須であった、ということである。サトウキビは東南アジア原産で、古くから知られていたが、熱帯性のサトウキビから取れる砂糖はヨーロッパではやはり高価だった。それが、コーヒーや茶と同様、イギリスがジャマイカで、フランスが西インド諸島で、スペインがキューバで、ポルトガルがブラジルで砂糖の生産を始めると、その価格は下がっていく。結果、イギリスでは17世紀には上流階級しか楽しむことのできなかった、砂糖の入ったお茶やコーヒーが、19世紀になると貧しい労働者の手っ取り早いカロリー源として、飲まれるようにもなったのである。

　さて、最後にコーヒーや茶の文化の負の側面を見ることにする。コーヒーや紅茶、砂糖の値段はなぜ下がったのか。理由は簡単で、低コストで大量生産したからだ。では、なぜコストが下がったのか。それは、その生産方式にある。ヨーロッパの国々は、海外の植

図7-2-3　砂糖プランテーション（川北稔『砂糖の世界史』岩波書店（岩波ジュニア新書）、1996年、46頁）。

民地でプランテーションと呼ばれる大規模農場経営をしていた。それによって大量生産することができたためにコストを下げることができたのである。そこで働いていたのが、アフリカから連れてこられた黒人奴隷や、低い賃金で働かされていた現地の住民である。奴隷にはただ働きというイメージがあるが、購入にかかる金額を考えると必ずしも低コストではなかった。しかし、プランテーションには多くの労働力が必要であり、そのための奴隷が人間としてではなく商品として交易され、これらヨーロッパの植民地にもたらされたのも厳然たる事実である。一見、華やかで楽しげに見えるコーヒーや紅茶を飲む文化の陰に、奴隷貿易や奴隷を使った労働という一面があったことは忘れてはならないだろう。

第 8 章

近世 2：絶え間ない戦争と国家形成

人物と時代　ヴァレンシュタインとルイ14世

1．三十年戦争と主権国家体制

　ヨーロッパの近世（16世紀から18世紀までの時期）の特徴のひとつは、絶え間なく戦争が繰り返されたことである。現代ドイツの歴史家ヨハネス・ブルクハルトは、こうした状況を「戦争の凝集」と表現し、その「平和のなさ」の原因として、いまだ国家が国家として完成されていなかったこと、そしてその未成熟な国家同士がいまだ対等な関係になかったことを指摘する。私たちが当たり前のこととしている国際秩序の在り方、つまり同等の権利を有する対等な国家の併存という考え方は、この長い戦乱の過程で生まれたのだった。
　こうした観点から見て、のちのヨーロッパの国際秩序の形成において重要な意味を持っているのが、1618年から48年まで続いた、いわゆる三十年戦争である。一般的な説明では、三十年戦争は神聖ローマ帝国内の宗派対立から始まり、周辺諸国を巻き込んだ国際的な宗教戦争へと発展し、その後1635年にカトリック国のフランスが公然とプロテスタント陣営について参戦したことにより宗教戦争としての性格を失って、政治的な国際紛争へと変質していったとされる。つまり、カトリック対プロテスタントの宗派対立から、ハプスブルク対ブルボンの王朝対立へと発展・解消されたというわけだ。しかし、この戦争の火種は神聖ローマ帝国の外ですでにいくつも燻っていた。
　第一に、ドイツ全域の支配者として振舞うオーストリア＝ハプスブルク家と、ドイツ北方への領土的野心を燃やす北欧諸国の対立である。特に「北方の獅子」ことスウェーデン王グスタフ・アドルフの参戦（1630年）は、バルト海

図8-0-1　三十年戦争後のヨーロッパとルイ14世の征服地域

沿岸地域をめぐるこれら新旧大国の対立を抜きには考えられない。第二の対立は、1566年以来続くオランダによるスペインからの独立闘争である。両国の間では1609年に12年間の休戦協定が結ばれていたが、1621年に期限が切れ、両国は再び相まみえることとなった。そして第三は、北イタリアからフランドルにかけての地域を支配するスペイン＝ハプスブルク家と、そのスペインに囲まれた形のフランスの対立である。そもそも1635年にフランスが三十年戦争に直接介入を決めたとき、宣戦布告した相手はスペインであり、神聖ローマ帝国への宣戦はその3年後のことであった。三十年戦争は、こうした複数の火種が、神聖ローマ帝国内の宗派問題に触発されて一斉に発火し、大炎上したものと考えるべきだろう。

　三十年戦争の講和条約であるウェストファリア条約は、ヨーロッパで初めて当事国が対等な立場で交渉し、締結された国際条約といわれる。実際、この条約により神聖ローマ帝国の普遍的権力は事実上否定され、帝国内の領邦を含む当事国は互いを主権国家として認めあった。オランダの独立が正式に承認され、スペインとは別個の国家として新たな一歩をスタートさせるのも、この条約によってである。こうしてヨーロッパに「主権国家体制」と呼ばれる新しい国際秩序が形づくられ始めたのである。

ところで、三十年戦争はヨーロッパにおける国際秩序の在り方にとってだけでなく、実際に戦場で戦った軍隊の在り方にとっても分水嶺となった。すなわち、三十年戦争を挟んでヨーロッパ各国では、君主の統制の利かない傭兵軍への依存から脱し、国家ないし国王による軍隊統制の試みが本格化するのである。この変化を体現しているのが、ヴァレンシュタイン（1583-1634年）とルイ14世（1638-1715年）である。

2．ヴァレンシュタインと傭兵軍

　傭兵軍とは、軍事企業家である傭兵隊長が皇帝や国王などの君主と契約を結び、募兵から軍備の調達までの業務を請け負う形で組織される軍隊である。このシステムを最大限利用し、皇帝軍の司令官として名を馳せたのが、ヴァレンシュタインであった。

　オーストリア領ベーメンのプロテスタント貴族の家に生まれたヴァレンシュタインは、カトリックに改宗してオーストリア大公フェルディナント（のちの神聖ローマ皇帝フェルディナント2世）に仕え、三十年戦争の発端となった故郷ベーメンの反乱の鎮圧に活躍した。この反乱鎮圧後、ベーメン北西部に広大な領地を得たヴァレンシュタインは、農牧業のみならずビール醸造所や、製鉄業および織物業からもたらされる莫大な富を背景に、軍事企業家として強大な傭兵軍を組織し、新たに皇帝となったフェルディナントを支えていくことになる。デンマーク王クリスチャン4世がプロテスタント陣営として参戦してきたとき（1625-29年）、ヴァレンシュタインは皇帝軍総司令官として見事期待に応え、デンマークを撤退させた。ヴァレンシュタインの強大化を恐れたドイツの諸侯たちは、彼の罷免を皇帝に迫り、これを認めさせたが、1630年にグスタフ・アドルフ率いるスウェーデン軍が侵攻してくると、危地に立たされた皇帝はヴァレンシュタインを

図8-0-2　ヴァレンシュタイン
(Richard Bonney, *The Thirty Years' War 1618-1648*, Oxford, 2002, p.21).

再び司令官として呼び戻す。グスタフ・アドルフとの決戦は、1632年11月、リュッツェンで行われた。この戦いでグスタフ・アドルフが戦死する一方、ヴァレンシュタインの軍も戦果を収め得ず、やむなくベーメンへと撤退した。この頃からヴァレンシュタインは、皇帝の統制を離れて、独自に交戦国と外交交渉を行うようになる。ベーメン王となり、かつて彼の失脚を画策した諸侯に復讐しようとしたのか、それとも平和をもたらそうとしたのか、彼の意図はわからない。いずれにせよ、こうした振舞いが皇帝の疑念を招き、1634年に刺客の手にかかり非業の死を迎えさせることになる。

　ヴァレンシュタインがかくも恐れられた理由のひとつは、彼が組織した傭兵軍のシステムにある。すでに述べたように、傭兵軍は君主と契約を結んだ傭兵隊長が募兵から軍備の確保までを行う。だが実際は、傭兵隊長がこれらの業務を連隊長に下請けに出し、さらに連隊長が中隊長を任命してこれに当たらせた。さらに食糧その他の物資は、軍隊につき従う商人から将兵が個人的に購入せねばならなかった。その費用となる俸給は未払いが常態化していたため、多くの場合、占領地域での略奪によって賄われてきた。ヴァレンシュタインは駐留地域の住民から強制的に物資を徴発する軍税システムを導入して軍隊を維持したが、当時の傭兵軍が君主ないし国家の統制をほとんど受けない、傭兵隊長の私兵集団であった事実に変わりはない。もし傭兵隊長が契約相手の君主を変更すれば、軍隊そのものが陣営を変えることを意味した。皇帝にとって、ヴァレンシュタインの傭兵隊は利用するには強大すぎた。

3．ルイ14世と軍事行政の確立

　のちの太陽王ルイ14世が生まれた1638年は、フランスが神聖ローマ帝国に宣戦布告した年に当たる。また即位の5日後、1643年5月19日には、あたかも新王即位を祝福するかのようにアンギャン公率いるフランス軍が北部国境の町ロクロワ郊外でスペイン軍に劇的な勝利を収めている。ルイ14世の治世は、その始まりから硝煙に包まれていたといえようか。三十年戦争はルイ14世即位から5年後に終結するが、その後もスペインとの戦争は1659年のピレネー条約まで続く。さらに親政（1661-1715年）開始後も戦火は絶えず、主なものだけでもフランドル継承戦争（1667-68年）、オランダ侵略戦争（1672-78年）、アウクスブルク同盟戦争（1688-97年）、そしてスペイン継承戦争（1701-13年）と54年の親政期間のうち33年が戦争に費やされた。死の床でルイ14世が次期国王となる曾孫に

向かって、「私の真似をしてはいけないよ、特に隣国と戦争をしてはね」と語ったエピソードはよく知られている。しかし、すでに指摘したように、これはルイ14世の責任とばかりとはいえず、恒常的な戦争はこの時代のヨーロッパ全体の特徴でもあった。

戦争に関してルイ14世時代の特徴といえば、軍隊に対する国家統制が進んだこと、すなわち軍事行政が本格化したことであろう。たしかに、18世紀に入るまで総兵力の5分の1ほどはスイスやアイルランドなどの外国人傭兵部隊が一翼を担っていた。また、連隊長や中隊長の職は金銭で売り買いされており、有力貴族がその地位を独占していた。募兵や中隊の維持に関していえば、国家から資金が支給されるようになったとはいえ、連隊長および中隊長

図8-0-3 マーストリヒトを攻略するルイ14世（1674年）（Joël Cornette, *Le roi de guerre*, Paris, 2000, p.277).

が国家から請け負う形で行われていた点は三十年戦争期の傭兵軍と変わりない。つまり、この時代の軍隊もまた、国王ないし国家の軍隊というより、有力貴族の私兵集団としての性格が色濃かったのである。

しかしその一方で、軍隊に対する王権の統制は、この時代に着実に進展する。軍隊の最高責任者には、すでに1627年から文官の陸軍卿が置かれていたが、ルイ14世時代にはル・テリエとルヴォワの父子が相次いで陸軍卿に就任し、改革を推し進めた。連隊長や中隊長の職では売官制が維持されたが、その上下に国王任命の士官職を設け、彼らを通じて軍隊に国王への忠誠を根づかせようとした。同時に、勤務年数や能力、功績による昇進制度も導入され、十分とはいえないまでも軍隊は集権化されていった。また、1670年には老兵や傷病兵の収容施設として廃兵院（アンヴァリッド）が建設されたが、これは兵士が隊長ではなく国家に属していることを象徴的に示している。

ルイ14世時代の軍事行政として最も注目に値するのが、アウクスブルク同盟

戦争の始まる1688年に導入された国王民兵制である。この制度は各教区から兵士を多数決で、1691年からはくじ引きで強制的に徴集するもので、これにより三十年戦争期に20万人だった兵員数は、40万人にまで膨れ上がった。1697年の戦争終結とともに国王民兵制は廃止されるが、スペイン継承戦争に際して再び採用され、次期国王ルイ15世時代の1726年以後常設化されることになる。ヨーロッパの17世紀は、戦争という暴力行使の機会と軍隊という暴力装置が、徐々に国家によって独占される過程でもあったといえよう。

テーマ史1　魔女狩り

1．魔女・魔女狩りとは

　魔女狩りというとき、「ある時期に突発的に起こった集団狂気」とでもいったイメージがあるかもしれない。しかし近世ヨーロッパ社会を見る上で非常に興味深い素材を提供してくれるテーマである。魔女狩りの原因については、一種の集団狂気、裁判官たちのでっちあげ、魔女の財産を没収しようとした、など様ざまな解釈がある。また何よりも当時の人々が魔女の存在を信じており、魔女として裁くことがその者を救うとともに共同体を悪魔から守ることになると確信していたという指摘もある。ここでは、民衆の生活あるいは民衆文化に焦点を当てながら、ひとつの見方を紹介したい。

　はじめに魔女狩りの全体的な趨勢を見ておこう。魔女裁判は、中世の異端に対する教会側の弾圧と関連しながら、発生してきたと考えられる。そのピークは16世紀後半から17世紀半ば、終息は18世紀後半である。地理的には西欧と北欧に比較的多い。つまり、現在先進地域と目されている地域で、16世紀以降に魔女狩りが盛んに行われたのである。また「魔女」として処刑された者の数だが、ヨーロッパ全体でおよそ4万人というのが、近年では妥当な数字とみられている。

　そもそも「魔女」とは何か。もっとも単純な定義は、「故意に悪魔の手をかりて何事かを成し遂げようと努める」者である。魔術によって農作物を駄目にしたり人や家畜を殺し、悪魔が催すサバトと呼ばれる夜の集会に定期的に出かける。こうした魔女のイメージは、異端審問の資料をもとに15世紀末に書かれた『魔女への鉄槌』などによって流布された。

魔女とされた人々は、近隣の人々の告発によることが多かった。ではどのような人が「魔女」とされたのか。これまでの研究によれば、魔女には男性もいたが、全体の1-2割程度にすぎず、女性が圧倒的多数を占める。さらに魔女の年齢は40歳以上が多く、平均年齢は60歳となっている。裕福な資産家や若い女性が魔女とされる事もあったが、総体的にみて、高齢で経済状態の恵まれない女性が、同じ共同体に住むやや上層の人の告発によって、魔女とされる傾向が強かった。それはなぜか。

告発内容によれば、告発した側では、家人や家畜が原因不明の病気になったり、農作物やチーズなどが害を受けるなど何らかの不幸や災難を受けており、その原因が貧しい老女たちの魔術によるものだ、とされている。さらに「不幸や災難が起こる前に、魔女だと告発される者が、被害を受けた者との間で何らかのトラブルを起こしている」という一定のパターンがある。表8-1-1にあるように、魔女とされた人は以前にまず隣人に施しを求め、これが拒否されたため悪態をついたり文句を言ってやり返す、ということがみられるのだ。16世紀頃から資本主義と貨幣経済が村落社会にも浸透し、裕福な農民と貧農への階層分化が進んだ。「価格革命」による物価高騰はこの傾向に拍車をかけ、他人の施しなしには生きていけない下層民には、実に厳しい時代だった。

そのような時代にあって、施しを拒んだ側にも罪の意識が生まれた。中世のカトリックの観念では、イエスのイメージになぞらえて貧困は「清貧」の象徴

表8-1-1 「魔女」が魔術を使った動機 (1582年、イングランド、エセックス州)（浜林正夫・井上正美『魔女狩り』教育社、1983年、198頁をもとに作成）。

「魔女」の名前	動　機
アシュリー・ケンプ	子守を断られた
	売女などと呼ばれた
ジョン・ピチー	与えられた施しの食物が満足のいく質のものではなかった
アリス・ニューマン	病気の夫のための12ペンスを断られた
エリザベス・ユースタス	奉公していた彼女の娘が脅された
	彼女のガチョウが隣人の土地から追い出され、傷つけられた
アリス・マンフィールド	屋根葺き職人が彼女のために仕事をするのを断った
	一皿のミルクを断られた
アン・ハード	彼女は借りた皿を返そうとはしない、とささやかれた
	借りた金の返済を要求された
ジョーン・ロビンソン	放牧地の借用を拒絶された
	ブタの購入を断られた

であると捉えられ、ゆえに貧民に施しをするのは功徳になることだと考えられていた。ところが宗教改革を経た16世紀以降、貧困は個人の責任ないし怠惰のせいであり、国家や社会が矯正すべきものと捉えられるようになっていった。他方で、施しを拒むことはキリスト教徒としての慈善の義務と、共同体内で相互に助け合う義務を行わなかったということになり、そこに罪の意識が生まれた。この意識ゆえ、なにか不幸や災難に見まわれたとき、自分が施しを拒んだあの貧しい老女のことを思い浮かべ、「彼女が自分を怨んで何か魔術をかけたのだ。しかし彼女は魔女だったのだから、悪い人だったのだから、施しを拒んだ自分の行為は間違っていなかったのだ」と、自分の罪の意識を、社会的弱者である彼女に責任転嫁する形で解消していったのである。

図8-1-1　魔女狩り（1670年、スウェーデン）(Gunnar Broberg, et. al., red., *Tänka, tycka, tro: Svensk historia underifrån*, Stockholm, 1993, s.67).

2．民衆文化とエリート文化

　では、貧しい彼女たちがなぜ「魔女」という形で迫害されなければならなかったのだろうか。民衆文化の観点からみると、当時の人々がなお迷信の世界の中に生きており、不合理な災難を「魔女のせいだ」と考えてしまう、そういう心性を根強く持ち続けていたことがわかる。

　一般的に、ヨーロッパはキリスト教の世界であると認識されている。だが現代の私たちがイメージするような「敬虔なキリスト教徒」なる者は当時あまり存在せず、宗教改革後も非キリスト教的な迷信や呪術に満ちた世界に人々は生きていた。たとえばマリア・マルクヴァルトというアウクスブルクの「魔女」は、盗まれたものや失くしたものを発見する事ができ、人間や家畜の病気に効く薬を処方し、大きな水晶玉を見て未来を予言した。16世紀の大商人ゲオルク・フッガーも彼女の顧客だった。彼女の力は人のためになる「白魔術」の範疇に入るのだが、人に害をなす黒魔術との境界は、実ははっきりしない。つまり「魔術」なるものがあって、それは使う者の意志次第で人に利益をもたらすものにも害悪をもたらすものにもなるわけである。このような魔術的な知恵や観念が、キリスト教と溶け合いながら、近世になっても民衆の中に生き続けていた。言い換えれば魔術とは、日常生活の恐れを克服しようとする民衆の努力のひとつの表れだったと言えよう。

　以上のような民衆文化の世界は、とくに宗教改革が始まって以降、聖職者をはじめとするエリートたちの攻撃を受けた。改革派の人々はおしなべて、民衆文化全体を、非キリスト教的で、だらしないものとして批判し、魔術や迷信も異教の名残りだとみなした。ルターはこの世のありとあらゆる事の原因を神に求めたが、魔術との関連で言えば、不幸はカトリックや民衆の考えるように悪魔がもたらしたものではなく、自分の犯した罪に対する罰か、信仰を試すものとして全能の神が与えたものだとした。よって民衆の間で行われていた、村の魔術師に頼んで不幸や災害が起きないよう魔術で守ってもらうというのは、もっとも間違った対処の仕方であり、神に対する冒瀆であり不敬であるとして徹底的に批判された。さらにカトリック地域でも、対抗宗教改革のなかで魔術的なものが排除されていった。

　こうした魔術の否定は、民衆にとっては昔ながらの身を守る手段を禁じられる事になる。では民衆は疫病や飢饉などの不幸にじっと耐えるほかなかったのか。聖職者はそう答えただろうが、多くの人にとってそれは不可能と言っても

よかった。そこで民衆は身を守り不幸から逃れるため、これを「村の嫌われ者のあの女」つまり魔女のせいだとして、「法廷」に訴えでた。

16世紀以降の国家は、官僚制、法制、軍制など様ざまなレベルで中央集権化を進めていた。法廷も、最高裁判所から都市や教区レベルの地方裁判所まで次第に整備され、国家に任命された裁判官が赴任された。彼らは先述の『魔女への鉄槌』などのテキストによって魔女のステレオタイプを持っていた。またプロテスタントの聖職者は、容疑者が魔女やサバトなどの観念を認め、信じていれば、それだけで神の意志に反しており処罰に値すると考えていた。ここに、「民衆の日常の不満が、エリートたる聖職者の非難する魔女に向けられ、それを公権力が魔女と認定し裁く」という体系、つまり民衆と聖職者と権力とが結びついた体系ができあがる。そして、ひとたびこの体系のなかに魔女として放り込まれると、拷問による自白によって別の魔女が見出され、魔女狩りという狂気的な殺戮システムがとめどなく働き続けることになったのである。

最後に、魔女狩りがなぜ衰退したかについて付言しておく。一般的には、18世紀までにはエリート文化が民衆文化を駆逐した、つまり聖職者らエリートによる民衆文化の否定が次第に浸透したことや、魔女裁判のあり方があまりに杜撰で、次第に公権力がこれを否定していったことなどが挙げられる。また啓蒙主義の影響によって科学的精神が次第に浸透し、魔術や神秘的なものを人々が額面どおり信じることがなくなっていったことも指摘できるだろう。

テーマ史2　ヴェルサイユ宮殿と宮廷社会

1．ヴェルサイユ宮殿の建設

17世紀から18世紀のヨーロッパでは中央集権的な国家の建設が目指されたが、その過程で、国家権力の体現者である国王の居城として壮麗な宮殿がいくつも建てられた。特にフランスのヴェルサイユ宮殿は、その規模の大きさと装飾の華麗さで建設当初から注目を集め、その後ヨーロッパ諸国の王宮のモデルともなった。プロイセンのサン＝スーシ宮殿や、ハプスブルク家の居城シェーンブルン宮殿などにヴェルサイユ宮殿の顕著な影響を見ることができる。

今日、私たちが目にするヴェルサイユ宮殿の大部分は、ルイ14世によって造営された。宮殿が建造される前のヴェルサイユは、パリとノルマンディ地方を

つなぐ街道沿いの村で、豊かな森に囲まれ、貴族たちや歴代の王たちが狩りを楽しんだあと休息に訪れる場所だった。ルイ14世の父であるルイ13世も、しばしばヴェルサイユ周辺の森で狩りを楽しんだが、その際の宿泊場所として建てられた小さな館がヴェルサイユ宮殿の始まりである。同時代の貴族から「トランプの城」と揶揄されるほどの質素な

図8-2-1　ヴェルサイユ宮殿「大理石の中庭」(筆者撮影)

作りだったが、それが半世紀後には、息子の手によって、フランス中の貴族が競ってそこに暮らすことを望む、豪壮華麗な大宮殿に生まれ変わるのだ。しかし、ルイ14世は父王の思い出に忠実で、ルイ13世が建てた城館を決して取り壊させようとはせず、この古い建物を包み込む形で増築を行っていった。現在「大理石の中庭」と呼ばれる東正面部分に、原初のヴェルサイユを見ることができる。

　ルイ14世がヴェルサイユ宮殿を宮廷所在地に定めるのは1682年のことであるが、建設工事は1661年の親政開始直後から始められ、彼が亡くなる1715年まで続いた。つまり、ルイ14世時代のヴェルサイユ宮殿はいつもどこかで足場が組まれ、工事に駆り出された人夫や兵士が行き交っていたのだった。これほど大規模かつ長期にわたる工事であるから、当然、その費用は膨大なものとなった。20世紀初頭のフランスを代表する歴史家エルネスト・ラヴィスは、浪費家の王に対する批判を込めて次のように語る。「ルイ14世は自尊心を満たすために、臣民の財力を考慮することなく出費した。彼の宮廷と彼が建てさせた諸々の宮殿、とりわけヴェルサイユ宮殿は、とてつもない費用がかかった」。

　しかし、ヴェルサイユ建設が国庫を破産に導いたとする通説には慎重であらねばならない。宮廷がヴェルサイユに定着した1682年以降、造営費の年額平均は385万リーヴルだった。都市に暮らす職人の平均的な年収が250リーヴルだった時代に、この額はたしかに小さいものではない。だが近年の研究では、宮殿

建設にかかる費用は歳出の3％以下だったと見積もられている。また、ルイ14世の親政期における宮殿建設費の総額はおよそ8200万リーヴルといわれているが、これは軍事遠征3回分の費用にしか当たらない。

2. 礼儀作法

　建設にかかった費用が多かったのか少なかったのか、その評価はさておき、ヴェルサイユ宮殿がルイ14世の「自尊心を満たすため」だけにつくられたわけではないことは、今日、歴史家の共通理解となっている。ルイ14世が長い時間と多大な労働力、そして莫大な費用を注ぎ込んで作り上げたヴェルサイユ宮殿は、王個人の気晴らしのための別荘でも、たんなる住居でもなかった。ルイ14世にとってヴェルサイユは何よりもまず、国家統治の中枢としての機能を持っていたのだった。つまり、人々に王の権力と権威を証明し、特に貴族たちを宮廷に引きつけて、彼らを統制するための道具だったのである。ヴェルサイユ宮殿に暮らし、宮廷生活についての貴重な証言である『回想録』を残したサン＝シモン公（1675-1755年）は、ルイ14世の統治術の秘密を次のように明かす。

　　　頻繁に開かれる祝宴、ヴェルサイユではお馴染の散歩、そして旅行、王は毎回それらに参加すべき人間を指名することで、人々に目をかけたり、あるいは屈辱を与えたりする手段として用いた。またそれらは、皆を精励恪勤させ、彼を喜ばせることに一生懸命にさせる手段でもあった。王には自分が好きなだけ恩寵〔ここでは、王の好意として与えられる役職や年金を指す――引用者〕をばら撒いて、絶え間なく効果を発揮させることがとうていできないとわかっていた。それゆえ王はこうした恩寵の代わりに、まさしく理想的な方法、すなわち、ちょっとした贔屓が掻き立てる嫉妬を用いた。贔屓は毎日、いってみればあらゆる瞬間に示された。これこそが王の巧みな技だったのだ。こうしたちょっとした贔屓や差別がもたらす希望、そしてそこから引き出される敬意、王以上に巧みに、こうしたたぐいの事柄を発明できる者はいなかった。

　ルイ14世は「ちょっとした贔屓」によって宮廷人の間に「嫉妬」の感情を掻き立て、彼らを反目させることで統制し、ひいては王への「敬意」を引き出した。サン＝シモン公が言うように、こうした「巧みな技」は、祝宴や旅行といった特別な場合だけに限らず、「毎日、あらゆる瞬間」に発揮された。それは、

表8-2-1　ヴェルサイユにおける「腰かけ制度」「床几」は背もたれも肘掛もないただの腰かけ、「椅子」は背もたれのみの腰かけを指す。(Emmanuel Le Roy Ladurie, Saint-Simon ou le système de la Cour, Paris, p.49をもとに作成)。

行為者 対面者	王太子 王太子妃	王の孫 王の孫娘	親王妃	親王	枢機卿	公爵妃	公爵	貴族 （女性）	貴族 （男性）
国王 王妃	床几	床几	床几	起立	王の前では起立 王妃の前で床几	床几	起立	起立	起立
王太子 王太子妃	肘掛椅子	床几	床几	起立 のち床几	床几	床几	起立	起立	起立
王の孫 王の孫娘		肘掛椅子	椅子	椅子	椅子	椅子	床几	床几	起立
親王 親王妃			肘掛椅子	肘掛椅子	肘掛椅子	肘掛椅子	肘掛椅子	着座	着座

ルイ14世が宮廷人に厳格かつ複雑な「礼儀作法」を課すことによって、より効果的に機能した。たとえば、座る椅子ひとつとってみても、宮廷における位階と同席する人物に応じて種類が変わった。同じ場面で座る椅子が変更されれば、それはその者の宮廷における序列が変化したことを意味するのであり、社会的差別化の記号となる。それゆえ、宮廷人たちは王の言動や他の宮廷人の振舞いのちょっとした変化に対し、今日の私たちの目から見れば奇異なほど敏感にならざるを得なかったのである。

その一方で、この厳格な「礼儀作法」は王自身の振舞いにも適用された。王は、着替えや食事、あるいは排泄行為といった私的な行為までも儀式化し、そこに宮廷人を参加させることで、宮廷社会の序列を示す機会として利用したのである。たとえば、起床後の身支度の際に王が声をかける順番は、声をかけられた者の社会的な序列

図8-2-2　車椅子に座り、廷臣と庭園を散歩するルイ14世 (1713年頃)。(Le Point, n°1892-1893, 18-25 décembre 2008, p.223)。老年期のルイ14世はリューマチや痛風に苦しんだが、日課の散歩は欠かさなかった。

を示す指標となった。いわば、王の起床から就寝までの日常生活が一種の儀式なのであった。サン＝シモン公は「暦と時計があれば、300リュー〔約1200km〕離れていても、王が何をしているかがわかる」と述べている。

　とはいえ、サン＝シモン公の言葉を鵜呑みにして、ルイ14世の生活が「礼儀作法」によってがんじがらめにされていたと考えては、現実を単純化してしまうことになろう。そもそも、ヴェルサイユに宮廷が定着するのは、先にも述べた通り、1682年のことにすぎない。ルイ14世の70年に及ぶ長い治世の後半のことである。またルイ14世は、ヴェルサイユ近郊のトリアノンやマルリーに離宮をつくらせ、ヴェルサイユでの生活に疲れたときには、そこで時間を過ごした。これらの離宮では、ヴェルサイユ宮殿で人々を縛りつけていた「礼儀作法」は適用されなかった。実際、ルイ14世の晩年には、これらの離宮で過ごす時間が長くなる。それでもなお、あくまで宮廷の中心がヴェルサイユであることに変わりはなく、ルイ14世が王としての立場を忘れることは決してなかった。王太子妃に語ったとされる次の言葉に、ルイ14世の王としての自覚がよく現れていよう。「私たちは私人とは異なります。私たちは全てを公に捧げねばならないのですよ」。

3．ヴェルサイユの黄昏

　少なくとも宮廷が定着してからのヴェルサイユは、王国行政の中心であり、文武双方のさまざまな官位の官職を持つ者たちが集まった。官職によっては宮殿内に住居が与えられ、その使用人も含めれば3000人もの人間が、およそ400の部屋に暮らしていたという。さらに勤務時間だけ宮殿に出仕する者や、王を一目見ようと集まってくる者たちを加えれば、多いときで7000人もの人々がひしめきあっていた。これだけ人々が集まれば、当然、さまざまな問題も生じてこよう。ルイ14世の時代から、飲料水の確保やトイレ（穴のあいた椅子の下に陶製のおまるを置いて使った）の数不足が問題となっていた。ルイ14世の義妹は、こんな不満を述べている。「宮廷には、私がどうにも我慢ならない不潔なものがございます。部屋の前に立っている回廊の警備の者たちが、隅という隅に放尿することです。誰かが用を足している姿を目にせずに部屋から出かけることができません」。

　建物の構造にも問題があった。暖房設備には暖炉が用いられたが、王族の居室は天井が高く、熱が上に逃げてしまい、温かくならなかった。屋根に近い狭

い部屋だと、今度は風に煽られた煙が煙突を逆流して居室を満たし、あたかも宮殿が火事に見えるほどだったという。照明は蠟燭のか弱い光、移動の際には松明も用いられたが、薄暗い階段で足を踏み外して転げ落ち、怪我をしたり命を落としたりする貴族さえいた。

　ルイ14世の死後、ルイ15世およびルイ16世の時代に入ると、建物の老朽化が住居問題に拍車をかける。痛んだ窓からは凍るような隙間風が入りこみ、ひび割れが入った共同トイレ（おまるの中身を捨てる場所）の配管からは悪臭と汚物が漏れ出し、各居室に台所やストーヴが設置されるようになったため火災の危険が増した。さらに18世紀に入ると衛生観念が変化し、ルイ14世の時代には香水をつけた海綿で体をさっと拭く程度だったのが、入浴が習慣となり、着替えが頻繁になったため、きれいな水の確保がより一層難しくなった。そのため宮廷人の洗濯物を洗い、乾燥させる場所が足りなくなり、宮殿のすぐそばで洗濯屋たちが布を広げ、洗濯物が庭園の木立の間にはためくという光景が繰り広げられるようになった。

　決して快適とはいえない日常生活が、宮廷人たちの心身をヴェルサイユから遠ざけたとしても不思議はない。実際、ルイ16世の時代になると、大貴族たちは職務のあるとき以外はパリの邸宅で過ごすこと好むようになる。「日々の生活の我慢ならない現実が、体制への忠誠心を揺るがし、フランス王政の衰えと崩壊に寄与したに違いない」と指摘する歴史家もいる。ヴェルサイユ宮殿に生じた翳りは、その主人である王の威光をも曇らせた。それほどまでにヴェルサイユ宮殿は、フランスの君主政と分かちがたく結びついていたともいえよう。

第9章

近世3：二人の女性が国家を導く

人物と時代　マリア＝テレジアとエカチェリーナ

1. 18世紀ヨーロッパの趨勢

　17世紀のヨーロッパは、気候の寒冷化、経済の不振、人口の伸び悩みなどの様相を呈したが、18世紀になって拡大と発展に転じる。その典型的な国は、大西洋に面したイギリスとフランスで、北アメリカやインドにおける植民地獲得をさらにおしすすめ、それにともなって両国の戦争も頻発した。「第2次英仏百年戦争」ともいわれる両国の対立は、七年戦争（1756-63年）におけるイギリスの勝利で終わった。

　ところでこの対立は、「近代国家」に成長しつつあった当時の国家のアキレス腱をさらけ出すことになった。戦争を続けるために、いかにしてカネを手に入れるか。それが拡大の成否を分けた。イギリスは国債を発行して戦費をまかない、徴税役人が間接税を徴収し、それをもって利払いと国債の償却にあてた。このことが「借り手としてのイギリス」の信用を高めたため、さらなる国債発行を可能にし、拡大する軍事費を支えた。そして手に入れた植民地から綿花や砂糖・茶などを輸入して、史上初の工業化を可能にした。また植民地が増えたことで、「ネイボッブ」と呼ばれた植民地の軍人・官僚として栄達した者や、年季奉公によってアメリカ植民地で一旗揚げようとする庶民も現れた。ただ、イギリス本国からの一方的な課税がきっかけで、アメリカの独立を招いてしまった。

　他方フランスは、すでにルイ14世の時代に多大な戦費を費やしており、債務不履行（デフォルト）を繰り返した。アメリカ独立を支援したことで財政破綻は必至とな

り、テュルゴーやネッケルといった改革派の蔵相が財政改革を試みたが、貴族らの抵抗によって失敗し、フランス革命にまで突き進む。また16〜17世紀に「太陽の沈まぬ帝国」と呼ばれたスペインや、ポルトガル・オランダもかつての勢いを失いつつあった。かくして大西洋側の諸国はイギリスの後塵を拝するようになっていったが、それでも海外への進出を試みた国はあった。デンマークやスウェーデンは東インド会社を設立してアジア貿易に乗り出し、小規模ながら一定の成果を出した。

　内陸である中・東欧は、経済的先進地帯である西欧諸国に木材や鉄鉱石、穀物などを輸出する周辺地帯であったとされる。だがやはり拡大の試みはあり、個性豊かな君主がそれを主導した。オーストリアのマリア＝テレジア（位1740-80年）とロシアのエカチェリーナ2世（位1762-96年）、このふたりの女帝を中心にみてみよう。

2．オーストリア＝ハプスブルク家とマリア＝テレジア

　ながらく神聖ローマ帝国の帝位を独占していたオーストリアのハプスブルク家は、2度のウィーン包囲を経験しながらもオスマン帝国の圧力をはねかえし、その権威はいやましていた。ハンガリー王国やベーメン（ボヘミア）王国、北イタリアなど広大な領域を支配する「ハプスブルク帝国」と言いうる存在だったが、民族構成が複雑だったことによるデメリットもあった。1740年、マリア＝テレジアが即位すると、プロイセン王フリードリヒ2世は女帝の即位を認めず、オーストリア継承戦争（1740-48年）が始まった。しかし雑多な民族構成のオーストリア軍は、統制のとれたプロイセン軍に敗北し、多くの人口を抱える豊

図9-0-1　マリア＝テレジア（右）、夫フランツ1世（左）、子供たち。画面中央よりで立っているのが後のヨーゼフ2世（A. G. Dickens (ed), *The Courts of Europe*, New York, 1977）。

かな土地シュレジエンを失ってしまった。

　敗戦に衝撃を受けたマリア＝テレジアは、軍事・行政・財政面での改革を推進した。種々の行政組織が設置され、増税が実施された。軍人・将校の養成機関も設立され、身分の別なく学べるようになった。次帝ヨーゼフ2世の時代になると一般徴兵制が導入され、30万の兵力を抱えるに至った。経済改革も進められ、綿布やガラスなどのマニュファクチュアが設立されたほか、北イタリアでの農業生産も拡大し、ハプスブルク帝国の貿易は拡大した。

　1756年、ハプスブルク家は長年の宿敵であったフランスとの同盟にふみきった。娘マリー＝アントワネットをフランス王室に嫁がせて両国の結びつきを強めることで、新たな宿敵プロイセンと戦うためである。さらにロシアとも同盟を結んだため、脅威を覚えたプロイセン王はオーストリア側に戦争を仕掛け、七年戦争が始まった。改革によってオーストリアの軍事力は充実しており、一時はプロイセンを敗北寸前まで追い詰めて善戦した。しかしロシア女帝エリザヴェータが急逝し、プロイセンびいきのピョートル3世が後を継ぐとロシアは戦線を離脱、結局オーストリアはシュレジエンを奪還することなく戦争は終わった。

　ところで、マリア＝テレジアは当時の王族としては珍しく恋愛感情をともなった結婚生活をおくり、16人の子供を生んだ。4人目の子は皇帝ヨーゼフ2世（位1765-90年）として彼女と共同統治をおこなった。だがヨーゼフはロシア・プロイセンと結託して第一次ポーランド分割（1772年）を決めるなど、彼女の意に沿わない政策を進めることが多かった。それでも子供たちには深い愛情を示し、ヨーゼフやマリー＝アントワネットら子供たちとは頻繁に手紙のやり取りをして消息を確認しあった。

　1780年、マリア＝テレジアは亡くなった。単独統治を始めたヨーゼフ2世はさまざまな改革を主導し、啓蒙専制君主の1人とされるが、その急進性ゆえ改革は失敗に終わった。それでも彼女が成し遂げた近代化によって、オーストリア＝ハプスブルク帝国は19世紀ヨーロッパの五大国に数えられるにいたったのである。

3．ロシアとエカチェリーナ2世

　15世紀末、ロシアは「タタールの軛」といわれたキプチャク＝ハン国の支配から脱し、イヴァン4世（位1533-84年）のもとで中央集権化が進んだ。17世紀

にはポーランドと戦ってウクライナを獲得し、これが西欧化の刺激となった。そしてピョートル1世（位1682-1725年）の時、スウェーデンと北方戦争を戦うなかで、軍事のみならず行財政面での西欧化が進められた。このピョートル改革を完成させたのが、エカチェリーナ2世である。ピョートル3世（位1762年）の妻としてドイツからロシアに嫁いできた彼女は、プロイセンびいきの夫と違ってロシア文化の吸収につとめ、さらにクーデタで夫を退位させて自らが帝位についた。

図9-0-2　エカチェリーナ2世（土肥恒之『図説 帝政ロシア』河出書房新社、2009年）。

即位後の彼女は啓蒙専制君主として、ヴォルテールなど啓蒙思想家の著作を参考にしながら法典の編纂を試みた。貴族、都市民、コサックや国有地農民、非ロシア人などが準備のため招集され、立法委員会が開催された（1766-68年）。法典は未完に終わったが、議論のなかで農奴制に対する不満を彼女は知ることになり、農奴制の緩和を検討した。だがこれは貴族たちの反対にあい、むしろ肥沃な黒土地帯では賦役労働が増やされるなど農奴制は強化された。西欧諸国に穀物を輸出するためでもあったが、農民たちは負担の増加に不満を抱き、逃亡や蜂起などの抵抗運動が頻発した。彼らの行動は「良きツァーリ」に助けて欲しいという願いと重なっていた。人々のこうした不満と願望の延長に、プガチョフの反乱（1773-75年）がある。彼は「ピョートル3世」を名乗ってエカチェリーナに対する戦いを呼びかけ、ウラル（ヤィーク）川やヴォルガ川の周辺地域で戦ったが、1775年1月にモスクワで刑死した。その後、反乱の原因が地方行政の未熟さにあると考えたエカチェリーナは、行政区分を改めるとともに地方貴族を行政に参加させて中央政府との連携を強め、統治の効率化を図っている。

女帝の治世下、経済は大きく発展している。国内的には、人口の増加とあいまって定期市の数が増加した。対外貿易は、中央アジア、インド、清にまでその対象は広がって貿易額は3倍になった。ことに国境沿いの都市キャフタを通じて清と行われた毛皮貿易がさかんで、西欧向け毛皮貿易の数倍に達したとみられる。イギリスやフランスなどが大西洋の彼方に富を見出したとするなら

ば、ロシアはウラルの彼方にそれを見出したのである。むろん西欧諸国、とくにイギリスに対する鉄や木材の輸出も重要であった。それ以外に繊維工業を中心として工業生産がさかんになっている。また新紙幣の発行や借入れによって財政規模も拡大したため、エカチェリーナはその半分を軍事費にふり向けて積極的な拡張政策をとった。オスマン帝国とは何度も戦い、黒海沿岸を奪って艦隊を整備した。これによって対外貿易はさらに刺激されることになった。また、かつての愛人をポーランド王に据えたのち干渉をくわえ、3度に及ぶポーランド分割を行ってその領土の一部を併合した。エカチェリーナは啓蒙専制君主としての理想は抱きつつも、国益のためには冷徹に行動する君主だったといえるだろう。

　エカチェリーナも、マリア＝テレジアと同様に自国の強化と繁栄をめざした。行政改革を進め、財政と軍事力を強化し、教育制度も整えた。東方と南方へ、そしてポーランドを犠牲にして西方へと領土を拡大した。かくしてロシアも、19世紀のヨーロッパを動かす存在となっていくのである。

テーマ史1　啓蒙思想とフランス革命

1．フィロゾーフは革命の先駆者か？

　モンテスキュー、ヴォルテール、ルソーら「啓蒙思想家」（フィロゾーフ philosophes）を輩出した18世紀は、「啓蒙の世紀」と呼び習わされている。そして、彼らの展開した啓蒙思想がフランス革命を引き起こしたというのが、長い間の「常識」であった。ところが近年、この「常識」が揺らぎつつある。そもそも啓蒙思想を革命の思想的母胎とみなす見解は今日の発明ではなく、革命期からすでに見られた。しかもそうした見解が、革命派と反革命派の両陣営から出されていることに注目しよう。革命派では、ルイ＝セバスティアン・メルシエが1791年に『フランス革命の最初の推進者のひとりと考えられるJ＝J・ルソー』を著し、革命家ルソーを賛美した。一方の反革命陣営では、イエズス会士のバリュエル師が、ヴォルテールやルソー、さらには百科全書の中に社会秩序の転覆を目論む陰謀をみとめ、これを激しく糾弾した。つまり、前者にとってフィロゾーフは革命の先駆者であり、後者にとっては首謀者だったのだ。いずれにせよ、立場はどうあれ、啓蒙思想は革命を生きる人々にとって、目の当たりに

している動乱の起源として認識されていた。そして大事なことは、革命の先駆者＝首謀者としてのフィロゾーフ、革命の起源としての啓蒙思想という見解を、歴史家も共有し続けることになったことである。

　しかし、本当にフィロゾーフは革命の先駆者なのだろうか。はたして啓蒙思想は革命を生み出したのだろうか。個々のフィロゾーフの思想や行動に着目するなら、この問いに対する答えは否定的なものとならざるを得ない。彼らは決して革命を呼びかけなかったし、おそらく望んでもいなかっただろう。

　たしかにモンテスキューは共和政に理想を見いだしていた。しかし、共和政が可能だったのは古典古代の話であって、現実世界で最も望ましい政体は君主政であることを、彼は認めていた。彼が否定したのは専制主義であって、君主政ではない。有名な「三権分立論」は君主政から専制主義への移行を阻止するための策として考え出された論理であるが、その中で王権の監視役として擁護されている高等法院が当時の貴族的特権の本丸であったことは忘れてはなるまい。モンテスキュー自身が、ボルドー高等法院長を務めている。

　ヴォルテールは、唯一絶対なる全能の神を否定し、依然カトリックの教義から抜け出せずにいる支配者側の倫理や政治思想に鋭い批判を浴びせた。しかし彼自身は、上流社会が催すサロンの寵児となり、1745年には国王ルイ15世によって王室修史官に任命されている。さらに、プロイセンのフリードリヒ2世やロシアのエカチェリーナ2世といった錚々たる「絶対君主」と親しく交わるなど、決して君主政や旧体制そのものを否定していたわけではなかった。

　ルソーはどうだろう。彼はもっとも革命に近い位置にいるように見える。『社会契約論』(1762年) で、近代政治思想の主柱となる人民主権の考えを高らかに謳い、人々が自由と平等の中で暮らせる社会を訴えた。しかし、革命の初期段階で主導権を握っていたのは、特権保持を掲げる貴族身分だった。たしかにルソーの思想は、革命の激化の過程で重要な役割を担うことになるが、「啓蒙思想が革命を生み出した」という点に関しては、十分には答えてくれない。

2．三文文士の啓蒙思想

　では、フランス革命は啓蒙思想とまったく関係がないのだろうか。そのように判断するのは性急であろう。革命前夜、啓蒙思想は間違いなくアンシャン・レジームの社会に浸透していた。ただ、個々のフィロゾーフの思想や行動のみに着目するだけでは、啓蒙と革命の結びつきを十分に理解することはできない

だろう。問題は、フィロゾーフの著作がどうのように広まったのか、どのように読まれたのか、あるいは革命の中でどのように機能したのか、という点にある。

アメリカの歴史家ロバート・ダーントンは、革命前夜に生きた人々の実際の読書体験を再現することで、フランス革命と啓蒙思想の関係を考察した。18世紀末、フランスの人々は一体何を読んでいたのか。この問いが彼の研究の出発点である。

ダーントンが強調するのは、今日の文学史の常識が、必ずしも過去の文学体験と一致するわけではないという点である。文学史の教科書に名前の挙がる作者の作品ばかりが読まれていたわけではない。アンシャン・レジーム末期のフランスには、今日では教科書に名前の載ることのない無数の文筆家によって書かれた「哲学書」が溢れていた。ただし「哲学書」という呼び名は、書籍業者の隠語に過ぎない。たしかに純粋な哲学的著作もあったけれども、これら「哲学書」の多くが、大臣や王の愛妾、さらには王や王妃の醜聞をこれ見よがしに書きたてる誹謗文書やゴシップ記事、あるいは露骨な性的描写で聖職者や上流人士をこき下ろすポルノ文学だった。たしかに既存の文化規範や王の権威と神聖性を攻撃する点では一致していた。けれども、「多分、啓蒙思想というものは、概説書の筆者たちが述べているような浄化された思想風土というよりは、もっと地を這うようなものだったのではないか」とダーントンは言う。当然これらの「哲学書」は、王権によって印刷も販売も禁止された。しかし、需要は抑えることができない。「哲学書」の多くは、スイスやライン河流域の国境付近の印刷所で生まれ、密輸人によって国境を潜り抜け、密売人によって「マントの下」で売られていったのである。この非合法文学こそ、革命前夜のフランス人の読書体験だったのだとダーントンは述べている。

では、なぜこれほど「哲学書」が広まったのだろう。この問題を理解するためには、革命前夜に文芸の世界が極端な階層化を経験したことに注目する必要がある。啓蒙思想は、アンシャン・レジーム最後の25年ほどの間に、かつての輝きを曇らせた。皮肉にも、ヴォルテールやディドロなどの前期啓蒙時代のフィロゾーフが上流社会の支持を得て、彼らもまた上流社会の仲間入りを果たすことによって、啓蒙思想は体制批判の鋭さを失ってしまった。彼らの後を継いだ後期啓蒙時代のフィロゾーフたちは、上流社会の一員として、年金や閑職収入に依存する特権身分に収まった。その一方で、文芸世界の底辺には、うまく上流社会に入り込む機会を得られず、貧困の中で日々を暮らす一群の人々がい

た。かつて彼らは、未来のヴォルテールになることを夢見て、「文芸共和国」の一員として迎え入れられることを期待して、パリへやってきた。ところが、彼らが実際に目にした現実はどうだったか。貴族と一緒にサロンに集い、貴族の口利きで手に入れた閑職や年金で裕福な生活を送るフィロゾーフの姿である。そうした特権階級こそ、かつてフィロゾーフが批判した、特権と保護に基づくアンシャン・レジームの弊害そのものではなかったか。憧れは妬みに変わり、呪詛となる。

　フィロゾーフになり損ねた三文文士たちは、日々の糧を得るため、ゴシップ記事やポルノ文学に手を染める。彼らを突き動かしたのは、フィロゾーフとなる夢を挫き、自分を孤独と貧困に突き落とした社会政治体制への憎悪であった。彼らが手本とするのは、もはやヴォルテールではない。ヴォルテールによって「哀れな男」と蔑まれたルソーが新たな英雄となる。そして彼ら自身は「ドブ川のルソー」として、彼らの流儀で支配者たちを攻撃したのだ。

　ダーントンは、上流社会に同化したフィロゾーフの役割を否定しているわけではない。彼らは彼らのやり方で、つまり生まれ持った身分ではなく文筆を武器にして上流社会に登りつめることで、血統に基づく既存秩序を揺るがした。一方の三文文士たちは、誹謗文書やポルノ文学を武器に、支配者に対する不満や憎悪、さらには敵意を社会の底へ浸透させていったのである。

3．フランス革命が啓蒙思想を生んだのか？

　ダーントンの議論を批判的に継承し、また別の角度から啓蒙思想とフランス革命の関係を考察したのが、フランスの歴史家ロジェ・シャルチエである。シャルチエもまた、アンシャン・レジーム最後の20、30年間に、膨大な数の反王権的文書が出回っていた事実に着目するが、彼はダーントンのようにこれらの文書が王権の権威や神聖性を破壊したとは考えない。むしろ、こうした文書が出回るよりも前に、すでに王の権威や神聖性が損なわれていたからこそ、三文文士に活躍の余地が与えられたのだと考えた。たとえば「王様風」という表現がある。王様風牛肉料理や王様風菓子という表現が、18世紀後半には庶民の間でごく普通に使われていた。そこに「王様」に対する悪意はまったくない。しかし、「王様」を日常生活の次元に引き下ろすことで、無意識のうちに王の神聖性を剥ぎ取ることになったというわけだ。

　シャルチエの議論の根底には、読書行為に対する彼独自の見方がある。読者

図9-1-1　パンテオンに迎えられるヴォルテール (Michel Vovelle, *La Révolution française: image et récit 1789-1799*, tome 2, Paris, 1986, p.139)。手前左、今にも台座から転げ落ちそうな胸像は、この年の6月に逃亡計画に失敗し、ヴァレンヌで捕らえられたルイ16世。

は必ずしも著者の意図通りに書物を読むとは限らない。読者は各自のやり方で書かれた内容を理解し、さらには自分の目的に沿って利用するものなのだ。だから、フランス革命前夜に、王の権威や君主政の正当性が損なわれた原因を、単線的に反王権的な書物に帰すことは「危険な発想」だと、シャルチエは警告する。

しかし、だからと言って、シャルチエは啓蒙思想と革命とのつながりを否定しているわけではない。むしろ、両者の密接な結びつきを指摘する。ただし、逆説的なやり方を用いている。つまり彼は、啓蒙思想がフランス革命を引き起こしたのではなく、フランス革命が啓蒙思想を作り出したのではないかと、これまでの問いを逆転させることによって、啓蒙思想と革命の関係に再考を促したのである。

革命只中の1791年7月11日、ヴォルテールの遺骸がパンテオン(「偉人」をまつる霊廟)に移され埋葬された。3年後の1794年、今度はルソーがパンテオンに越してくる。これらふたつの革命祭典は何を意味するのか。革命はヴォルテールとルソーを自分たちの先駆者として選んだのだ。ふたりのフィロゾーフは、

革命家たちによって予言者の地位を与えられ、革命の知的起源として認められた。ふたりの思想の違いについては、これまでに何度も指摘されてきた。彼らの思想は決して互いを認め合えるものではなかった。にもかかわらず、革命は自らの起源と正統性をふたりのフィロゾーフの巨星に委ねた。革命家たちは決して素直な読者とは言えないだろう。彼らは革命という現実からふたりのフィロゾーフをその先駆者として選び出し、革命遂行のために彼らの思想を利用したのである。

　ここで大切なことは、ダーントンの見解とシャルチエの解釈のどちらが正しいかを判定することではない。歴史の「常識」に果敢に立ち向かう歴史家の姿を彼らの中にみとめ、歴史学が「唯一の解答」を拒絶し、問いを発し続ける学問であることを知ることこそ、私たちにとっては重要であるだろう。

テーマ史2　ケ ル ト
―― 創られたアイデンティティ ――

1．「ケルト」とは何か

　一般に、「ケルト」という言葉に対して人は何を思い浮かべるだろうか。最近では、レコード店に行くとワールドミュージックのコーナーには「ケルト」あるいは「ケルト音楽」という枠が設けてある。また、美術や文学の分野で「ケルト」の語を冠したものがよく見うけられるし、美術館などでの企画も人気を博している。そういった場でケルトを形容する言葉として、「神秘的」とか「幻想的」という言葉が用いられ、定着しているようだ。

　では、そもそも「ケルト」とはいったい何なのだろうか。研究対象としてのケルトは意外と新しい。ケルト学は、16世紀末から言語学において研究されはじめ、ついで19世紀になって考古学や文化人類学の分野で本格化する。しかし、古代の「ケルト人」に関しては、ギリシア・ローマの著述家たちの記述でしか知る術はない。それによると、彼らは、ギリシア人には「ケルトイ」または「ガラタイ」と呼ばれ、ローマ人には「ケルタエ」と呼ばれていた、彼ら「ケルト人」は、前6世紀頃から前2世紀頃にかけて、東は小アジアから西はイベリア半島までのほぼヨーロッパ全土に居住していた。そのことは、彼らの遺物が各地から出土していることからもわかる。もちろん、彼ら全員が同じ集団に属し

ていたとはとうてい考えられない。しかし、抽象文様、特に、幾何学文様や独特の波形・渦巻文様などを持つ遺物など、共通する特徴も多く有している。

その後、大陸にいたケルト人は姿を消し、現在、ケルト系の人々は、アイルランドやスコットランドに代表されるブリテン諸島とブルターニュ半島にわずかに残るのみだ。言語学的には、すでに失われた大陸ケルト語と、現在島嶼部に残っているケルト系の言語は近い関係にある。また、アイルランドやスコットランドに残る遺物には、大陸のケルト遺物に似た抽象文様を持つものもある。しかし、現在ブリテン諸島にいるケルト系の人々が、かつて大陸にいたケルト人と同じ人々であることを示す証拠はない。そして、より重要なことは、歴史的に、ブリテン諸島の人々が、「ケルト人」と呼ばれたことは、少なくとも中世以前の史料の中では確認できないということである。彼らが「ケルト」とよばれるようになるのは、近代以降、ケルト学が盛んになってからだ。そういった「ケルト」の概念は、いったいどこから生まれてきたのだろうか。

2．独立運動と「ケルト」

現在、自らのアイデンティティを「ケルト」に見出していたり、また、「ケルト」として語られたりすることが多いのは、ブリテン諸島のアイルランド、スコットランド、ウェールズ、そして、大陸のブルターニュの人たちである。その中でも、特に重要なのはアイルランドであろう。「ケルト」というアイデンティティが生み出されるにあたって、彼らの果たした役割が大きかったからである。

アイルランドは、12世紀後半にイングランド王ヘンリ2世によって征服されて以来、イングランド人の植民が進んでおり、実質的に植民地と化していた。1366年に制定されたキルケニー法によって、アイルランド語の使用やアイルランド独自の慣習が禁止された。また、イングランドが宗教改革を経た1700年以降は、アイルランド人の多くがカトリック信仰であることを利用して、カトリック信徒が公務員や弁護士になることを禁じたり、選挙権を取り上げたりするなど、カトリックを差別する政策を採ることで、アイルランド支配を強化した。

そもそもアイルランドは、ヨーロッパでもかなり早い時期にキリスト教を受け入れた地域のひとつである。5世紀半ばに聖パトリックによって伝えられたキリスト教は、修道院の活動を基盤としてアイルランドに根付いた。そのため、現在でもアイルランドにはカトリック信徒が多い。一方で、イギリスでは16世

紀の宗教改革によって国教会が成立し、その多くがプロテスタントであった。17世紀半ば以降、カトリック信徒を差別する政策を進めたイギリス政府はそこを逆手に取ったのである。この、カトリックとプロテスタントという宗教上の対立は、現代にいたるまで北アイルランド問題の原因のひとつになっている。

しかし、イギリス政府から厳しく差別されても、アイルランドの人々はカトリック信仰を捨てなかった。だが、彼らはただ虐げられていたわけではなく、しばしばイギリスの支配に対して抵抗してきた。特に、1789年に始まるフランス革命の影響を受けて独立の機運が高まった。しかし、1800年に制定されたイギリス＝アイルランド連合法によって、アイルランドは正式にイギリスに併合されてしまった。だが、それはイギリスからの独立を望む人たちの活動を妨げるどころか、ますます活発なものにしたのである。その、イギリスに対する独立運動の過程で、アイルランドの人々が自らの拠りどころとしたのが、「カトリック」と「ケルト」であったのだ。19世紀末に、ウィリアム・バトラー・イエイツに代表される作家、詩人などの知識人の手で進められたアイルランド文芸復興運動よって、はじめてアイルランド人のアイデンティティとしての「ケルト」が確立したといっていい。

この運動の手始めとして彼らは、イギリスの英語化政策によって廃れていたアイルランド・ゲール語の復興をめざし、独立運動の象徴としたのである。この精神は、今でも全人口の約30％しかゲール語を話せないにもかかわらず、ゲール語がアイルランドの第一公用語であることや、北アイルランド問題に関して、独立運動期から活動している民族主義政党であるシン・フェイン党の幹部が政治的声明を発表するときは、必ずゲール語で行うことなどに表れている。同時に、「ケルト的」な文化の採集、再発見も進められた。彼らは自分たちをケルトの末裔と自認し、そうして発見されたのが、クー・フリンの英雄譚をはじめとする神話や伝説、レプラコーンなどの妖精譚である。そして、それらをもとにした詩を作ったり、劇を上演したりすることで彼らは高らかに「ケルト」を謳いあげた。現在一般に「ケルト」

図9-2-1　Ｗ・Ｂ・イエイツ
（Ｗ・Ｂ・イエイツ『ケルトの薄明』筑摩書房（ちくま文庫）、1994年、著者紹介より）。

をイメージさせる神話や伝説は、ほとんどがこの時期に集められたものである。

　アイルランド人は、イギリスによる支配に対抗するためにイギリスとの違いを強調する必要があり、宗教面ではカトリックが、文化面ではケルトがその役を担った。そういう意味で、文化的な活動の体裁を取りながら、この運動自体はアイルランドのナショナリズムを高揚するためのいわば政治的なものにほかならない。そのことは、現在、独立蜂起の地に記念碑として神話の英雄クー・フリンの像が建っていることからも明らかである。神話上の悲劇の英雄に、独立運動で命を落とした者をなぞらえる、これ以上にシンボリックなものがあるだろうか。「ケルトの発見」は、イギリスの支配から抜け出すため、アイルランドの人たちがイギリス人との違いを強調するために創り上げていったものなのである。

3．改めて、「ケルト」とはなにか

　しかし、独立運動と結びついた「ケルト」は、結果としてその後のアイルランドのイメージに強烈に焼き付けられることになったのである。それは、スコットランド、ウェールズなど、ブリテン島のケルト系の人々にもいえることだ。彼らに共通しているのは、イングランドの支配を長い間受けたということである。その、イングランドによる支配に対する自分たちのアイデンティティの拠り所としたのが「ケルト」なのである。アイルランドと同様のことは、やはり英語化政策によって廃れていたウェールズ語を復活させようとしたウェールズの活動や、常にくすぶり続けるスコットランドの独立問題に垣間見ることができる。それはまた、1532年にフランスに編入されたブルターニュでも見られる。

　だが、「ケルト」のイデオロギーが政治的に用いられる必要のほとんどなくなった現在、豊富な妖精譚や神話は、抽象性に富んだ独特の美

図9-2-2　ダブリン中央郵便局に立つクー・フリン像
（波多野祐造『物語アイルランドの歴史』中央公論社（中公新書）、1994年、208頁）。

術や音楽とも相俟って旅行ガイドやパンフレットによく見られる「神秘の国」や「妖精の国」というイメージに結びついていく。もちろん、そういった意味での「ケルト」が本格的に定着していくのは第二次大戦後、アイルランドが正式に独立を果たしてからのことである。しかし、それらのイメージを創り上げているのは、独立運動と結びつく形で集められた神話や妖精譚なのである。

このように、「ケルト」という概念は、少なくともアイルランドに関しては創られたもの以外のなにものでもない。しかし、だからといって一般に流布する「ケルト」のイメージを否定することはできない。というのも、ナショナルなアイデンティティというものはほぼ全てが近代以降になって創り出されたものだからである。それは、アイルランドに限らず、近代史の過程でナショナルなアイデンティティを獲得していった人や地域すべてに当てはまる話である。だから、そこに自己のアイデンティティを求める人が実際にいる以上、それが歴史的事実であるか否かや、創作であるか否かで簡単に否定することはできない。現在、「ケルト」を自認している人たちにとって、自分たちが歴史上「ケルト」と呼ばれたことがないとか、自ら「ケルト」と名乗ったことがないなどというのは問題ではないのである。彼ら自身が「ケルト」の末裔であると信じ、それが誇りとアイデンティティの源になっているという事実は、彼らが他国の支配を受け、また、アイルランドのように長い闘争を経て独立を勝ち取ったことを考えると、彼らが誇りを持って自身を「ケルト」と呼んでいることは、その歴史を考えるとむしろ重く受けとられるべきではないだろうか。少なくとも、そのような、ナショナルなイメージを想起させる「ケルト」と、考古学的、言語学的、文化人類学的な「ケルト」とは、全く異なる文脈で扱われ、語られるべきだろう。

第10章

近代1：革命と軍事指導者

人物と時代　ワシントンとナポレオン

1．イギリス13植民地の成立

　16世紀に入ると、スペイン、ポルトガルのみならず他のヨーロッパの国々もこぞって南北アメリカ大陸に新たな領土を求め、植民事業を展開した。北アメリカ大陸にはスペインをはじめフランスやオランダなどが進出していったが、イギリスはこうした流れに後発するかたちで植民を開始し、1607年にヴァージニア植民地を拓いた。これを皮切りにイギリスは北アメリカ大陸の東海岸に植民地を次々と建設し、18世紀なかばまでに13の植民地が成立した。

　これらの植民地はニューイングランド植民地、中部植民地、南部植民地と三つの地域に大別されるが、主な産業も地域ごとに異なっていた。ニューイングランド植民地では土地が必ずしも肥沃でなかったことから、農業よりもむしろ漁業、造船業、貿易業が発展した。その一方で中部植民地では穀物の生産が、南部植民地ではプランテーション経営によるタバコ、米、藍、砂糖などの換金作物の生産が特色となった。また南部植民地ではこれらの作物を生産するためにアフリカ大陸の黒人が労働力として用いられていたが、やがて黒人は奴隷として身分が固定されるようになり、黒人奴隷制は南部植民地社会に欠くべからざる要素となった。

　13植民地は植民地議会をもつなど、イギリス政府からかなりの自治権が与えられ、経済面でも大幅な自由裁量が認められていたが、イギリスは七年戦争の後に植民地政策を転換し、課税という形で植民地への支配を強めようとした。1765年に印紙法が施行されると、植民地側は「代表なくして課税なし」として、つまり植民地は本国議会に代表を派遣していないのだから本国議会が植民地に

課税する権利はないとしてイギリス政府の政策を強く批判した。印紙法はまもなく廃止されたが、その後も植民地への課税が行われるたびにイギリスと植民地は鋭く対立した。とりわけ1773年に茶の独占販売を東インド会社に認めた茶法が制定された際には、本国議会による課税権確立を恐れた植民地住民がボストン港に停泊していた東インド会社の船から積荷の茶を投げ捨てる「ボストン茶会事件」が生じ、両者の対立は頂点に達した。イギリス政府はこれに対して一連の取り締まり法を定めると、翌年秋に植民地側はフィラデルフィアで第一回大陸会議を開いてイギリス政府に抗議した。この時点では大陸会議はイギリスからの分離、独立を考えていなかったが、1775年4月にレキシントンとコンコードでイギリス軍と植民地民兵が衝突すると、植民地側は第2回大陸会議を開き、植民地人の自由と権利を守るために戦う大陸軍を創設した。ここにアメリカ独立戦争の幕が切って落とされたが、この大陸軍の総司令官として任命されたのが南部植民地ヴァージニア出身のジョージ・ワシントンであった。

2．ワシントンとアメリカ合衆国独立

　測量技師であったワシントンは20歳から民兵隊の隊長としても活躍し、七年戦争と並行して北アメリカ大陸で行われていたフレンチ＝インディアン戦争ではペンシルヴァニアの西部の荒野で壊滅寸前のイギリス軍を救出した（1755年）。この功績によってワシントンはヴァージニア連隊長とヴァージニア植民地軍司令官となり、植民地人のなかで最高の地位に就いた軍人となった。1775年当時、ワシントンはすでに退役してプランターとしての生活を送っており、軍務に就くのは16年ぶりであった。なお、彼が大陸軍総司令官に就任した当初、植民地人の間にはイギリスとの和解を信じ、独立に踏み切れない人々も少なからずいた。こうした状況に大きな影響を与えたのが、トマス・ペインによる『コモン・センス』であった。1776年にこのパンフレットが発行されると植民地人の世論は一気に独立に傾き、同年7月4日にはトマス・ジェファソンたちの手による独立宣言が大陸議会で採択された。

　13植民地の独立への気運は盛り上がっていたが、ワシントン率いる大陸軍は開戦当初から苦境に立たされ、イギリス軍優位で戦争は進んでいった。このような戦況のなか、1777年のサラトガでの大陸軍の勝利は、フランスをはじめ諸外国との同盟を得るきっかけとなった点で重要な転機となった。このほかにもヨーロッパ各地から義勇兵が大陸軍に加わったこともあり、次第に大陸軍は有

図10-0-1　大陸軍総司令官ワシントン

利に戦いを進めていった。そして1781年のヨークタウンの戦いで大陸軍は決定的な勝利を収め、1783年のパリ条約でイギリスは13植民地の独立を承認した。

　独立戦争を勝利に導いたワシントンの英雄としての名声は、植民地はもちろんヨーロッパにも広く伝わった。ワシントンはこの名声をもってその後の建国事業に積極的に関与してもおかしくなかったが、パリ条約が調印されるとまもなく総司令官を辞任し再びプランターとして生活する道を選んだ。その姿は、共和政前期の古代ローマで独裁官として異民族と戦いながらも勝利後ただちにその職を返上して農村に戻ったといわれるキンキナトゥスを髣髴とさせ、ワシントンの名声はさらに高まった。

　けれども、独立後のアメリカは英雄としてのワシントンを必要としていた。その頃アメリカでは連合会議が中心となって建国事業を進めていたが、各州（植民地）の利害関心が衝突して議論は一致する気配をみせなかった。この事態を憂慮した建国事業の推進者の一人、ジェイムズ・マディソンがワシントンに憲法制定会議の議長を要請すると、ワシントンはこれを受諾して1787年にフィラデルフィアで開かれた同会議に参加した。ワシントンが議長に就いたこともあって議論はようやくまとまり、この会議で各州の自治と人民主権、三権分立を柱とするアメリカ合衆国憲法が制定された。そしてこの憲法にもとづいて、1789年にワシントンはアメリカ合衆国初代大統領に就任した。大統領選挙に際して選挙人が満場一致でワシントンを選出したことからも彼の名声が高かったことがうかがえるが、当時の人々にとってワシントン以外の人物が大統領に就くのは考えられなかったことであろう。ワシントンはこの名声をもとに、彼自身が望めば大統領の地位に終身就くことも可能であったが、大統領を2期8年務めた後にその座を退いた。合衆国大統領の任期は、1933年にフランクリン・ローズヴェルトが大統領に就任するまで最長でも2期8年であったが、これは後の大統領たちがワシントンの行動に倣ったことに由来している。法律で最長2期8年が決められたのは、1947年のことである。

　アメリカ独立は、イギリスの臣民として有していた自由と権利を回復するた

めの戦いが新たな政体を創り出したという点で、市民革命としての側面をもつ。このアメリカから生じた革命の波はワシントンが大統領に就任した同じ年にフランスにも及び、19世紀前半にはラテンアメリカの独立として南アメリカ大陸一帯を覆うことになる。

3．フランス革命とナポレオン

　アメリカ合衆国の独立は、それを支援したフランスにとっては財政状況を悪化させ、ひいてはブルボン朝による支配体制そのものを崩壊させる原因ともなった。王国財政を最も圧迫していたのは負債の返済で、支出の約50％に達していた。民衆は既に物価の上昇と租税の重圧に苦しんでおり、これ以上の課税は不可能だった。国庫を破産の危機から救う道は、免税特権者、すなわち聖職身分と貴族身分への課税より他になかった。当然、聖職者と貴族の反発は必至だ。特に抵抗の中心となったのは、王国各地の高等法院の司法官、いわゆる法服貴族で、新税の課税には全国三部会（身分制議会）を開催すべきと主張し、平民と結んで王権に激しく抵抗した。暴動さえ辞さない激しい抵抗を前に国王もついに譲歩を余儀なくされ、1789年5月、175年ぶりに全国三部会を開催した。こうして、既得権の維持を図る特権階層の反抗からフランス革命は始まる。

　その後フランス革命は、アリストクラート、ブルジョワ、都市の民衆、農民、四つの社会階層それぞれの利害が絡み合い、ぶつかり合う過程で、立憲君主政から共和政へと方向を変えた。1793年には、急進共和派のジャコバン派が実権を握り、反対派を反革命容疑で次々と断頭台へと送る、恐怖政治を行った。そしてこの頃、軍人として頭角を現してきたのが、のちの皇帝ナポレオン1世、ナポレオン・ボナパルト（1769-1821年）である。

　コルシカの小貴族の家に生まれたナポレオンが出世を果たし得た理由は、その軍事的才能だけによるのではない。1792年4月、革命防衛を理由にオーストリアに宣戦布告したフランスは、その後ルイ16世の処刑（1793年1月）を機に結成された対仏大同盟諸国（英、普、墺、西、蘭）との戦争が続いていた。ところが、革命の勃発にともない、それまで上級将校を独占していた有力貴族が多数亡命した。そのため、若く有能な人材に出世の道が開けたのだった。さらにナポレオンには、ジャコバン派の指導者マクシミリアン・ロベスピエールの弟オーギュスタンの庇護もあった。

　1794年7月、テルミドールのクーデタによってジャコバン独裁が崩壊する

と、ロベスピエール一派と見なされたナポレオンも一時投獄される。しかし、その後成立した穏健共和派の総裁政府のもと表舞台に復帰したナポレオンは、王党派の武装蜂起を鎮圧し（1795年）、翌年にはイタリアに遠征してオーストリア軍を破って和議を結ぶなど目ざましい活躍を見せ、1798年にはイギリスのインド航路を遮断するためエジプトに向かう。

4．ナポレオン帝国の形成と崩壊

　ナポレオンがエジプト遠征を行っている頃、フランス本国では王党派の蜂起が相次ぐ一方、ジャコバン派が再び議席を伸ばすなど不安定な状況が生じ、革命の成果を維持するためにも強力な指導者を望む声が高まっていた。権力掌握の時機到来と見たナポレオンは、1799年、ひそかにエジプトから帰還し、クーデタを起こす。いわゆるブリュメール18日のクーデタである。その後統領政府を樹立させ、革命終結を宣言したナポレオンは、革命の仕上げとして1804年3月、「フランス人民の民法典」を発布した。全2281条からなるこの法典は、法の前の平等や私有財産の絶対性などフランス革命期に打ち出された理念を確認するものであり、革命の継承者としてのナポレオンを印象づけるものであった。

　しかし、彼の野心は革命の枠組みを大きく踏み越えていく。民法典発布と同じ年、ナポレオンは国民投票により皇帝ナポレオン1世として即位し、革命の最大の成果であった共和政を否定するのである。ナポレオンの野心に脅威を感じたヨーロッパ諸国は、新たに対仏大同盟を結成するが、フランス軍の侵攻を止めることはできず、イギリスを除くヨーロッパのほぼ全域がナポレオンの支配下に組み込まれることになった。この過程で、神聖ローマ帝国も解体され、962年以来続いた歴史に幕が下ろされた（1806年）。ナポレオンは征服した各地に、自分の親族を支配者として配置して支配を固める一方、イギリスに対しては「大陸封鎖」を行い、イギリス商品のヨーロッパ流入を阻止しようとした。

　ナポレオンによる支配は、被支配地域の人々の間に、フランスへの反発だけでなく国民意識をも芽生えさせることになった。ベルリンでは哲学者のフィヒテが「ドイツ国民に告ぐ」と題した連続講演を行い、ドイツ人の民族的独立を訴えた。スペインでは、1806年にナポレオンの兄ジョゼフが国王に即位すると各地で暴動が起こった。ナポレオンは軍隊を派遣し、暴動を武力で鎮圧したが、以後スペイン国民はゲリラ戦でフランス軍を悩ませ続けることになる。ナポレ

オンのヨーロッパ支配崩壊の決定打は、ロシア遠征の失敗だった。大陸封鎖令を破ってイギリスとの商取引を続けるロシアに、1812年、ナポレオンは50万の大軍で進軍する。モスクワに到着したフランス軍を待っていたのは、住民のいなくなった町とその町を燃やす炎だった。食糧も宿舎も得られず大混乱に陥ったフランス軍は退却を余儀なくされる。そこに大寒波とロシア軍の追撃が追い打ちとなり、フランスにたどり着いた将兵はわずか数千だったという。

　フランス軍の弱体化を機に、ヨーロッパ諸国は反撃に転じ、1814年、英、露、墺、普、スウェーデンの連合軍はパリを占領した。ブルボン朝の復活とナポレオンの廃位が決定され、元皇帝は故郷コルシカの東に浮かぶエルバ島へ配流された。ところが、ナポレオン支配後のヨーロッパ秩序の再編を話し合うウィーン会議は、各国の

図10-0-2　セント＝ヘレナ島に流されるナポレオン（イギリス軍将校のスケッチ）(Bernardine Melchior-Bonnet, La Révolution & l'Empire 1789-1815, Paris, 1988, p. 319).

意見が対立し難航した。この隙にエルバ島を脱したナポレオンは、1815年3月、ブルボン朝の支配に不満を抱くパリ市民に迎えられ再び権力に返り咲くが、同年6月、ワーテルローの戦いで連合軍に敗北し、今度は南大西洋のセント＝ヘレナ島に流され、そこで51年の生涯に幕を閉じた。

　ナポレオン失脚後、ヨーロッパではウィーン体制と呼ばれる反動的な政治体制が敷かれることとなったが、その一方でナポレオン時代に芽生えた国民意識が各地で高まりを見せるようになる。政治的分裂が続くドイツとイタリアでは統一に向けた動きが、そしてロシアやオーストリアが支配する地域（ポーランドやハンガリー）では分離独立の動きが本格化することになろう。

テーマ史1　産業革命と労働者

1. 労働者

　18-19世紀のイギリスでは、機械と蒸気機関を利用した大量生産が行われるようになり、農業社会から工業社会への転換がいち早く進んだ。これを産業革命という。

　では産業革命によって人々の生活ははたして良くなったのか、悪くなったのか。「生活水準論争」と呼ばれるこの問題は、今も決着がついていない。長期的に見れば、確かに経済発展と生活水準の向上はみられた。しかし工場労働者の権利が確立されていない産業化の初期段階においては、過酷な労働形態・労働条件に労働者が苦しみあえぐという構図が一様にみられる。最初の工業国家イギリスを例に、産業化を支えたそうした労働者の姿に目を向けてみよう。

　19世紀中頃までは、工場労働者たちは古くからの「職人」的性格を残し、自分が必要だと思うときに働こうとする独立心が旺盛だった。途中で持ち場を勝手に離れるのを禁じられたり、定刻に仕事をしたりするのは、大きな苦痛と感じていた。なるほどかつての職人も、平日には12-14時間働いていた。だが作業はゆったりとしたリズムで進み、仕事をする時間とそうでない時間の区別はあまりなかった。また折々の祝祭日には仕事を止め、酒やゲーム、踊りで心身をリフレッシュしていた。

　こうした初期の労働者たちのあり方をよく示しているのが、「聖月曜日」の習慣である。休日である日曜日に酒を飲み、月曜日は二日酔いのため仕事をしないというこの習慣は、19世紀半ばまで残っていた。産業革命期の押韻詩は、次のように詠う。

　　ご承知のように、月曜日は日曜日の兄弟です。
　　火曜日は日曜日のもうひとりの兄弟です。
　　水曜日には教会へ出かけて、お祈りをしなければなりません。
　　木曜日は半分休暇です。
　　金曜日に紡ぎ始めたってもう遅いです。
　　土曜日もまた半分休暇です。

誇張されてはいようが、労働者が定時労働という新しい労働形態になかなか馴染めず、「飲んだくれ」の労働者も多かったであろうことを物語る。

当時の経営者が「飲んだくれ、怠け者、うそつき」といって蔑視したこうした労働者たちは、繊維関係などの工場で大量に雇われた不熟練労働者だった。機械製造工場では熟練の親方や職人が、比較的よい給与を得て働いていた。また産業化が始まったからといって、すぐさま機械化された工場での労働が一般化したわけではない。19世紀半ばのイギリスにあってさえ、蒸気機関を用いた工場は繊維や鉄鉱のような限られた業種にしかみられず、30人以下の職人が手作業を行う工房が生産活動の中心だった。

図10-1-1 深夜まで働く女性たち（角山榮・川北稔編『路地裏の大英帝国――イギリス都市生活史――』平凡社、2001年、47頁）。時計の針は深夜を示している。

2．労働者と帝国

それでも機械生産による工場制度は徐々に普及し、また市場の拡大にともなって、問屋からの注文による生産から市場向け商品の生産へと転換していった。それにともなって、労働そのもののあり方も変化していった。毎日同じものを作ることに不平をもらす職人が増え、長時間労働や深夜労働が広まった。何よりも産業革命下の工場では、機械のリズムと時計に合わせた労働を強いられた。また機械生産による労働の単純化および低賃金のゆえに、婦人と児童による労働も一般化した。たとえば10歳に満たない子供が工場や炭鉱で、長いときには14-16時間働き、遅刻や怠慢、居眠りなどを

図10-1-2 ブタの餌を狙う貧民の子供たち（角山・川北、前掲書、131頁）。

図10-1-3　工場での労働（長島伸一『世紀末までの大英帝国——近代イギリス社会生活史素描——』法政大学出版局、1987年、101頁）。

すれば体罰が加えられ、それでいて与えられる食事の質は悪いものだった。

　産業化は都市の急激な拡大ももたらした。ロンドン、パリといった首都のみならず、マンチェスター、バーミンガムなど新興の工業都市では、スラムが形成された。上下水道が未整備で、質の悪い集合住宅が立ち並び、河川は工場の排水で汚染された。こうした不衛生なスラム街に住んだ労働者たちは、過労や栄養失調が重なって病気で死ぬ者も多かった。労働者の平均寿命は20歳未満といわれ、1842年に行われた平均寿命の調査では、マンチェスターの地主階級が38歳であったのに対し、労働者階級は17歳であった。

　このように労働者の生活は、確かに厳しいものであった。とはいえ、産業化による恩恵ともいえるものは確かにあった。産業革命は、綿花などの安価な原料をイギリス本国に提供し、工場で生み出される製品を吸収する、インドや中南米などの植民地の存在を前提としていた。こうした植民地からは、茶や砂糖も輸入された。18世紀頃からは価格が低下し、19世紀には労働者も茶のカフェインと砂糖のカロリーを摂ることができるようになって、「砂糖入り紅茶」という新たな食習慣は労働者にとって必要不可欠なものになった。植民地という存在、ひいてはイギリス帝国という存在は、物資や食料という物質的恵みに加えて、リフレッシュ効果をもイギリスに与えていた、といえるかもしれない。ただしそれは、伝統産業を破壊されたインドの貧民や、アフリカから「販売」されてきた中南米の黒人奴隷とその子孫たちの、息の抜けない過酷な労働の上に成り立つものだった。

3．労働の変化

　このように産業革命によって労働のあり方は大きく変化したが、経営者側とて決して楽をしていたわけではない。創業にあたっては、初期の綿工業は機械

が大規模でなかったため比較的少ない資本金で起業することができ、資金を融通する地方銀行も増加していた。ただし地方銀行は家族企業のような規模の小さいものが多く、破産もたびたびあった。企業の破産も多く、18世紀前半は年平均200件前後だった破産件数が、1790年代には年平均800件に近づいたという研究もある。産業化の進展とともに、没落する企業家も増えたわけである。経営者たちはこうした破産の恐れに耐える一方、新たな労働形態に馴染めない労働者たちに対して、住居、教育、娯楽を提供することもあった。それによって、ずる休みや勝手に持ち場を離れるようなことをしない、より良い労働力を育てようとしたのである。

　新たな労働形態に不満を持つ労働者の側は、当初は機械打ち壊しのような過激で直接的な行動に出ることがあった。自分たちが労働するチャンスを機械が奪うと考えたからである。その他に、食糧不足と物価高騰がつづくなか、適正な価格を求めて暴動に訴えることも多かったと考えられている。いずれにせよ政治的権利を持たなかった労働者は、「暴動による団体交渉」に訴えざるをえなかった。けれども次第に労働者は団結して組織的に行動するようになり、労働条件の改善を訴えはじめた。

　それは1833年の工場法でひとつの結実を見せた。9歳未満の児童の雇用禁止、9-13歳の児童の労働時間は1日9時間以下などの内容を定めたこの法は、施行まで数年がおかれたほか、労働者数15人未満の工場には適用されないなどいわゆるザル法ではあった。しかしながら、労働者の権利をはじめて法制化したものとしてその歴史的意義は大きい。1844年の工場法では18歳以上の婦人労働が12時間に制限され、工場法は着実な改善を見せた。19世紀後半には繊維工業以外の分野でも労働時間の短縮が進み、1867年にはすべての製造業で土曜日の半日休業が達成された。

　伝統的な手工業者である職人や徒弟の場合は、生活の場である家と仕事の場が同じであることが多い。しかし近代の工場と家は離れていたため、労働時間が短縮されるに伴って、「仕事の時間」とは別の「生活の時間」、つまり余暇をどう過ごすかが大切になった。奇しくも19世紀後半、労働者の実質賃金は上昇した。鉄道をはじめとする交通網の発達による輸送コストの下落や自由貿易政策によって、物価が下がったことなどがその要因である。

　少しずつではあるが時間的・経済的余裕を持つようになった労働者たちは、新しいタイプの娯楽やレジャーを楽しむようになっていく。かつて労働者の娯

図10-1-4 プライズ・ファイティング (1812年、ローランドソン作)(指昭博編『祝祭がレジャーに変わるとき——英国余暇生活史——』創知社、1993年、57頁)。

楽といえば、素手で相手を殴り倒す「プライズ・ファイティング」という一種のボクシングや、闘鶏のような血なまぐさいものが好まれた。これらは酒場で催されたため、酒によって興奮はさらに高まったことだろう。時おり開かれる公開処刑を観に行くことも、一種の娯楽だった。しかし労働者を無軌道な興奮に追いやるこうした娯楽は次第に規制されていった。闘鶏などは非合法化され、プライズ・ファイティングも近代的なルールに基づく「ボクシング」に生まれ変わった。サッカー観戦もその頃に一般化した労働者の大切な娯楽である。

　一部の有閑階級のレジャーであった旅行も広まった。現在、ヨーロッパを列車で旅をするとき、『トマス・クックの時刻表』がよく使われる。クックの旅行会社は19世紀に生まれ、1851年のロンドン万国博覧会をはじめ、各地の観光地に人々を運んで成功した。遠出をせずとも、ピクニックで心身をリフレッシュしたり、町にある劇場で音楽や芝居を観て楽しむことも増えていった。労働者たちは「無軌道な興奮」にうつつを抜かすことを次第にやめて、労働と同じように規制された娯楽を消費するようになっていったのである。

テーマ史2　クレオール
——ナショナリズムの誕生と新しいアイデンティティ——

1．クレオール革命

　クレオール créole とは、「植民地（とくにアメリカ大陸およびその周辺島嶼）に生まれた白人」を指すフランス語で、スペイン語ではクリオーリョ criollo、ポルトガル語ではクリオウロ crioulo、そして英語ではクリオール creole の語が用

いられる。ヨーロッパ人による世界の植民地化の過程で生まれた言葉で、近代以降の世界の歴史を読み解く上で重要な鍵概念となっている。とくに18世紀後半から19世紀前半にかけてのいわゆる「環大西洋革命」の時代に、彼らクレオールが果たした役割は無視することができない。「環大西洋革命」とは、イギリス産業革命、フランス革命、アメリカ独立戦争、ラテンアメリカ諸国の独立運動などの一連の社会的政治的な大変革の総称で、なかでも後二者、アメリカ独立戦争とラテンアメリカの独立運動は、クレオールが中心となって推し進められたため、「クレオール革命」と呼ばれている。

「クレオール革命」は、植民地社会がその父祖の地であるヨーロッパとの精神的な一体性を断ち切る過程として捉えることができる。最初の「クレオール革命」と言われるアメリカ独立戦争を考えてみよう。もともと新大陸のイギリス植民地では、本国の支配階級であるジェントルマンの生活文化が好んで取り入れられていた。紅茶の嗜好はその代表例である。そして、こうした本国風文化への愛着が、イギリス帝国の植民地貿易を根底から支えていたのである。

転機は七年戦争（1756-63年）だった。イギリスはこの戦争に勝利し、フランスから広大な植民地を手に入れたものの、長い戦争の間に莫大な負債を抱え込むことにもなった。その結果、イギリス政府は財政再建のため、1765年の印紙法など、植民地住人に対する課税を決定する。この課税措置が植民地住人の反発を招いた。彼らはイギリス製品のボイコット、とくにイギリス帝国の主要輸出品である茶の不買運動という形で抵抗した。イギリス製品を購入しないということは、つまりイギリス風の生活習慣を捨てることを意味した。ここにイギリス人とは明確に区別された「アメリカ人」としての意識が芽生えてゆく。独立戦争の引き金となるボストン茶会事件（1773年）は、北米植民地に暮らすクレオールたちが「アメリカ人」化する過程の象徴であり帰結であった。

2．ラテンアメリカ諸国の独立運動とナショナリズムの誕生

アメリカ合衆国の独立は、ラテンアメリカのスペインやポルトガル植民地に暮らすクレオールに強い衝撃を与えた。ラテンアメリカ諸国の独立運動も、アメリカ合衆国同様、クレオールの「アメリカ人」化なしには考えられない。彼らの心の中では、政治的な独立より先に精神的な独立が達成されていた。つまり、本国人とは区別された共同体意識が形成されていたのである。

この心の中に描かれた共同体意識を「想像の共同体」という言葉で捉え、ナ

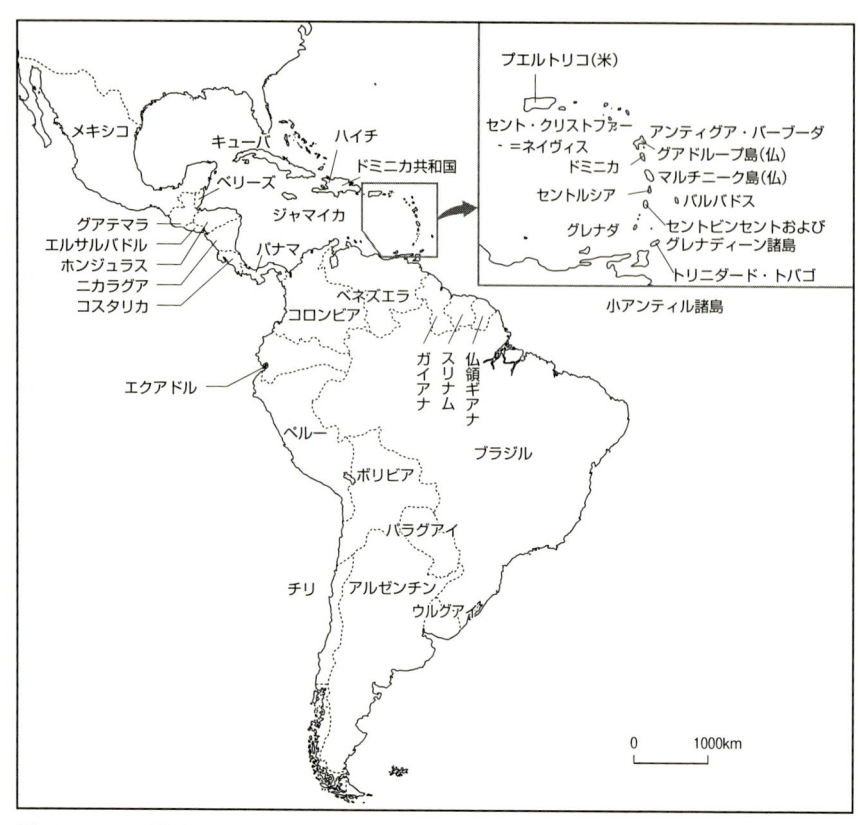

図10-2-1　現在のラテンアメリカ諸国（高橋均『ラテンアメリカの歴史』山川出版社、1989年、6頁をもとに作成）。

ショナリズム研究に新たな地平を開いたのが、アメリカの政治学者ベネディクト・アンダーソンである。アンダーソンは「国民＝ネイション」という「想像の共同体」の起源を新世界のクレオールに見出し、ナショナリズムは19世紀ヨーロッパの発明であるとする伝統的なヨーロッパ中心の見解に異を唱えたのであった。なぜなら、19世紀半ばに覚醒するヨーロッパ的ナショナリズムでは、新世界での運動を捉えきれないからである。第一に、新世界では宗主国と従属地域との間に言語面での違いがないことが挙げられる。ペルー、メキシコ、チリ等スペイン領ではスペイン語が話され、ポルトガル領ブラジルでポルトガル語が用いられていたことは、アメリカ合衆国とイギリスの関係同様である。第二に、ラテンアメリカ諸国の独立運動では、下層階級や中産階級が主体となら

なかったことが挙げられる。これらの地域で独立運動を主導したクレオールは、たいてい大土地所有者、鉱山経営者、貿易商人といった植民地社会のエリート層であった。黒人奴隷や原住民などの下層民は、クレオール支配を脅かす存在としてむしろ忌避された。

　では、なぜクレオールは自らを本国人からは区別された「国民」だと認識するようになったのか。アンダーソンは、植民地時代のクレオールが本国人から疎外されていると感じていたからだと説明する。スペイン領アメリカでは、16世紀半ば以降、副王を頂点とする階層的な官僚組織が整備されていったが、高位官職はほとんどが本国人（イベリア半島出身者）によって占められていた。た とえクレオールが官職を得たとしても、本国役人のように本国政府に要職を得て栄転することはなく、もっぱら植民地での勤務に従事した。こうした高位高官からのクレオール排除の背景には、未開野蛮な土地で生まれた者は文明世界に生を受けた者よりもその能力において劣っているとの歪んだ啓蒙思想の影響があった。こうした不条理な排斥を前に、クレオールたちは「大西洋のこちら側で生まれてしまったという共通の運命」を分け持つにいたる。そこから発想の転換が起こった。つまり、アメリカ大陸で生まれた者が真のスペイン人になれないというのであれば、スペインで生まれた者は真のアメリカ人にはなれない、と彼らは考えたのである。

　こうした内面の声を広くクレオールの間に共有させることに貢献したのが、18世紀に開花する出版資本主義、すなわち新聞の流行であった。新聞の中でクレオールは自らを「アメリカ人」と表現した。新聞という媒体を通じて、「アメリカ人」という観念は、文字として目に見える形で、クレオールの間に広まり浸透していったのである。

　このようにアンダーソンは、クレオール役人とクレオール新聞業者こそが祖国アメリカという「新しい意識の枠組み」の誕生に決定的な役割を果たしたことを強調する。こうして生まれた共同体意識、すなわちナショナリズムが、いかに強いものであったかは、そのために流された、そして現在も流されている血のことを思い浮かべるだけで十分だろう。

3．新しいアイデンティティとしてのクレオール

　以上、クレオールを植民地生まれの白人と捉え、彼らの歴史をアメリカ諸国の独立運動を軸に眺めてきたが、今度は「クレオール」という言葉そのものの

歴史について見てみることにしたい。そうすることによって、これまでの歴史学におけるクレオール論の限界を明らかにし、今後の可能性を探ることができるように思われるからである。

まず確認しておきたいのは、クレオールという言葉がその歴史のかなり早い段階から、「植民地生まれの白人」以外の意味を有していたという事実である。鉱山やプランテーションの労働力としてアフリカ大陸から黒人奴隷が連れてこられるようになると、彼らの子孫もまたアフリカ生まれの奴隷と区別して、クレオールと呼ばれるようになったのである。これとは逆に、植民地生まれの黒人が先にクレオールと呼ばれ、その後で植民地出身の白人にもこの言葉が適用されていったとの見解もある。いずれにせよ、これまでの「クレオール革命」論では、「クレオール」という言葉に含まれる黒人性が看過されてきた点に注意が必要である。

これに関連して、植民地生まれの白人の間に「クレオール」をめぐる認識のズレが存在していたことを指摘せねばならない。アメリカ合衆国もラテンアメリカ諸国も、その独立運動の担い手が植民地出身の白人であった点では、両者とも「クレオール革命」と呼ぶことができる。しかし、北米植民地人は、ラテンアメリカ植民地人とは異なり、自らをクレオールと呼ぶことはなく、イギリス文化のアメリカ化をクレオール化と認識することもなかった。むしろ、北米大陸に黒人奴隷を通じてアフリカの文化が順応する過程をクレオール化と捉える傾向が見られるのである。実際現在では、主人である白人と黒人奴隷との間で、あるいは出身地域の異なる黒人奴隷同士で、コミュニケーションを成り立たせるために生まれた言語もクレオールと呼ばれている。さらに、白人と黒人（今日では、中国人やインド人も）が入り混じる（旧）植民地社会に見られる料理や音楽など文化全般が、クレオールの名で捉えられるようになり、クレオールを定義すること自体が意味を成さなくなっている。

ところで、クレオールという言葉が人文・社会科学の諸分野で広く受け入れられるようになったのは、1980年代以降のことである。そのきっかけをつくったのが、フランスの旧植民地出身の黒人や混血のクレオール、つまり「有色」のクレオールであったことは注目されてよい。フランスでは第二次世界大戦終結以来、旧植民地の独立の可否が政治問題になっていた。この問題に対する最終判断として、1982年、当時のフランス共和国大統領フランソワ・ミッテランは、マルチニークやグアドループなどカリブ海植民地の「海外県」化を決定す

る。つまり、植民地の独立は正式に否定され、旧植民地の住人は「フランス人」の中に組み込まれたのであった。しかし、フランス共和国の「海外県」に生きる「有色」クレオールにとって、本国フランスの文化や歴史は、アイデンティティの拠り所として機能し得なかった。白人だけが主役のフランス的＝ヨーロッパ的なアイデンティティは、とうてい受け入れられるものではなかったのだ。そこで彼らは彼らのアイデンティティとは何かを自問した。フランス人でもアフリカ人でもアメリカ原住民でもない自分たちは何者なのかと。そして見つけ出した答えが「クレオール」だった。単一の民族的文化的な根を否定し、様ざまな民族や文化が混淆する（旧）植民地社会の現況をクレオールと呼び、アイデンティティの拠り所としたのであった。この文化混淆としてのクレオールというアイデンティティを明確に宣言したのが、作家のP・シャモワゾーとR・コンフィアン、言語学者のJ・ベルナベによる『クレオール礼賛』（1988年）である。

　ヒト・モノ・情報が地球規模でめまぐるしく行き交う現代世界で、文化混淆としてのクレオールという宣言が共感をもって受け入れられたことを理解するのは難しくはない。外界の影響を受けずに生まれた文化などがあり得ようはずがない。あらゆる文化が、他の文化との接触と混淆の中で育まれてきた。その意味で文化はすべてクレオール性をはらんでいると言えるだろう。

　しかし、クレオールという言葉を単なる文化混淆として捉え、むやみやたらと時空間を無視して援用することは慎まねばならない。あまりに意味を広げすぎると、言葉は力を失ってしまう。すべての文化がクレオールならば、クレオールという言葉を使う意味などあるだろうか。私たちは、クレオールが歴史の流れの中から生まれたことを忘れてはならない。ヨーロッパ人による新世界の植民地化なくしてクレオールは存在しなかった。クレオールはヨーロッパ人による新大陸の侵略（その過程に原住民の殺戮があったことを忘れずにいよう）とアフリカ人の強制移動という暴力が生み出した歴史の産物なのである。現代のクレオール論の生みの親のひとり、マルチニークの作家R・コンフィアンは、そうした負の側面を見据えた上でなお、次のように語り、自らのアイデンティティをクレオールの中に求めるのである。「我々はすべてコロンブスの息子です。嫡子ではなく、私生児だとしても。〔フランス領〕アンティル〔諸島〕は徹頭徹尾コロニアリズムのプロセスの中から生まれました」。こうした歴史的背景を踏まえた上で、「クレオール」という言葉＝概念の有効範囲を見極める必要がある。

第11章

近代2：ヨーロッパの覇権をめぐって

人物と時代　ビスマルクとナポレオン3世

1．ビスマルク

　1815年4月1日、プロイセン王国のシェーンハウゼンで、ユンカー（土地所有貴族）家系の第四子としてオットー・フォン・ビスマルクは生まれた。この年はちょうど、ヨーロッパがナポレオンのくびきから解放され、フランス革命以前の君主制（正統主義）と大国間の勢力均衡を基調とする「ウィーン体制」が構築された年であり、ビスマルクもこの復古した君主制の空気のなかで成長したため、いつしかプロイセン王家の安泰と存続を絶対視する正統主義を内面化していった。

　学生時代のビスマルクは成績優秀とはいいがたく、むしろ学友とたびたび決闘したり学生牢に投獄されたりと、その腕白ぶりを発揮していた。また、学業を終えて官吏の試補になってからも仕事に興味を持てず、賭博や色恋に興じながら適当な理由をつけて欠勤を繰り返し、結局数年もたたないうちに退官して実家の農場経営に携わるようになった。だがやがて、1848年にパリで巻き起こった革命の嵐がプロイセンにも押し寄せてきた時（三月革命）、この怠惰な青年も政治家として歴史の表舞台に立つことになる。

　革命直前にプロイセン国王フリードリヒ・ヴィルヘルム4世が招集したプロイセン連合州議会で議員となっていたビスマルクは、まずは保守派の論客として革命勢力と徹底的に戦うことで頭角を現していく。革命勢力が結集したフランクフルト国民議会が、1849年に独自の憲法を制定し、フリードリヒ・ヴィルヘルム4世を皇帝として推戴しようとした時にも、革命勢力に主導権を握られ

ることを嫌ったビスマルクは帝冠の拒否を主張し、国王推戴に失敗した革命派は結局そのまま反革命勢力によって鎮圧されることになる。

　その後、外交官を経て宰相にまで上り詰めたビスマルクは、まずは議会と激しく対立することになった。プロイセン正規軍の増強を目指した軍制改革に抵抗する議会に対し、ビスマルクは議会による承認なしの歳出で政治を行うという強硬手段に打って出る。その際ビスマルクが演説で、「現在の問題は演説や多数決ではなく、鉄と血によってのみ解決される」と訴えたことで、反対派から皮肉を込めて「鉄血宰相」と呼ばれたが、この異名はビスマルク統治の性格を簡潔に表現したものとして、後世でも広く用いられるようになった。

　政治家として活動し始めた当初は、正統主義を絶対視して「自由と統一」を掲げるナショナリズム勢力を敵視していたビスマルクだったが、こうした議会との対立という内政問題を外交的成功によって解決しようとするなかで、やがて彼もナショナリズム運動のエネルギーを政治的に利用していく。まずはドイツ人が多数居住するシュレースヴィヒ＝ホルシュタインをデンマーク王国から分離独立させるべく戦争を仕掛け（デンマーク戦争）、その勝利によって自由主義＝ナショナリズムの陣営にも一定の支持基盤を創出することに成功した。また、経済政策面で自由主義を否定し、プロイセンの産業振興にとって足かせとなっていたオーストリアを牽制する際にも、ビスマルクは自由主義の大義名分でナショナリズム陣営の支持を取りつけ、普墺戦争の勝利によってドイツ統一からオーストリアを除外することに成功している。

　この普墺戦争の結果生まれた「北ドイツ連邦」は、ウィーン体制以来続いてきたプロイセンとオーストリアという二大列強の協調関係と、ヨーロッパの勢力均衡という原則の最終的な終焉を意味しており、プロイセンが単独で中欧地域の強国として覇権を樹立しようとしていることを諸外国に強く印象づけた。なかでも中欧に大国が生まれることをとりわけ恐れていたのは、ナポレオン3世の率いる隣国フランスであった。

2．ナポレオン3世

　ビスマルクの生誕に先立つこと7年、1808年4月20日にオランダ王ルイ・ボナパルト（ナポレオンの弟）の三男としてシャルル・ルイ＝ナポレオン・ボナパルト（一般にルイ・ナポレオンと呼称される。のちのナポレオン3世）は生まれた。かのフランス皇帝ナポレオン1世の親類としてその将来は約束されていたかのよ

うに思われたが、1814年にナポレオンが失脚し、ルイ18世を戴く復古王政が敷かれると、ボナパルト一族を警戒したブルボン家によって幼いルイは国を追われ、長期にわたる亡命生活を余儀なくされてしまう。

　その後はバイエルンの都市アウグスブルクで、ギムナジウムに通うかたわら旅行を楽しむごく普通の学生として日々を過ごしていたが、1830年に七月革命でこの復古王政が倒された時には、ルイは帝政復活の好機到来と見てパリへの進撃を企図する。だが結局、ブルジョアジーの支持を得たオルレアン家のルイ・フィリップが国王となり、いわゆる七月王政を樹立したことでこうした策謀は頓挫し、またこの王政下でボナパルト一族を追放する法律も制定されたため、ルイは大きな落胆を味わうことになった。

　その後もルイは七月王政期に二度にわたり蜂起を決行するが、いずれも失敗し、ついには裁判で終身刑を言い渡されて投獄生活を送る破目になる。だが５年の服役生活ののち、劇的な脱獄でふたたび自由の身となったルイに、1848年革命という大きな転機が訪れる。このいわゆる「パリ二月革命」でルイ・フィリップの七月王政が倒され、「第二共和政」が成立したことで、ボナパルト家の追放を定めた法律が正式に破棄され、ルイはふたたびパリの地に足を踏み入れることができたのである。折しもフランスではナポレオン・ブームが到来しており、その追い風を受けてルイは同年12月の大統領選挙に出馬し圧勝することで、「皇太子大統領（プランスプレジダン）」として一躍その名をヨーロッパ中に轟かせることになった。

　とはいえ第二共和政の憲法では大統領の権限が大幅に制限されており、かつ任期も４年で再選も認められていなかったため、ルイ自身は国民議会の与党の傀儡として思うように身動きが取れずにいた。そこでルイは、任期満了直前の1851年12月にクーデターを敢行して議会を制圧したばかりか、その翌年には世襲制の帝政を復活させ、皇帝「ナポレオン３世」として改めて即位することになる（フランス第二帝政）。帝政復活当初は、たしかに反対派の弾圧や言論統制など強圧的な統治を行っていたが、1860年前後を境にナポレオン３世は労働者の団結権・ストライキ権の合法化や出版・集会の自由化など、自由主義の方向へと舵を切っている。ここからフランス第二帝政は、1850年代の「権威帝政」時代と1860年代の「自由帝政」時代とに時期区分されることも多い。

　なお、このナポレオン３世の治世下で今日なおその影響を残す事業として、パリの大改造が挙げられる。19世紀に入って以降、産業化の進展とともにパリ

の人口は急激に膨張し始め、1850年代には既に100万人を超える人口がひしめき合っていた。そのため19世紀前半のパリ市街は人口過密できわめて不衛生な状態にあり、コレラ流行の際には甚大な被害を受けていた。そこで、セーヌ県知事ジョルジュ・オスマンの陣頭指揮のもと、中央市場の拡張や街路の整備などロンドンをモデルとした都市大改造が行われ、その時に整えられた区画がいまでもパリの交通事情を大きく決定づけているのである。

　外交面ではクリミア戦争（1854-56年）の勝利を通じて、ナポレオン3世はヨーロッパの国際政治でひときわ大きな存在感を持つようになった。英仏がロシアの南下政策を食い止めるためにトルコ側に立って戦ったこの戦争で勝利することで、ウィーン体制の一翼を担っていたロシアの威厳が失墜し、逆にナポレオン体制の崩壊で失われていたフランスの発言力が再度高まることになったのである。だがそれも束の間のことにすぎなかった。1861年にメキシコで反カトリック・反ヨーロッパを標榜する民族主義者フアレスが、革命の成功で大統領に就任したことから、ナポレオン3世はイギリスとともにメキシコに出兵するものの、アメリカが介入の動きを見せたことで撤退を余儀なくされたばかりか、ナポレオン3世がみずから擁立した傀儡皇帝も現地で銃殺されてしまう。このメキシコ出兵の失敗によって、国際政治におけるフランスの権威はふたたび地に墜ち、国内でも批判が高まって第二帝政の支配体制が大きく動揺することになった。ちょうどその時、ライン川の向こうではビスマルク率いるプロイセンがオーストリアを追い落とし、北ドイツ連邦の盟主の座に就くことで、中欧地域における覇権を確立しつつあった。

3．セダンの邂逅からビスマルク体制の崩壊へ

　このプロイセンとフランスが対決する直接のきっかけとなったのは、スペイン王位継承問題である。1868年に軍部のクーデターでスペイン女王イザベル2世が王座を追われ、クーデター派が立憲君主制樹立のため、新たな国王候補をプロイセン王室ゆかりのジグマリンゲン家から招くという計画が明るみに出た時、フランス国内では「ビスマルクによる反フランスの陰謀」として、反プロイセンの気運がにわかに高まることになった。ビスマルクも、フランス大使とヴィルヘルム1世との会見内容を伝える電報を改ざんした上で公表し、国内世論を意図的に反仏の方向へと誘導したため（エムス電報事件）、両国の衝突はもはや避けられない情勢となった。1870年7月、ナポレオン3世はいわば国内世

図11-0-1　セダンで会見するナポレオン3世(左)とビスマルク(右)
(Walter Stein (Hg.), *Bismarck, Des eisernen Kanzlers Leben in annähernd 200 Bildern nebst einer Einführung, Siegen*, 1915, S.56).

論に押し切られる形でプロイセンに宣戦布告することになる（普仏戦争）。

雌雄が決するのは早かった。戦闘は当初からプロイセン軍の優勢で進んでいたが、開戦から二カ月も経ないうちにフランス軍はセダンの戦いで大敗を喫し、あろうことか皇帝ナポレオン3世までプロイセン軍の手に落ちてしまったのである。19世紀の両雄は、こうして一方は勝利者として、他方は失意の捕虜としてセダンの地で相まみえることになる。

これによってパリでは帝政が崩壊するが、フランス側がアルザス＝ロレーヌ地方の割譲を拒否したため戦争はその後も継続された。その戦火のさなか、ビスマルクは南ドイツ諸邦と交渉し、北ドイツ連邦を拡張した全ドイツ連邦創設の条約を締結している。ここに、多くの領邦に分裂していたドイツ地域はついに統一され、1871年1月18日、その初代皇帝にプロイセン国王ヴィルヘルム1世が就くことになった。いわゆる「ドイツ第二帝政」の船出である。

なお、この第二帝政の成立からわずか10日後、パリ陥落とともに普仏戦争はプロイセンの勝利に終わり、アルザス＝ロレーヌ地方もプロイセンへと併合されることになったが、これが後々までフランス側に遺恨を残すことになった。フランスのこうした反ドイツ感情を利用して、ドイツのこれ以上の強大化を嫌うロシアがフランスと手を組み、ドイツを東西から挟撃することを恐れたビスマルクは、国際政治の場でフランスを孤立化させる外交政策を展開していく。すなわち、「ドイツは満ち足りた」をスローガンに掲げながら、ドイツのさらなる勢力拡大を警戒するロシア・オーストリアに接近して「三帝協定」(1873年)を結ぶ一方で、バルカン半島をめぐってロシアとオーストリアの対立が強まると、今度はイタリア・オーストリアと「三国同盟」(1882年)を締結するなど、フランスを徹底的に除外しながら急場しのぎの同盟関係を次々と構築していった。ロシアとオーストリアの対立が深まって三帝同盟が崩壊した後は、ロシアをつなぎとめておく必要から、ビスマルクはさらにロシアのバルカン半島進出

を容認した「独露再保障条約」(1887年) を締結した。これは、締結国が第三国との戦争に突入した際には中立を保つことを確約したもので、フランスとの再戦の際にロシアを遠ざけておくためのものであった。

いわゆる「ビスマルク体制」と呼ばれる、フランスを孤立化させるべく築かれたこれらの同盟関係は、関係諸国の多種多様な利害を組み合わせた微妙なバランスの上で成り立つものにすぎず、加盟諸国のうち一国でもそのバランスを崩す政策を採れば、すぐに瓦解しかねなかった。ところが、あろうことかその動きを最初に見せたのはドイツに他ならなかった。1890年にヴィルヘルム2世が親政を開始し、それと同時にビスマルクが退陣に追い込まれると、ドイツはそれまでの協調政策を放棄して、自国の利害を重視した植民地獲得事業へと舵を切ることになる (新航路政策)。こうしたドイツの方針転換に伴い、再び警戒心を強めたロシアがフランスへと接近し、三国同盟へのけん制として「露仏同盟」(1894年) を締結するにいたる。こうしてフランスはビスマルクによって作り出された孤立状態を脱し、今度はロシアとともに、さらにのちにはイギリスをも取り込んだ対独包囲網を形成していく (三国協商)。こうしてヨーロッパで三国同盟と三国協商との対立の気運が急速に高まっていたとき、サラエヴォでオーストリア皇太子が暗殺されるという事件が発生したのである。いわば同盟の連鎖反応で、この暗殺事件はすぐに全ヨーロッパを巻き込む第一次世界大戦へと行き着くことになった。

テーマ史1　プロスポーツチーム名でみるアメリカの歴史

1. アメリカにおけるプロスポーツチーム名と都市の関係

近年、衛星放送やケーブルテレビの普及によって、アメリカのプロスポーツを観戦できる機会が格段に増えている。とりわけわが国では、多くの日本人選手が進出していることもあって大リーグ野球 (MLB) が高い関心を呼んでおり、シーズン中はほぼ連日のように試合が放送され、彼らの活躍を十分に楽しむことができるようになった。野球はわが国のみならずアメリカでも古くから国民の娯楽として高い人気があるが、現在アメリカではこの野球を含め、アメリカンフットボール (NFL)、バスケットボール (NBA)、アイスホッケー (NHL) がいわゆる4大プロスポーツとして全国的な人気を博している。

ところで、これらのプロスポーツを観戦している際にふと目を止めてしまうのがそのチーム名である。数多くのプロスポーツチームが存在するアメリカではチーム名も多種多様で、その由来もさまざまである。なかでも興味深いのは、本拠地である都市や地域に因んだ、各地域の特色を示す名称がチーム名として命名されているチームがいくつも存在していることである。これは、各チームが地域に密着したチームであることを端的にアピールする手段としてアメリカではよく用いられている方法だが、まさにそうした事情から、われわれにとってはチーム名がその地域の特色を知る手がかりにもなっているのである。たとえば、MLB のシアトル・マリナーズ（Seattle Mariners）というチーム名は直訳すると「船員・水夫」（mariner）になるが、これはシアトルが太平洋岸の港湾都市で、なおかつ漁業や海運業が盛んであることに因んで、このような海事を

表11-1-1　本文で取り上げた以外で地域の特色をチーム名とした事例

	チーム名	プロリーグ	由　来
都市の産業に由来	ミルウォーキー・ブルーワーズ (Milwaukee Brewers)	MLB	ウィスコンシン州ミルウォーキーはビール製造業（brewing）が盛んな都市。
	ピッツバーグ・スティーラーズ (Pittsburgh Steelers)	NFL	ペンシルヴァニア州ピッツバーグがかつて鉄鋼業の盛んな都市であったことに由来。
都市の特色に由来	ボストン・セルティックス (Boston Celtics)	NBA	マサチューセッツ州ボストンはアイルランド系移民が多く居住していることに由来。
	ヒューストン・アストロズ (Houston Astros)	MLB	テキサス州ヒューストンにはNASAのジョンソン宇宙センターがある。そこから「宇宙飛行士」（astro[-naut]）をチーム名に。
	ミネソタ・ツインズ (Minnesota Twins)	MLB	本拠地のあるミネソタ州ミネアポリスは、ミシシッピ川対岸の都市セントポールとあわせて「双子都市」（Twin City）と呼ばれる。
	ニューオーリンズ・セインツ (New Orleans Saints)	NFL	ルイジアナ州ニューオーリンズは黒人霊歌「聖者が町にやってくる」（"When the Saints Go Marching In"）の発祥の地。
歴史に由来	ニューイングランド・ペイトリオッツ (New England Patriots)	NFL	「ペイトリオッツ」とはアメリカ独立戦争時に独立を支持した「愛国派」（Patoriots）をいう。とりわけ、ニューイングランド地方（現在のメイン、ニューハンプシャー、ヴァーモント、マサチューセッツ、ロードアイランド、コネティカットの6州をさす）にこの「愛国派」が多かったことに由来。

連想させる言葉がチーム名として命名されたものである。また、NFLのミネソタ・ヴァイキングズ（Minnesota Vikings）というチーム名は、「ヴァイキング」という言葉からスポーツチーム名にふさわしい勇猛果敢な印象を与えるが、命名の理由は実はそのことを第一の目的としたものではなく、このチームがあるミネソタ州には北欧からの移民が多く居住していることによる。

　他に例を挙げていくときりがないが、アメリカのプロスポーツではこのようにチーム名が住民の間で「わが町のチーム」という親近感や一体感を形成するのに一役買っている。ただ、こうした親近感や一体感を育むために用いられるのはなにも地理的な特色を表す言葉だけではなく、なかにはアメリカ史上の出来事に因んだ言葉を用いているチームもある。たとえば、NFLのサンフランシスコ・フォーティーナイナーズ（San Fransisco 49's）とMLBのテキサス・レンジャーズ（Texas Rangers）なるチーム名がそれにあたる。このふたつのチーム名は、前者が1848-49年のゴールドラッシュ、後者がアメリカ人のテキサス入植という、ともにアメリカ史上「領土拡張時代」と呼ばれる時代の出来事に因んで命名されたチーム名である。

2．San Fransisco 49's と Texas Rangers——領土拡張時代のアメリカ——

　個々の出来事に言及する前に、この領土拡張時代についてまとめておこう。
　領土拡張時代（あるいは膨張主義時代）とは、1840年代から1850年代にかけて文字通りアメリカがその領土を大幅に拡大した時代を指し、この頃に現在あるような大陸におけるアメリカの領土の原型が完成した。1783年のアメリカの建国時点で北米大陸にはアメリカのほかにイギリス、フランス、スペイン（1821年以降はメキシコ）の各国がそれぞれ領土を有していたのだが、これらをアメリカは割譲や購入などで徐々に獲得し、その領土を西に広げていった。とりわけ、1803年にフランスからルイジアナ地方を購入したことは、アメリカ人の前に「未開の辺境（フロンティア）」が圧倒的に広がったことを意味し、東部から多くの人々が開拓者として新たな成功の機会を求めて西方に向けて旅立っていった。このようなアメリカ人の西方への大量移住に呼応する形で、アメリカの領土はさらに拡大する。なかでも第11代大統領ポーク（在位1845-49年）の時代にはテキサス併合（1845年）、オレゴン獲得（1846年）、メキシコ領カリフォルニアの割譲（1848年）によってアメリカの領土は太平洋岸まで到達したのである。

　それでは個々の出来事についてみてみよう。まずはサンフランシスコ・

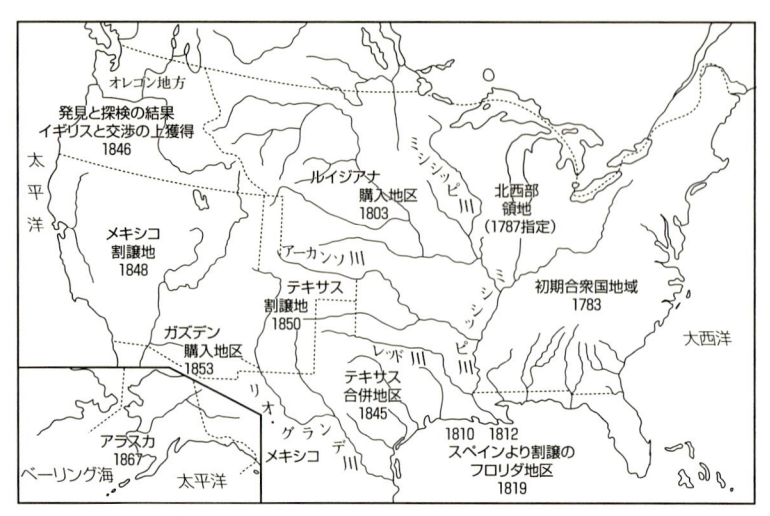

図11-1-1　合衆国の領土的発展（野村達朗編著『アメリカ合衆国の歴史』ミネルヴァ書房、1998年、51頁をもとに作成）。

フォーティーナイナーズというチーム名が命名される背景となった1848-49年のゴールドラッシュである。

　このゴールドラッシュの発端は1848年1月にサンフランシスコ東方のコロマなる場所で金が発見されたことである。この知らせを聞いて、アメリカのみならず全世界から一獲千金を夢見た人々がカリフォルニアに殺到した。とりわけ翌年の1849年にこうした人々が大挙してやってきたために、彼らは「一旗上げようとやってきた人々」という意味で「49年組」(Forty-Niner)と呼ばれた。フォーティーナイナーズというチーム名は、このゴールドラッシュによる「49年組」の到来に由来している。この「49年組」の到来でカリフォルニアの人口は急増し、早くも1850年には州に昇格した。このようにサンフランシスコ・フォーティーナイナーズは、ゴールドラッシュによるカリフォルニアの急速な発展を象徴的に表現したチーム名であるが、同チームに所属するチアリーダーのチーム名がその名もずばり「ゴールドラッシュ」ということからも、サンフランシスコがゴールドラッシュと密接な関係にあったことがうかがえる。

　次にアメリカ人のテキサス入植である。テキサスは先述のルイジアナ購入によって広がったフロンティアのひとつであったが、当時テキサスを領有していたスペインはアメリカ人がテキサスに進出してくることには消極的であった。

しかし1821年にメキシコがスペインから独立すると、メキシコは一転してアメリカ人のテキサス入植を奨励した。

メキシコの呼びかけに応じて、アメリカ人は続々とテキサスに入植するようになった。だが、この地にはアメリカ人が入植する以前からネイティヴ・アメリカンが居住しており、そのため土地などをめぐってアメリカ人入植者とネイティヴ・アメリカンとの間でたびたび衝突が起きた。そこで入植者はレンジャーズ (Rangers) という自警騎兵団を組織して、入植した土地をネイティヴ・アメリカンから守ろうとした。

レンジャーズはあくまでも私的なものであったが、1835年を機に公的な性格を帯びるようになる。この年、アメリカ人入植者は度重なるメキシコとの軋轢の末に、メキシコに対して挙兵して臨時政府を樹立したが、それにともなってレンジャーズはテキサス・レンジャーズとして臨時政府の警察機構の一翼を担うことになったのである。現在のMLBのテキサス・レンジャーズというチーム名は、まさにこの騎兵警察隊のテキサス・レンジャーズから命名された。

最後に、メキシコに叛旗を翻した臨時政府のその後の経過を簡単にたどっておこう。臨時政府は1836年3月に独立を宣言し、4月には叛乱鎮圧のために派遣されたメキシコ軍を潰滅させた。そして10月、この戦闘の勝利に大きく貢献したヒューストンが初代大統領に選ばれ、ここにテキサス共和国なる国家が誕生した。建国早々テキサス共和国は州として加入したい旨をアメリカに打診したが、当時アメリカ議会にはテキサス共和国の州加入に慎重な態度をとる者が多く、直ちにこれは実現しなかった。だが、1844年の大統領選挙で領土拡張を積極的に推進するポークが当選すると、当時大統領であったタイラーはテキサス併合決議案を議会上下院に提出し、1845年3月に同決議案が成立した。これをもって、テキサスはアメリカに正式に編入されることになった。ちなみにこの間、騎兵警察隊としてのテキサス・レンジャーズは本来の

図11-1-2 テキサス共和国国旗
テキサス共和国は1839年に、白と赤の横地、そして青の縦地に白の星を配した旗を同国の国旗と定めた。この国旗からテキサス共和国は「ひとつ星の共和国」(Lone Star Republic) とも呼ばれたが、この国旗のいずれの要素もアメリカ国旗を意識して採用されたもので、このことからもテキサス共和国はアメリカへの加入を志向していたことがわかる。なお、州となってからもこの旗は州旗として使われており、同州に本拠地を置くプロスポーツチームのなかにはこの州旗またはひとつ星をあしらったユニフォームを用いているチームもある。

活動のほかに臨時政府の軍事活動にも貢献した。そして現在もなお、テキサス・レンジャーズはテキサス州の警察組織の一部として存続している。

3．「明白な運命」——誰の、どのような運命が？——
　以上、サンフランシスコ・フォーティーナイナーズとテキサス・レンジャーズというチーム名を通してアメリカ史の領土拡張時代を垣間見てきたが、この時代のアメリカの気運を端的に表現したものとして「明白な運命」(Manifest Destiny) という言葉がある。その言わんとするところは、アメリカの発展のためにフロンティアが広がり、またそれを獲得することは神によって与えられた運命であるというもので、この言葉は当時から領土拡大を正当化するためにしばしば用いられてきた。そのため、この言葉とともに領土拡張時代を振り返ると、アメリカの領土拡張はごく自然にかつ必然的に進められていった印象を抱いてしまうが、言うまでもなく実際はそう単純に事は進まなかった。
　そのことはテキサス併合の際の手続きに端的にみてとれる。テキサス共和国は実質上アメリカ人による国家であったが、形式上アメリカとは別の独立国であったため、これをアメリカに編入する正式の手続きとしては上院の3分の2以上の承認をとりつけて併合条約を成立させる必要があった。しかし、当時の上院には併合に慎重な議員が少なからずいたために、併合に積極的な議員にとってはこの方式による併合は難しいように思われた。そこでとられた方策が、上下院のそれぞれの単純多数で併合決議案を通過させる共同決議方式である。タイラー大統領はこの方式を用いて決議案を通過させたが、この過程にみられるように、テキサス併合はアメリカが無理をした末に実現したものであり、決して「明白な運命」にもとづくものではなかった。
　さらに、この「明白な運命」をあらためて考えてみると、この言葉はあくまでも「アメリカ（人）」にとって「領土が拡大する」ことが明白であるということで、アメリカ人以外の人たちのことについてはまったく範疇の外にある。これまでふたつの事例で見てきたのは、それまでメキシコ領であったところがアメリカ領になったということであるが、これはメキシコの立場に立てば領土を失ったことにほかならない。また、アメリカ大陸にはヨーロッパ人がやってくる以前からネイティヴ・アメリカンが居住していたが、彼らもまたこの「明白な運命」という言葉から完全に抜け落ちた存在である。アメリカにおけるネイティヴ・アメリカンの問題はアメリカ史の重要なテーマのひとつであるが、

総じてアメリカ人によるフロンティアの開拓はネイティヴ・アメリカンをさらなる辺境に追いやる形で行われた。これはカリフォルニアの進出やテキサス入植についても言えることである。とりわけ上で言及したレンジャーズはそもそも自警のためにつくられたものだが、一方で彼らがネイティヴ・アメリカンたちを襲うこともしばしばあった。だが、そうした事実はなかなか歴史として表には現れてこない。

このように、アメリカのプロスポーツチーム名という些細なところからでも、場合によってはアメリカの歴史を垣間見ることができる。しかし、そうして知りえた歴史をそのままにしておくのではなく、時にはその中に踏み込んで、また時には異なる立場、さらにはその歴史にさえ忘れ去られた者の立場の視点で見ることも必要である。そうすることで、歴史は広がりと奥行きをよりいっそう増して私たちの前に現れるであろう。

テーマ史2　衛生意識の展開と変容
——消臭・殺菌・民族浄化——

1. 悪臭の都

21世紀に生きる私たちは、ちょっとした口臭や体臭にもきわめて不寛容になっている。身体から臭いを消し去るための商品は身の回りに溢れているし、公共の場でもたとえば人間の排泄物などを含む汚水は地下を通って下水処理場に運ばれ、その悪臭が都市空間に漏れ出ることもない。それだけに現代人は悪臭に対する免疫が皆無に等しいといってよく、生理的に生じるほんのわずかな臭いにさえ思わず眉をひそめてしまう。

だがじつは、こうした嗅覚の敏感さは歴史的に見ればそれほど古いものではない。よく知られていることだが、近代以前のヨーロッパでは民衆ばかりか貴族ですら、その華麗なイメージとは裏腹に、悪臭に対してほとんど無頓着だったといわれる。たとえばフランスのヴェルサイユでは、宮殿内に堂々と汚水溜めが置かれ、中庭や廊下には人間の排泄物がまき散らされ、家畜も大回廊で糞を垂れ流していたために、不慣れな外国人には吐き気を催すほどの異臭が王の居間にまで漂っていたという。だとすれば、漫画『ベルサイユのばら』の舞台、オスカルがアンドレを従えて闊歩していたその場所も、実際のところは糞尿ま

図11-2-1　下水溝の氾濫時には通行人を背負って街路を往来する「渡し屋」が登場した (アラン・コルバン『においの歴史』藤原書店、1990年)。

みれの悪臭空間にほかならなかったわけだ。

王の宮殿すらこのような有様だったのだから、一般民衆の居住地域は今日の目から見れば惨憺たるものである。市内の大通りの並木は立小便や野糞によって、また河川は住民による汚物の廃棄で絶えず悪臭を放っていたし、街路はゴミや動物の死骸、糞尿で覆い尽くされ、大雨の際には路傍の下水溝が強烈な臭いを発しながら氾濫していた（図11-2-1）。特に河川に汚物を廃棄するという行為は古くから民衆文化に深く根づいた慣習であり、のちに衛生学者が河川の悪臭を危険視した際にも、彼ら自身その行為を根絶することにためらいを覚えていたほどである。実際、1875年の時点でもなお、ドイツの衛生学者の間では、次のように河川への汚物廃棄を禁止することに二の足を踏む声が上がっていた。「河川や湖を汚物処理に利用するのは理に適ったことだ。……住民のこの慣習を完全に廃止しようとすれば――そもそもそれが無理だというのは措くとしても――非常に骨が折れるばかりか費用も高くつくだろうし、具合の悪い状況だって生じることもあるだろう。へたをすれば、私たちの生活スタイル全般がひっくり返されることにもなりかねない」と。

2．瘴気から細菌へ

　フランスの歴史家アラン・コルバンは、『においの歴史』（邦訳1990年）のなかでこうした悪臭に対するヨーロッパ社会の感受性の変化を追跡し、衛生観念の広がりとともに人間の嗅覚が敏感になっていくプロセスを見事に再構成している。それによれば、18世紀末以降に悪臭が人間の健康をむしばむ病の源泉として認識されるようになり、それに伴い強烈な臭いに嫌悪を催す新しい感性が、人々の間で芽生えてくることになったという。いまや悪臭は疾病と直結させられ、公共の空間から徹底的に除去されるべき「敵」となった。19世紀にヨーロッ

パ諸都市で衛生対策が推進されるなかで、街路や地下には上下水道網が張りめぐらされ、排泄の場所も個室トイレという密閉された空間に押し込められていく。これらの衛生政策の根幹にあったのは、汚染された空気が命に関わる疾病を引き起こすといういわゆる「瘴気」説であり、その瘴気を探知できる唯一の感覚としてこの時代に脚光を浴びたのが、悪臭を嗅ぎ分ける嗅覚であった。

それゆえ今日のような悪臭への嫌悪感は、おそらくこの衛生観念が芽生えるなかで生じた、瘴気に対する恐怖心と嗅覚との結合に由来すると思われる。だが、こうして人間の五感のなかで一躍中心に躍り出た嗅覚も、パストゥールやコッホに代表される近代細菌学の登場によって、19世紀末頃にはふたたびその特権的な地位を失ってしまう。これ以後、病気をもたらす諸悪の根源は、細菌という人間の身体器官では知覚できない存在とされ、それに伴い悪臭への嫌悪感も死の病に対する恐怖から解き放たれることになる。いいかえれば悪臭は、病原のありかを間接的に示唆することはあるものの、もはやそれ自体で病原そのものとは見なされなくなり、臭いに対する嫌悪という感性だけが、はっきりした根拠を欠いたまま、今日にいたるまで存続しているのである。

ただし医学理論のレベルでは、細菌は周囲の環境がどうあれ単独で病気を発症させることができるという、環境要因を考慮しないコッホのような考え方は、なかなか受け入れられなかった。特に瘴気説にもとづく衛生政策で一定の成果を上げてきた衛生学者たちの間では、コッホの細菌説に容易に鞍替えできない者も多かった。その代表格が——日本では森鴎外の留学時代の師として知る人ぞ知る——マックス・フォン・ペッテンコーファーというドイツの衛生学者で、細菌それ自体は有害ではないという信念から、みずからコレラ菌を飲み干すという「自飲実験」まで行っている。その結果は、下痢の症状は現れたもののコレラに特徴的な脱水症状の併発は見られず、ペッテンコーファー自身はこれで細菌＝病原体説の誤謬が実証されたと断定している。

3．「見えざる敵」の恐怖

とはいえ病気を誘発する微生物という考えは、伝染病の脅威を特定の存在に還元する、その分かりやすい構図のためか、大衆レベルではまたたく間に受容されていった。その際に特徴的なのは、大半の衛生学者にとって細菌とはあくまで伝染病発生のひとつの条件にすぎなかったのに対し、一般の理解では細菌と伝染病とが完全に同一視されていたということだ。つまり、単純化＝通俗化

L'invincible Toréador,
el Señor Choléra, faisant son entrée
à la Gran Plaza de Toros.

Le choléra.
Le Courrier Français, juillet 1890.

図11-2-2　死神の姿で描かれたコレラ菌（1890年）(Philipp Sarasin et al.(Hg.), *Bakteriologie und Moderne*, Suhrkamp, 2007, S.349).

された図式では、細菌はそれ自体で人類に死をもたらす「死神」を意味するものとなり（図11-2-2）、それに対する恐怖から、当時の人々は強迫観念的に細菌の隔離・根絶へと駆り立てられていったのである。

　しかも、この細菌は先にも触れたように人間の身体器官では知覚不可能な存在である。それだけに、かつてのような悪臭の漂う場所に危険が潜むという空間的・感覚的な限定性は取り払われ、その脅威が生活空間の隅々にまで浸透していくことになる。このような「不可視かつ無味無臭」の脅威が遍在するという、近代細菌学によって形づくられた不安感情は、20世紀以降の社会では非常になじみ深いものとなるだろう。ある時はダイオキシンやアスベスト、またある時は放射性物質など、その対象を次々と変えながらも、「見えざる敵」に投影されるこのパターン化された感情そのものは、今日なお人々の想像世界を大きく規定し続けている。

　だがその一方で、この不安感情は19世紀に広く流布したいわゆる「社会有機体」説（社会をひとつのまとまった有機体と見なし、個々人をその有機体を構成する細胞として捉える考え方）とすぐさま結びつき、ある特有のかたちに変容することにもなった。ここでは、個人というより「民族の身体」の健康を脅かす存在こそが主要な恐怖の対象となり、その裏返しとしてこの存在の害悪を社会から駆除しようとする欲望が芽生えていく。実際、この時期の政治的議論には突如として細菌学のメタファー、つまり政治的・社会的な敵対者と見なされた存在を「細菌」や「寄生虫」にたとえるレトリックが、政治的言説のなかで充満し始めるのである。たとえば、ドイツの聖書学者ポール・ド・ラガルドという熱烈な反ユダヤ主義者は、ユダヤ人と病原体を同一視しながらこう書き綴っている。「寄生虫や細菌とは交渉できないし、また寄生虫や細菌を教育することもできない、ゆえに彼らはできるだけ速やかに根絶しなければならない」と。

　こうした細菌のメタファーに表現されている、民族の体内に棲みつく異物へ

の恐怖とその根絶の欲望は、ある意味で20世紀の歴史を大きく方向づけた心象風景にほかならない。図11-2-3はナチス党の週刊新聞『シュテュルマー』に掲載されたイラスト（1943年4月）だが、これがまさしく上に述べた情景を図示したものであることは一目瞭然だろう。実際、「病原体」と題されたこのイラストでは、顕微鏡——これはもちろん細菌という見えざる敵を可視化する装置である——で映し出された微小空間に、国際共産主義（ソ連）の象徴である鎌と槌や、ユダヤ人を意味するダビデの星などが描かれ（いずれもナチス・イデオロギーにとって不倶戴天の敵である）、その下に次のような文章も添えられている。「その毒でユダヤ人は／弱小民族のよどんだ血液を腐敗させる／そうして疾患を発症させ／またたく間に悪化させるのだ／だが我々はこう診断されるだろう／我々は純血であり、健康であると！」

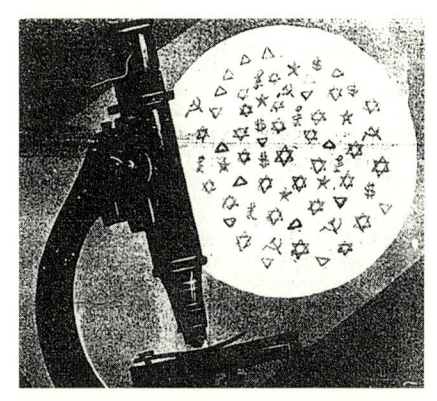

図11-2-3　病原体としての「民族の敵」
(Philipp Sarasin et al.(Hg.), *Bakteriologie und Moderne*, Suhrkamp, 2007, S.352).

　このような医学的メタファーから見て取れるように、生活空間に混在する異物（異民族・異人種）への恐怖や、その根絶へと突き動かされる心的衝動は、近代特有の衛生観念のなかにひとつの大きな力の源泉を持っている。その意味で、ナチスのユダヤ人絶滅政策をはじめ、20世紀に繰り返された「民族浄化」の悲劇には、近代ヨーロッパで芽生えた潔癖症的な不安感情が多かれ少なかれ作用していたといえる。

第12章

現代：党が国家を支配する

人物と時代　ヒトラーとスターリン

1．ヒトラーとナチ党

　20世紀のヨーロッパ史を語るうえで、ドイツに出現したナチ党（ナチス）は避けては通れないトピックであろう。ナチ党の歴史は、1919年にミュンヘンでドイツ労働者党という政治団体が結成されたことに始まる。当時のドイツでは前年に起きた革命でドイツ帝国が崩壊した状況を反映して、各地で共産党をはじめとする左翼が勢力を伸長させていた一方で、反ユダヤ主義や反革命などを掲げる右翼勢力も台頭しており、ドイツ労働者党もそうした地方の右翼団体のひとつにすぎなかった。だが同年秋にアドルフ・ヒトラーが加入したことで、この小さな右翼団体は大きな変貌をとげることになる。

　ヒトラーは1889年にオーストリアの国境の町ブラウナウに生まれた。彼は青年期に画家を志してウィーンに上京したが、その夢は叶えられず放浪生活を送っていた。その後ミュンヘンに移住したヒトラーは第一次世界大戦の開戦の報を聞くとオーストリア軍ではなくドイツ帝国軍に志願し、バイエルン王国軍の伝令兵として西部戦線の戦闘に参加した。大戦がドイツの敗北に終わった後もヒトラーは情報員として軍に籍を残しており、軍の命令でドイツ労働者党の調査を命じられたことが同党に加わるきっかけとなった。

　ヒトラーは弁舌の才で党内で頭角を現し、1921年には国民社会主義ドイツ労働者党（略称がナチ党）と改称した党の指導者に選出された。しかし、この頃のナチ党は党といっても選挙には参加せず、直接行動で事態を変革しようとする擬似軍事団体の性格が強く、1923年にヒトラーは保守派のクーデタを先導すべ

くミュンヘンで武装蜂起をおこした。これは前年のイタリアでムッソリーニが行ったローマ進軍に倣ったものであったが、蜂起は失敗し、ヒトラーは逮捕、収監された。ヒトラーの主著である『わが闘争』はこの時の獄中で口述筆記されたものである。

　1924年に釈放されたヒトラーはナチ党の再建に着手し、直接行動ではなく大衆宣伝を通じて選挙で党勢を拡大し、合法的権力獲得を目指す路線に変更した。この方針転換はすぐには成果をみず、1928年の総選挙では12議席しか獲得できなかったが、1930年の総選挙では107議席を獲得するという大躍進をとげた。ナチ党が急速に支持を獲得した理由を一言で言うのは難しい。ただ、1929年の世界恐慌による危機的な経済状況、そして議会政治の行き詰まりに閉塞感を感じていた有権者が、可能性が未知数の政党としてナチ党に期待を寄せたことは大いに考えられる。こうして勢力を拡大したナチ党は1932年の総選挙で第１党となり、その結果1933年にヒトラーを首相とする内閣が成立した。

2．ナチ党ドイツの成立と崩壊

　ヒトラー内閣が成立したといっても、内閣に加わったナチ党員はヒトラーを含めて３名にすぎず、その他の閣僚は保守派が多くを占めていた。実際、保守派はこの内閣はナチ党を取りこんで「飼い慣らし」、副首相が実権を握るものだと考えていた。しかし、ヒトラーは国会議事堂放火事件を口実に共産党や社会民主党を弾圧する一方で、立法権を政府に移譲させる全権委任法を３月に制定して他の政党を解散に追いこむと、７月には新党設立禁止法を発してわずか半年でナチ党の一党独裁体制を築いた。さらに翌年にヒンデンブルク大統領が死去すると、ヒトラーは大統領の権限もあわせた「総統兼首相」に就任し、完全に権力を掌握した。

　ヒトラー政権の焦眉の課題は、世界恐慌で落ち込んだ景気の上昇と失業者対策であった。ヒトラーはアウトバーン建設などの公共事業を大規模に展開して労働雇用を創出し、1933年には600万人いた失業者を４年後には完全に雇用することに成功した。また「歓喜力行団」などの組織を通じて労働者に娯楽や余暇を提供して、彼らを体制支持に向けようとした。とはいえ、すべての国民がこれらの政策の恩恵に与ることはできなかった。排除の第一の対象となったのはユダヤ人で、ヒトラーは1935年にニュルンベルク法を制定してユダヤ人の公民権を奪った。国内のユダヤ人への迫害は1938年の「水晶の夜」事件でいっそ

図12-0-1　独ソ不可侵条約をヒトラー（左）とスターリン（右）の結婚になぞらえた漫画。1939年9月のアメリカの新聞に掲載。「ハネムーンはいつまで続くか」という言葉にあるように、条約締結から1カ月も経ないうちにこの条約が不安定なものと思われていたことがうかがえる。

う激しくなった。こうしてナチ党が掲げるドイツ民族共同体が形成されていったが、共同体から排除された人々のなかにはユダヤ人のみならずロマ（ジプシー）や心身障碍者も含まれていた。

　ドイツ民族共同体の形成は対外政策にも反映された。1935年にザール地方が国民投票でドイツに編入されると、ヒトラーは大ドイツ主義にもとづくドイツ統合を図り、1938年にはオーストリアを併合し、1939年にはチェコスロヴァキアの西半分を保護国、保護領にした。これらの行動は英仏などのドイツへの警戒をいっそう高めたが、ドイツは前年のミュンヘン会談で英仏に不信を抱いたソ連に接近して1939年8月に独ソ不可侵条約を結んだ。これで東方の安全圏が確保されたと考えたヒトラーは、ポーランド回廊の領土要求を実力で行使するために9月にポーランドに侵攻し、第二次世界大戦が始まった。ヒトラーはひと月たらずで占領したポーランドでもユダヤ人迫害を行い、アウシュヴィッツをはじめとする強制収容所にユダヤ人を大量に連行して殺害した。大戦は当初ドイツ軍が優勢で、1940年にはフランスを降伏させて北部を占領し、フランス南部に親ドイツのヴィシー政権を樹立させた。その後ヒトラーは攻撃の矛先を東方に向けたが、1943年のスターリングラードの戦いでの敗北を境にドイツ軍は劣勢となり、1944年の連合国軍によるノルマンディー上陸、パリ解放で敗勢は色濃くなった。そして1945年4月末、ソ連軍がベルリンを包囲するなかでヒトラーは地下壕で自殺し、ナチ党の支配は崩壊した。敗戦後のドイツは資本主義国のドイツ連邦共和国（西ドイツ）、共産主義国のドイツ民主共和国（東ドイツ）に分裂し、両国が統一されるのは冷戦が終焉に向かう1990年であった。

3．ソ連とスターリンの台頭

　ナチ党とならんで、20世紀のヨーロッパ史を語るうえで無視できないのはソ連（ソヴィエト社会主義共和国連邦）である。第一次世界大戦中の1917年に十月革命で世界初の社会主義政権を樹立したソヴィエト政権は、共産党一党独裁のもと内戦と諸外国による干渉戦を辛くも乗り切り、他方で経済面では戦時共産主義そして新経済政策（ネップ）を採用して大戦中から続いていた食糧問題の危機的状態をひとまず脱した。またこの間の1922年末にはロシア連邦、ウクライナ、ベラルーシ、ザカフカース連邦の四つの共和国が連合してソ連を結成した。

　こうしてソ連がようやく安定する兆しをみせ始めた1924年初頭に、ソ連の指導者であるレーニンが亡くなった。レーニンの死去は後継者争いを引き起こし、この争いのなかでスターリンが急速に台頭することになった。

　1878年にロシア帝国領のグルジアの都市ゴリで生まれたスターリンはグルジア人で、本名をジュガシヴィリという。神学校在学中にマルクス主義に傾倒したスターリンは神学校を中退し、共産党の前身であるロシア社会民主労働党の組織に加わって革命活動に従事した。この活動のなかでスターリンはレーニンの知遇と信任を得、レーニンが率いるロシア社会民主労働党ボリシェヴィキでは主に民族問題の専門家としてその名が知られていた。そしてソヴィエト政権が成立すると人民委員会議の民族問題人民委員に就き、党内でも中央委員会政治局の一員であった（1918年にロシア社会民主労働党ボリシェヴィキは共産党に改称）。このようにスターリンは政府と党の要職に就いていたが、党内では当初から抜きん出た存在ではなかった。しかも、レーニンが死去する前にはグルジア問題などをめぐってレーニンと鋭い緊張関係にあった。そのスターリンが急速に台頭した背景には、1922年に中央委員会書記局の書記長に就いたことがあった。書記長は党のすべての役職を任免できる権限があり、スターリンはこの権限を利用して党組織に多大な権力を及ぼしていたのである。

　この権力基盤をもとに、スターリンはレーニンの死後、党の主導権をめぐって他の古参党員たちと党内闘争を繰り広げていく。なかでもトロツキーとの闘争は有名であるが、この闘争中の1925年にスターリンが提唱した一国社会主義論は、十月革命以降掲げられていた世界革命の気運が退潮した当時の状況において、とりわけ新たに加入した党員たちに現実味のある指導方針として受け止められた。こうして度重なる党内闘争で優位に立ったスターリンは古参党員たちを次々に失脚、追放させ、1927年末にはほぼ完全な党の支配権を確立した。

4．「上からの革命」

　スターリンが党の支配権を確立したのと前後して、農村から穀物を調達できないという事態が判明した。この事態は瞬く間に深刻化し、1928年には穀物調達危機に陥った。スターリンは行政的圧力をかけて農村に穀物を供出させる「非常措置」をとってこの状況を打開しようとしたが、農民の抵抗に遭って穀物調達は思うように進まなかった。そこでスターリンが穀物調達の安定を図るために1929年に採用した政策が、農業の集団化であった。集団化は、表向きは農村共同体の自主性にもとづいて行われたが実際は共産党による強制で行われ、農村共同体に代わって集団農場のコルホーズ、国営農場のソフホーズがつくられた。また集団化に従わない者は階級の敵として烙印が押され、大規模な人数の農民が農村から追放された。

　集団化と並行してスターリンは工業の生産力を高めるために、五カ年計画と呼ばれる計画経済政策に着手した。1928年に始まった第一次五カ年計画は重工業部門でかなりの成長がみられ、1933年には生産手段の生産の目標を達成した。この第一次五カ年計画でみせた経済力の成長は、世界恐慌の影響下にあった欧米諸国からは目ざましい成果を上げたものと受け止められ、これ以後他の国々も計画経済を経済発展のモデルとして採用するようになる。

　1920年代末から始まる以上のようなスターリンの政策は、それまでのソ連の社会構造を根本的に変革したという意味で「上からの革命」と呼ばれる。しかし、この「上からの革命」はソ連国民に多大な負担と犠牲を強いるものであった。とりわけ1932年から1933年にかけては、農業集団化が全面的に進められたことと第一次五カ年計画の最終年であることがあいまって、負担と犠牲は農民に集約的に降りかかった。さらにこの時期に飢饉が生じたことも重なって大規模な餓死者を出し、とりわけウクライナでは500万人もの農民が餓死したといわれている。

　「上からの革命」を通じてソ連の新たな体制を確立したスターリンにとって、ヒトラー政権の登場は安全保障面での深刻な脅威となった。だが同時に、日本の関東軍が満洲に進出して極東地域の安全を脅かしていたことから、スターリンは二正面で戦線を展開することは避け、1939年8月にはドイツと不可侵条約を結んだ。翌9月、ドイツ軍はポーランドに侵攻したが、スターリンはドイツとの戦争は避けられないにしてもその時期はまだ先であると考えていた。しかし、1941年にドイツ軍はポーランドを超えてソ連に侵攻した。ソ連軍は上述の

スターリンの考えから対応が遅れて当初は敗勢に陥ったが、スターリングラードの戦いでドイツ軍を破ると、以後は攻勢に転じて最終的にはベルリンまで侵攻するにいたった。こうして独ソ戦はソ連の勝利に終わり、ソ連は第二次世界大戦の戦勝国として戦後の国際政治で大きな発言権を持つようになった。くわえてソ連が戦後の東欧の諸国家に（親）共産党政権を誕生させたことは、東西冷戦の構図をつくり出した。スターリンは1953年に死去するが、彼が築いたソ連の体制はいくつかの修正を経ながらも1991年のソ連崩壊まで続くことになる。

テーマ史1　ホロコースト否定論
―― よみがえるヒトラーの影 ――

1．ホロコーストとは

「ホロコースト」(the Holocaust) とは現在、ナチスによるマイノリティ集団の迫害、とくに第二次世界大戦中に行われた「ユダヤ人絶滅政策」を意味している。元々「丸焼きにすること」という意味のラテン語 holocaustum に由来するもので、ユダヤ教徒の間では神への捧げ物を示す言葉として用いられていた。1978年にアメリカで放映されたテレビ映画『ホロコースト』のメガヒット以降、この語がナチスによるユダヤ人絶滅政策を指す語として一般に定着したが、この他にも最大規模の収容所があった地名から、絶滅政策は象徴的に「アウシュヴィッツ」(Auschwitz) と呼ばれたり、また最近では「破壊」を意味するヘブライ語から「ショアー」(Shoah) とも呼ばれたりしている。

このホロコーストの起源はもちろん、ヨーロッパで長い伝統を持つ反ユダヤ主義にある。宗教や社会・経済的立場の相違、あるいは「人種」など、それを支える根拠は時代や地域に応じて異なるものの、とりわけカトリックでは伝統的にユダヤ教徒を「神殺し」と説教してきたこともあって、歴史を通じて反ユダヤの意識そのものは、キリスト教社会で生きる民衆の深層心理のなかに、深く根を下ろしてきた。

19世紀末にも、一方ではロシア各地で「ポグロム」という民衆レベルのユダヤ人虐殺が頻発し、他方では西欧でも、「ドレフュス事件」(1894年) で典型的に見られるように、既に公共の場ですら反ユダヤ主義の嵐が吹き荒れていた。

そのなかで、同時期のドイツでは例外的にこの伝統が顕在化しておらず、ロシアでのポグロムを逃れてきたユダヤ人たちには、そこはいわば反ユダヤ主義の大海に浮かぶ、憩いの孤島と映っていたに違いない。だが、潜在的にはこのドイツでもやはり反ユダヤ的な意識は根強く残っており、それはやがてナチズムの時代に、国家主導の絶滅政策という恐るべき形で表面化することになる。

ホロコーストという現象が、歴史上の他のユダヤ人迫害と異なるのは、まさにこの「国家による組織的かつ効率的な大量殺戮」という点だ。民衆の無計画な虐殺とは違い、そこでは国家システムによって一民族を文字通り根絶するために、いかに効率よく大量の人間を運び殺害するかに重きが置かれ、まるで工場での流れ作業から次々と商品が製造されていくように、絶滅収容所では膨大な数のユダヤ人の「死」が製造されていった。この人間の尊厳すら完全に葬り去った空前の政策は、戦時中おもに東欧地域で実行され、ドイツ本国ではひた隠しにされていたが、大戦におけるドイツの敗北によってその実態が暴露され、やがて世界中に大きな衝撃と恐怖をもたらすことになる。

総計600万人とも言われるユダヤ人、そのうちアウシュヴィッツ収容所では約100万人が殺害されたナチスの絶滅政策は、戦後ドイツの政治にも決定的な刻印を残すことになった。ナチズムからの負の遺産を引き継いだ西ドイツ(ドイツ連邦共和国)は、①ナチ犯罪の被害者に対する補償、②ナチ犯罪者に対する司法訴追、③ネオナチの規制、④現代史重視の歴史教育など、多方面にわたる過去の清算に取り組み、この積極的な「過去の克服」を通じて、西欧のみならずポーランドを始め東欧諸国の信頼も醸成させてきた。戦後ドイツが支払った補償金の総額は、20世紀が終わるまでに1059億マルク(約6兆円)にも達すると言われるように、大戦後から今日まで、戦後のドイツ政治の歩みのなかには常にナチ

図12-1-1　アウシュヴィッツ収容所の入口
上に「ARBEIT MACHT FREI(労働は自由をもたらす)」の標語が掲げられている(国立オシフィエンチム博物館、グリーンピース出版会編(青木進々訳)『アウシュビッツ収容所―写真ドキュメント』グリーンピース出版会、1987年、46頁)。

ズム、とりわけホロコーストの記憶が、一本の太い縦糸として貫通してきたと言ってよい。

2．ホロコーストは作り話？

　ところで、このホロコーストに関連して、かつて日本の言論界を一時沸騰させた珍事件があった。1995年初頭に、「戦後世界史最大のタブー。ナチ『ガス室』はなかった」と題する記事が雑誌『マルコポーロ』に掲載されてまもなく、発行元の文藝春秋社がイスラエル大使館やアメリカのユダヤ人団体から激しい抗議を受け、編集長の解任と雑誌の廃刊、さらには社長の交代にまで追い込まれた事件である。抗議の理由は明白で、「『ホロコースト』は作り話だった」と主張するこの記事が、イスラエルおよびユダヤ人団体に、ユダヤ人の悲劇を冒瀆するものと受け止められたからだ。ちょうど終戦50周年ということもあって、この事件は日本国内ですぐに大きな波紋を呼び起こし、「言論の自由」や「マスコミ報道のあり方」などをめぐって、その後しばらく物議をかもし続けることになる。

　いつしか「マルコポーロ事件」と呼ばれるようになったこの出来事は、早くから欧米で流布していた「ホロコースト否定論」の波が、ついに日本にも上陸したことを意味していた。この種の否定論は、既に第二次世界大戦直後から現れていたものだが、70年代を境にメディアを通じて徐々に一般の人々の知るところとなり、今日ではアメリカの「歴史評論研究所」(Institute for Historical Review)を中心として、国際的なネットワークが形成されるまでに至っている。その彼らに共通のバイブルとして、1988年にアメリカの処刑設備製造業者フレッド・A・ロイヒターが執筆した、いわゆる『ロイヒター・レポート』と呼ばれる論文があるので、ここではまずこの論文の内容を紹介することで、彼ら否定論者の「論拠」なるものを、ごく大まかに見ていくことにしよう。

　先に、『ロイヒター・レポート』が否定しようとした事実を確認しておこう。ナチスはアウシュヴィッツを始めとして、いくつかの絶滅収容所に「ガス室」を設け、そこで「ツィクロンB」という青酸ガスを用いてユダヤ人の大量殺戮を実行していた。この「定説」側の主張に対してロイヒターは、①彼が調査したアウシュヴィッツの建物からは、ほとんど青酸反応が検出されなかったこと、②現在残されているアウシュヴィッツの建物は、毒ガスによる大量殺戮には非効率的で不適当であること、の二点から、「ガス室」は存在しなかった

と結論づける。もちろん、以下に示すように、こうした主張は到底容認できるような代物ではない。

　まず、②について。ロイヒターが調査したガス室の広さは78.41㎡であり、人ひとりが立つのに要する面積を0.836㎡と仮定して、一度に94人を収容できると計算する。またロイヒターによれば、ここにはツィクロンBを気化させるための暖房装置がなく、しかもガスの排気装置も整ってないため、一度使用されると一週間は使用不可能になると言う。要するに、彼が調査したガス室では一週間で殺害できる人数は94人となり、その使用日数からはじき出された殺害の総数は約11万人、つまり「定説」の10分の1にすぎない。

　この論点は、ガス室に人が押し込まれた場合人ひとりに要する面積は0.125㎡にすぎず、ロイヒターが調べた建物でも理論的には618人、最大で791人が収容可能であること、またロイヒターが存在しないと言うガスの排気装置などは、現在残されている建物が不正確な復元であるため設置されていないが、当時の設計図を見れば容易にその存在が確認できること（暖房装置に関しては、ツィクロンBの沸点が25.65度であるため、人体を密集させれば特別な装置は必要ない）などの理由から、たやすく崩壊する。

　次に、①について。ロイヒターはアウシュヴィッツの元「ガス室」から31の標本を採取し、他方同じく青酸ガスが用いられていたアウシュヴィッツ内のしらみ駆除装置から「統制標本」を採って比較検討の基準とした。検査の結果ガス室から採取した標本は最も大きなものでも、「統制標本」の100分の1の反応しか示さなかったが、ロイヒターによれば、ガス室が本当に使用されていれば、そこから採取された標本は「統制標本」より大きな数値を示すはずだと言う。

　この点に関してまず確認しておかなければならないのは、当時のツィクロンBの使用マニュアルによると、鼠を殺すには人間の殺害に必要なものより3倍の量が、ゴキブリを殺すには鼠より20倍の量が必要だったことだ。さらに当時は死体搬送作業のために、毒ガスによる殺害後、ガス室は完全な換気を常に必要としていたし、戦後もその残骸は常時30cmから1mの水に浸かったままだったため、数十年の歳月を経るうちに大半の青酸化合物が消失したことも十分考えられる。むしろ普通の場所から検出されるはずのない青酸反応が、少量とはいえ確認されたという事実の方が問題だろう。上の事情を考慮すれば、わずかな青酸反応は逆に「ガス室」の存在を立証しているとも言えるのである。

3．否定論の世界観

　このように、否定論者の主張は容易にその誤りを指摘できる類のものばかりだが、本当の問題は、それにもかかわらずこの種の議論が後を絶たないということだ。なぜか。その背後にはもちろん、大衆メディアが好むような、単なるセンセーショナリズム以上のものがある。

　たしかに否定論は人によって様々な形で主張され、さらには同一人物でも時と場合に応じて論点が多様に変化しうる。だが、フランス人歴史家ピエール・ヴィダル゠ナケによれば、それでもやはり彼らの議論のなかには、常に一定したいくつかの要素が見受けられると言う。ヴィダル゠ナケ自身の整理によれば、否定論者の主張に共通する原理として、次の諸点が挙げられる。

　① ホロコーストの象徴である「ガス室」は存在しなかった、② ナチスの言う「ユダヤ人問題の最終解決」とは絶滅ではなく、単なるユダヤ人の追放を意味していた、③ ナチスの手になるユダヤ人犠牲者の数は、通常言われているよりもずっと少ない、④ 第二次世界大戦の責任はヒトラーにではなく、ソ連のスターリンにある、⑤ 1930-40年代における人類共通の敵は、ナチス・ドイツではなくスターリンのソ連であった、⑥「ホロコースト」とは連合軍やユダヤ人のプロパガンダによるでっち上げにすぎない。

　こうして否定論の諸原理を総括してみると、そこには少なくともふたつのイデオロギーが見出せる。ホロコーストの罪をユダヤ人へと転嫁させる「ユダヤ陰謀説」、被害妄想的な反ユダヤ主義と、旧ソ連を人類共通の敵と見なす反共産主義である。否定論の特徴のひとつは、このふたつのイデオロギーが互いに入り乱れている点にあるのだが、実はこのように反ユダヤ主義と反共産主義とを混在させるのは、ナチス・イデオロギーにも顕著な特性であった。アドルフ・ヒトラーの著書『わが闘争』（1925-26年）をひもとけば、「ボルシェヴィキ」（ソ連共産主義者）と「ユダヤ人」とが互いにほとんど区別されないまま、共に悪の権化として一まとめに非難されていることは、すぐに気づかされるはずだ。否定論の背後には、このようにかつてヒトラーが抱いていたものと不気味な一致を示す、ある歪んだ世界観が垣間見えるのである。

　ではなぜすべての否定論に、それぞれ濃淡の差があるとはいえ、共通してこのようなイデオロギーが見られるのか。その答えは明白だろう。ホロコーストを否定すれば、「定説」の由来が必ず問題になるが、その説明は必然的に旧ソ連やユダヤ人の「陰謀」という想定に行き着かざるをえないからだ。

「マルコポーロ事件」で日本を騒がせた問題の記事の作者も、この否定論の特徴を見事に再現している。その主張によれば、「『ガス室』はポーランドの共産主義政権か、あるいは戦後この国を支配し続けたソ連が何らかの政治的理由から捏造したとしか考えようがない」と言う。なぜなら、「『絶滅収容所』はポーランドという、ソ連の支配下にあって西側の人間が自由に調査できない国にのみあった」からだ。また「シオニスト・ロビー」（イスラエルを支持するユダヤ人）が、「新聞や雑誌、テレビ、映画、それに出版界などにとても強い影響力を持っている」ことも、「歴然とした欧米の社会的現実」である。なぜなら、「『ガス室』が映画やテレビドラマで繰り返し人々の脳裏に刻み込まれてきた」からで、また彼らシオニストにとっては、こうした「『ガス室』神話はイスラエルの拡張政策に対する国際世論の支持を得るのに、非常に役立つ『歴史』だった」からだ。

このように、日本の否定論者もホロコーストの存在を抹消するために、旧ソ連やユダヤ人による「陰謀」の存在に頼らざるをえない。そもそもシオニストがホロコーストをイスラエルの正当化に利用したことは、本来ホロコーストそのものとは切り離して考えるべき次元の問題だが、そのような次元の違いも、彼らを思い煩わせることはない。否定論者にとって、「『ホロコースト』にはパレスチナ問題を覆い隠す力があった」という認識から、「〔それゆえ〕『ホロコースト』の検証が必要である」と、一足飛びに論を飛躍させることは、むしろ常套手段のひとつである。

「ユダヤ陰謀説」を「おとぎ話」だと言い、否定論はネオナチや右翼の「政治運動ではない」と言いながら、今なお旧共産主義国の亡霊に怯え、「シオニスト・ロビーの影響力はまさにグローバルなもの」と、あからさまに「ユダヤ陰謀説」を語る否定論者の口ぶりには、実際のところヒトラーとの間にそれほど距離はない。両者にとってユダヤ人と共産主義者の「陰謀」は、複雑に絡み合った世界の諸動向を単純に説明してくれる、一種の記号なのだ。

こうして見ると、問題が単に個々の論点の正誤に関わるだけでないことは明らかだろう。本当の問題は、否定論を振りかざすものが必ず前提せざるをえない、倒錯した世界観にある。戦後、ナチズムの過去を清算し、周辺諸国との信頼関係の構築を目指したドイツでは、否定論は法的規制の対象にまでなった。もちろんこれを「言論の自由」の侵害と批判することは可能だろうが、それは逆に言えば、法的措置をとらざるをえないほど、この種の否定論が驚くべき広

がりを見せているということだ。かつてのヒトラーを思わせるような発想や論法が、ドイツのみならず現代世界の広い範囲にまで及んでいるという事態は、決して軽視されるべきではない。

テーマ史2　ムッソリーニと古代ローマ帝国

1．ムッソリーニとローマ理念

　ベニート・ムッソリーニといえば、20世紀イタリアでファシズムという全体主義体制を確立したことで知られる独裁者である。しかし同じ時期にナチズムを樹立したドイツのアドルフ・ヒトラーと異なり、現在ではムッソリーニの業績を肯定する人々もいるし、さらにムッソリーニのおかげで私たちが目にしているものも存在する。現在イタリアの首都ローマを訪れるとそこかしこに古代ローマ時代の遺跡を見ることができ、あたかも古代ローマを歩いているかのような体験ができる。実はこれにはムッソリーニが大きな貢献をしているのである（図12-2-1）。

　ムッソリーニにとって、古代ローマ帝国はイタリアの原点であり目標とすべき「賢く強い、帝国としてのイタリア」の象徴であった。ファシズムの中にあったこのような考えをローマ理念（「ロマニタ」）という。ローマ理念はファシズムが創り出したものではなく古代から存在していたとされるが、近代に入りイタリアの国家統一の際の原動力として作用した。そして特にファシズム期のローマ理念には、文明の使者という帝国主義的意識、人と物への確固たる統治、行動の具体性という意味がこめられていた。

　1922年10月28日、ムッソリーニが政権を獲得したローマ進軍において、彼は馬にまたがり支持者に囲まれながらローマに入ることを

図12-2-1　中央でポーズをとるムッソリーニ（ニコラス・ファレル著、柴野均訳『ムッソリーニ（上）』白水社、2011年、vii頁）。

望み、古代史との並行性を強調した。つまり、自身をカエサルと同一視していたのである。加えてファシズム体制のもとで都市ローマは、「鼓動する心臓」「我が民族の強力な心臓」「我が人種の不可避的な表象」「我が民族の生命力の証」などと形容されるようになる。そして1935年にはローマ学研究所が設立され、研究機関誌『ローマ』も発刊された。これらはローマを「世界で最も重要な都」にするというファシズムの政策に従ったもので、古代ローマに関わる博物館や美術館などの整備、拡充の運動と連続するものであった。

またムッソリーニの手によって校訂されたローマ史の教科書は、ブルトゥスとカッシウスを、民衆の自由を守る真の闘士カエサルを殺した反動的な少数の圧制者の手先として描いている。そしてカエサルの大義はオクタウィアヌス(アウグストゥス)によって完結する。これがムッソリーニの描いた古代ローマ史像であった。また彼はアウグストゥスの時代に花開いた文明を最高のものとし、世俗権力と教権を兼ね備えたアウグストゥスを理想の人物とした。1937年にはアウグストゥス生誕二千年記念式典が盛大に催され、アウグストゥスによるローマ帝国の始まりをイタリア帝国の成立に重ね合わせたのである。

ファシズムの民族観が形成されるプロセスにおいて、ローマ理念は一貫して追求され強化されていった。イタリア再生の範として、イタリア人の自尊心として、さらにファシズム信仰のシンボルとしてローマ理念がファシズム民族論の核となっていった。それは古代ローマを賛美する「過去の神話」にとどまるものではなく、イタリアの再生に向けた「未来の神話」として位置づけられた。

2．ムッソリーニのローマ改造

ムッソリーニは首都ローマが直面する問題を「必要性」と「偉大性」のふたつに分類した。まず「必要性」とは、ローマを大都市にするための家屋、通信、交通の整備である。ムッソリーニにとってローマはファシズム体制の「ショーウィンドウ」であった。そのために工業化を推進し労働者の移入を奨励したことにより、その人口は大都市ミラノを凌駕することになる。住宅地は増えていき、路面電車の路線は広がっていった。

一方「偉大性」との関連では、ローマ理念に基づくローマ改造に先立って、古代ローマ遺跡の発掘が行われた。それはファシズムと古代ローマの連続性を創出するために不可欠な行為であった。ここに古代ローマのモニュメントが林立することを望むムッソリーニと発掘を待ち望む考古学者の思惑が一致し、古

代ローマ遺跡の大規模な発掘が開始されたのである。

とはいえファシズム体制の最初の10年間に行われたローマ改造は決してこの時代に特有のものではなく、それ以前の自由主義時代のものを多く継承していた。ファシズム以前から、ローマ改造は過去の遺産をほとんど考慮せずに行われていた。ファシズムのローマ改造とそれ以前との最大の違いは、歴史的な建物の取り壊しと道路の開設が確固たるローマ理念にもとづいて「過激化」したことである。

イタリア帝国を最も象徴する「記憶の場」が帝国の道である。ヴェネツィア宮からまっすぐに延びる帝国の道は、ファシズム時代の純然たる産物である。ムッソリーニは自身の執務室からコロッセウムまでが一直線に見通せるように、中世の町並みを切り開いた。しかしファシズムのローマ改造を代表する道は帝国の道だけではない。現在はテアトロ・ディ・マルチェロ通りと改名されている幅30mの海の道は、ローマ市内とティレニア海を結ぶ高速道路と直結していた。つまりイタリア帝国と地中海を結びつけるもので、アフリカへの拡大を象徴したのだ。この道を建設する過程でも、サン・ニコーラ・イン・カルチェレ教会などの歴史的建造物が壊され、古代ローマ遺跡が発掘されている。また帝国の道や海の道以外にも「道を開く」というムッソリーニのスローガンによって、ファシズム期には道幅の広い通りが開通している。ムッソリーニは都市空間を大衆操作や合意形成の重要な舞台として利用したのである。

3. リビアにおけるローマ遺跡

ムッソリーニは地中海を古代ローマ帝国時代の呼び名にならって「マレ・ノストルム」（我らの海）と呼んでいた。ファシズム期のアフリカ侵略として最も有名なものに、1935年のエチオピア侵攻がある。この行動はイタリアの勢力圏をアフリカへ拡大する「第四次ポエニ戦争」として位置づけられた。かつて古代ローマは三度の「ポエニ戦争」の末に、アフリカでの勢力を確立した。ムッソリーニは古代ローマ帝国のような「偉大なるイタリア」を構想し、拡張すべき新しい境界としてイタリアの領土の四倍を擁するエチオピアの併合を目標としたのである。

しかしイタリアのアフリカ侵略はムッソリーニによって始められたものではない。1911年には、オスマン帝国の宗主権下にあったトリポリタニアとキュレナイカの征服を目指す戦争がすでに開始されていた。翌1912年のローザンヌ講

和会議でこの地域へのイタリア支配が認められ、このふたつの地域は合わせてリビアと命名され、同時にふたつの地域の中心都市トリポリとベンガジにそれぞれ考古学局が創設された。

1920年代から、トリポリタニアのふたつのローマ遺跡レプキス・マグナとサブラタにおいて大規模な発掘が始まっている。それはこの地域におけるローマ都市の存在を強調するためであった。この時代には古代末期やイスラーム期の遺跡はほとんど価値を持たず、ローマ帝国時代のトリポリタニアだけが強調された。このような背景の中で考古学者たちはローマ期より後の時代の層を除去し、ローマ時代の遺跡や遺物だけを求めた。この政治的に意味づけられた発掘調査や修復は非常に拙速で、その報告書は刊行されないことさえあった。

ムッソリーニは二度リビアを訪れているが、ここでも考古学は重要な役割を担った。まず1926年4月に、彼はレプキス・マグナとサブラタに立ち、この遺跡がローマの過去と未来をつなぐものであることを強調している。また1937年5月にはリビア東部のキュレナイカを回り、最後は首都トリポリでセレモニーを行い、イタリアとリビアがともに古代ローマによって結びつけられることを示した。さらに考古学の調査が進むと、その目的は観光客を対象としたプロパガンダの様相を呈した。調査計画の中で、一般大衆向けのものが優先権を持ち始めたのである。たとえばレプキス・マグナではハドリアヌス帝の浴場やセウェルス帝のバシリカやフォルムが発掘され、サブラタでは劇場が修復された。またトリポリではマルクス・アウレリウスの凱旋門が修復され、トリポリ城が博物館として開設された。これらの調査は観光客に対して古代ローマ都市への関心を持たせることに主眼がおかれていて、ファシズムの政治的意図と合致したものだったのである。

イタリア統一の原動力となったローマ理念は、ファシズム期において「古代」と強く結びつき、イタリアの帝国主義を正当化するために用いられた。ムッソリーニはイタリアと古代ローマを重ね合わせ、新たな地中海帝国を目指したのである。それを具現化するため、ローマでは中世の建物が壊されて古代ローマの遺跡が発掘され、帝国に相応しい幅の広い道がつくられた。またリビアでもレプキス・マグナやサブラタといった古代遺跡において、古代ローマ時代の遺跡や遺物だけが選択的に発掘、修復され、イタリアとアフリカが一体であることのアピールに用いられた。

現在、イタリアの首都ローマは「ローマ歴史地区、教皇領とサン・パオロ・

フォーリ・レ・ムーラ大聖堂」として、リビアのローマ都市遺跡は「レプティス・マグナの考古学遺跡」「サブラタの考古学遺跡」として世界遺産に登録されている。しかしこれらの地域の古代の姿は、発掘や修復を経て「古代ローマの遺跡」として意図的に作り出された側面があることを忘れてはならない。普段私たちが何気なく目にしている風景も、何らかの意図によって生み出された可能性があるのだ。

第13章

ヨーロッパと21世紀

　ファシズム勢力の打倒に大きな役割を果たしたソヴィエト連邦とアメリカ合衆国は、戦後世界の「東」と「西」それぞれを主導した。
　まず、自力でファシズム勢力を排除したユーゴスラヴィアを除く多くの東欧諸国、たとえばポーランド、チェコスロヴァキア、ハンガリーなどでは、ソ連の影響力を背景として共産主義政権が次々と樹立され、東側諸国に組み込まれた。これらの国々は軍事的にはワルシャワ条約機構（1955-91年）、経済的には経済相互援助会議（COMECON, 1949-91年）によって、協力体制を築き上げた。一方、イギリスやフランス、ベネルクス三国などの西側諸国は、合衆国大統領トルーマンのときに打ち出された復興支援策「マーシャル・プラン」を受け入れることで経済復興を実現するとともに、アメリカを軸とする資本主義経済のなかに組み込まれた。軍事的にも、1949年発足の北大西洋条約機構（NATO）によって結びついた。
　ドイツの分裂は、こうした冷戦構造がはっきりと示された出来事のひとつである。1948年、アメリカとイギリスおよびフランスに占領されていたドイツ西部において、ソ連への通達なしに通貨改革が行われた。ドイツ東部を占領していたソ連はこれに対抗して西ベルリンにいたる交通路を封鎖し、西側3国は「大空輸作戦」によって西ベルリンに物資を運んだ。一連の出来事は東西対立を強め、翌49年9月にドイツ連邦共和国（西ドイツ）が、10月にドイツ民主共和国（東ドイツ）がつくられた。
　1953年にスターリンが死去すると、ソ連はフルシチョフのもとで平和共存への道を模索しはじめた。ユーゴスラヴィアとの関係改善、スターリン時代の大量粛清や個人崇拝に対する批判、ついにはフルシチョフとアメリカ大統領アイゼンハウアーとの会談が実現し、東西の「雪どけ」ムードが醸成された。だが

1959年にキューバで社会主義革命が発生した。2年後には、東ドイツから西ベルリンへの亡命者を遮断するため東ドイツが西ベルリンを壁で囲った。ふたたび東西の対立は激化し、1962年には米ソ間の核戦争を世界に予感させた「キューバ危機」が勃発する。しかしながら核戦争への危機感は、結果として米ソを歩み寄らせることになった。翌年に部分的核実験停止条約がアメリカ、イギリス、ソ連の間で締結され、その後の核兵器制限の試みにつながっていく。

この間に東欧では、ソ連支配に対する動揺が生まれている。とくにハンガリーでは1956年10月、民主化要求が強まるなか新政権が樹立され、これをソ連軍が打倒するという事態に及んだ（ハンガリー動乱）。同年6月のポーランドでも、西部の町ポズナニで労働者らが自由と生活の改善を求めて暴動を起こしている。その一方で西側諸国は、1952年成立のヨーロッパ石炭鉄鋼共同体（ECSC）、1957年のヨーロッパ経済共同体（EEC）、1967年のヨーロッパ共同体（EC）と、経済面での協力体制を着々と強化していった。

1964年、ブレジネフが権力の座につくと、ソ連は相対的安定ないし停滞の時代を迎えた。しかし、1968年にチェコスロヴァキアで「プラハの春」と呼ばれる民主化運動が起こると、ソ連はワルシャワ条約機構軍を率いてこれを弾圧し、東欧諸国に対するソ連の影響力を強めようとした。また経済的には、西側に比べ東側諸国の弱体化が次第にはっきりしてきた。ポーランドでは1980年に、ワレサを指導者とする自主管理労組「連帯」が結成された。一度は非合法化されたものの、1989年以後の民主化を主導していった。ソ連でも1985年以後、ゴルバチョフ政権のもとでペレストロイカ（改革）とグラスノスチ（情報公開）が進められ、東西冷戦は一気にとけはじめた。1989年には「ベルリンの壁」が崩壊し（翌年ドイツ統一）、マルタ島でアメリカ大統領ブッシュとゴルバチョフが会談して冷戦の終結を宣言した（12月）。ついには1991年、ソ連が消滅してロシア連邦および独立国家共同体（CIS）となり、経済相互援助会議とワルシャワ条約機構が解消したことによって、冷戦体制は完全に崩れ去った。壊された「壁」のかけらが土産物として販売されていたのは、イデオロギーという人を隔ててきた壁が、資本の力にとってかわったことを象徴しているかのようだ。

その後の世界は、「東」か「西」かといった単純な色分けが困難になった。こうしたなかヨーロッパはあらためて自らのアイデンティティを再構築し、世界の中でのヨーロッパの占める位置を確定しようとしている。ECを経て1993年にヨーロッパ連合（EU）を生み出したことは、その明瞭なあらわれである。

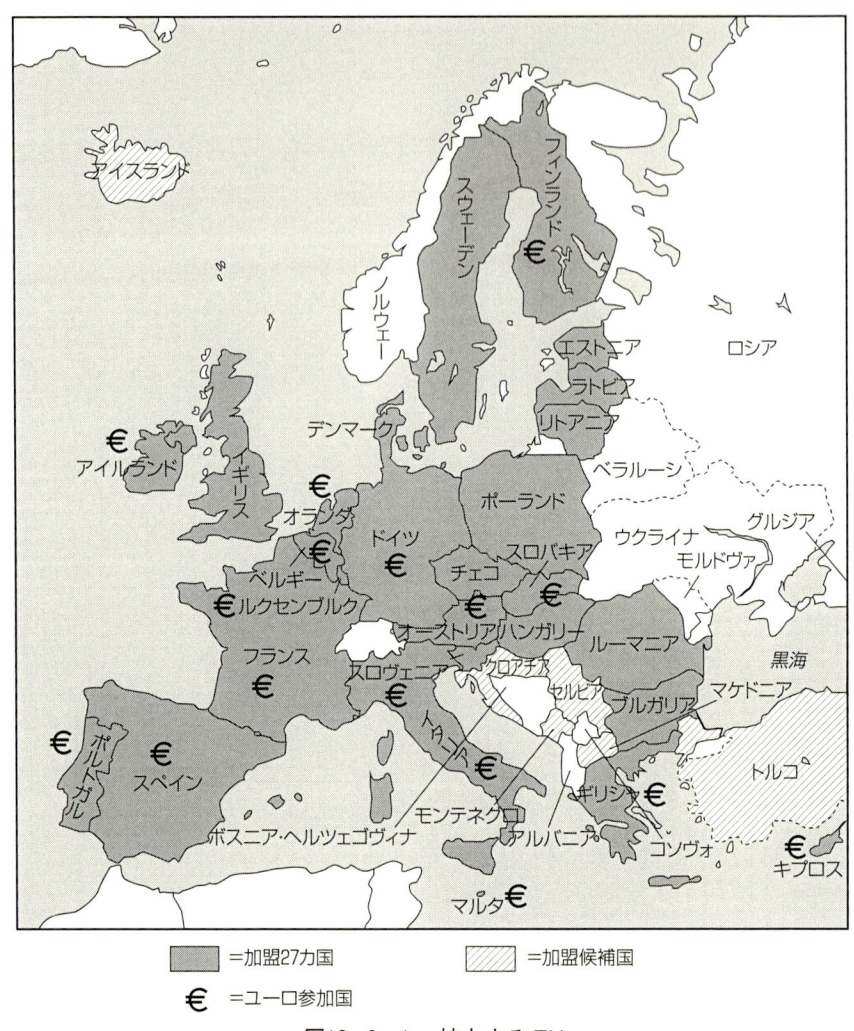

図13-0-1　拡大する EU

　同時に、ヨーロッパの統合を目指す運動としての EU の成立は、単にアイデンティティといった問題のみならず、アメリカや日本の経済成長を前に、ヨーロッパ諸国がいかに生き残るかを模索したときに現れてきた選択肢だった。
　歴史的に見れば、2度の大戦で膨大な人的物的被害を出し、植民地の多くを

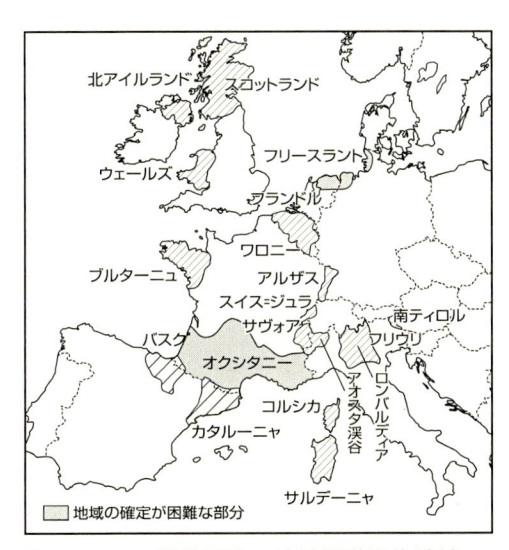

図13-0-2 戦後西欧の地域運動発生地域（梶田孝道『統合と分裂のヨーロッパ』岩波書店（岩波新書）、1993年、12頁）。

手放したことなどが、ヨーロッパが統合に向かう直接の前提になっているだろう。思想的には、18-19世紀のカントやヴィクトル・ユゴーらによる統一ヨーロッパ論が、より直接的には1920年代のクーデンホーフ・カレルギーによるパン＝ヨーロッパ構想などが、統合への精神を涵養したといえる。だが何よりも、かつてのローマ帝国やカール大帝の王国という広域的支配を誇った存在があったこと、キリスト教を共有してきたこと、ルネサンスや啓蒙主義などの全ヨーロッパ的な知的潮流、権力や富をめぐる各国間の争いなど、あらゆる歴史的な経験と記憶が、ヨーロッパとしてのまとまりを支えているのである。

現在EUは、東方へその領域を拡大している。2004年にはポーランド、ハンガリー、バルト三国などかつての「東側」諸国を中心に10カ国が、2007年にはブルガリアとルーマニアが新たに加盟した。イスラームが支配的なトルコさえ、EUへの加盟を希望するようになっている。このような「東西」対立の消滅とEUの東方拡大は、ヨーロッパの地域概念に変容をもたらしている。東西冷戦の影響で、ヨーロッパは長らく「東欧」と「西欧」に分けて考えられてきた。しかし冷戦終結後、このような単純な二分法は見直しが迫られている。すでにデンマークやスウェーデンなど「北欧」諸国は、戦後まもなく設置された

北欧会議などを通じて、経済面や環境面で独自の協力体制を築いてきた。ドイツやポーランドなどは「中欧」あるいは「東中欧」なる新たな地理概念をもって、ヨーロッパでの「適切な居場所」を示そうとしている。まさしく今、ヨーロッパはこれまでの「国家」や「西側」という狭い枠を超えて、より広い領域的まとまりを持った、新たな姿を提示しようとしている。

この文脈において、次のような動きはきわめて興味深い。まずヨーロッパ内部において、地域主義の勃興がみられる。ベルギーは1993年に、オランダ語圏、フランス語圏、ドイツ語圏からなる連邦制に移行した。イギリスでは1997年にスコットランド議会が設置され、自治権が拡大され、さらに独立についても論じられている。2008年にはコソヴォがセルビアからの独立を宣言した。スペインのカタルーニャ地方でも、カスティーリャ語（いわゆるスペイン語）ではなくカタルーニャ語を用いる機運が高まっている。その他フランスのブルターニュ地方など多くの地域において、政治的であれ文化的であれ一定の自立性を主張する動きが現われている。「地域」への回帰ともとれるこの動きは、国家の枠組みを超えた広域的統一体になろうとするEUと、どのような関わりを見せてゆくのだろうか。

また現在のヨーロッパには、ムスリムをはじめ多くの非キリスト教徒が居住している。彼らは、キリスト教を基盤にしてきたヨーロッパ文化とは異なる文化的背景を持った人たちである。このような新たなヨーロッパの人々と、これまでのヨーロッパの人々とは、いかに共生していくのか。

ヨーロッパの「人種のるつぼ」化は確実に進んでいる。たとえばイギリスにはかつての植民地から多くの人が移住しており、「イギリス人＝白人」というステレオ・タイプのイメージはまったく通用しない。オランダなどでは、一定期間合法的に居住していれば、たとえ外国籍の者であっても地方レベルの参政権を持つことが認められている。その一方で、フランスの学校におけるムスリムのスカーフ禁止問題や、ドイツにおけるトルコ系住民への圧力など、「非ヨーロッパ」的なものに対する抵抗感も根強く存在する。何かをきっかけにそうした感情が激昂する可能性も、決してないとは言えないだろう。

はたしてヨーロッパは、これまでとは異なる人と文化をも取り込んだ、新たなヨーロッパ像を提示できるのだろうか。そしてこの問題は、ユーラシアの反対側に位置する日本にとっても、見過ごすことのできない問題なのである。

参 考 文 献

※全章に共通の文献は、西洋史全般に関わる概説書、史学概論、全集、シリーズ、事典、地図などを挙げている。各章別の参考文献では、各章の内容に関わる文献のうち、人物と時代・テーマ史に関する基礎的な文献を「基本となる文献」へ、内容に関わる専門的な文献とその章に関連する興味を高める文献を「さらに興味のある人へ」へ、それぞれ収録している（著者の姓の50音順に並んでいる）。全章に共通の項目に挙げてある文献は、各章別の文献では基本的に取り上げていない（ただし、必要に応じて具体的な書名を挙げている場合もある）。

なおこの参考文献は、執筆にあたって利用した文献すべてを挙げることが目的ではない。西洋史の入門者が本書を読んで内容に興味を持ったり、詳しく調べたりする場合に読んでもらいたい文献を挙げたものである。

全章に共通
◎概説書・史学概論
- 『西洋の歴史』上・下巻、ミネルヴァ書房、1987-88年。
- 『教養のための西洋史入門』ミネルヴァ書房、2007年。
- 『大学で学ぶ西洋史　古代・中世』ミネルヴァ書房、2006年。
- 『大学で学ぶ西洋史　近現代』ミネルヴァ書房、2011年。
  ……スタンダードな西洋史概説書。
- 『新版　世界史のための文献案内』山川出版社、1996年。
  ……時代別・分野別に世界史関連の日本語の書籍を紹介。
- ジョン・H・アーノルド（新広記訳、福井憲彦解説）『歴史』岩波書店（1冊でわかる）、2003年。
- 浜林正夫、佐々木隆爾編『歴史学入門』有斐閣、1992年。
- 望田幸男、芝井敬司、末川清『新しい史学概論　新版』昭和堂、2002年。
- 中谷功治『歴史を冒険するために——歴史と歴史学をめぐる講義』関西学院大学出版会、2008年。
  ……以上4冊は、歴史学とは何かを学ぶための格好の入門書である。

◎全集
- 『中公世界の歴史』全30巻（文庫版あり）、中央公論新社、1996-99年。
  ……現時点で最も新しい一般向け歴史概説書シリーズ。巻末に簡単な参考文献もある。旧版（全16巻（文庫版あり）、1975-77年）もある。
- 『世界の歴史』全24巻（文庫版あり）、河出書房新社、1974-78年。
  ……文庫版なので手軽だが、記述は少し古めになっている部分もある。

- 『世界歴史大系』山川出版社、1990年−。
  ……イギリス・フランス・ドイツ・アメリカ・ロシア・中国・スペインに関する通史。
- 『世界各国史』山川出版社、1998年−。
  ……国別の通史を取り上げている。ほとんどの巻は新版になっている。
- 『世界現代史』全37巻、山川出版社、1977-93年。
  ……各国の現代史を取り上げている。一部の巻は第2版も出ている。
- 『地域からの世界史』全21巻、朝日新聞社、1992-94年。
  ……地中海・西ヨーロッパなど地域ごとの通史。
- 『シリーズ　世界史への問い』岩波書店、1989-91年。
- 『地域の世界史』全12巻、山川出版社、1997-2000年。
  ……以上のふたつは、宗教、交通などのトピックごとに構成されている。
- 『民族の世界史』全15巻、山川出版社、1983-91年。
  ……地域・時代ごとに複数の執筆者が特定のトピックを取り上げて論じている。
- 『生活の世界歴史』全10巻（文庫版あり）、河出書房新社、1975-80年。
  ……いくつかの時代や地域に関する社会と生活について書かれたもの。
- 『岩波講座世界歴史』全27巻＋別巻、岩波書店、1997-2000年。
  ……各分野のやや専門的な論文を収録。概説を中心とした旧版（全30巻、1969-71年）もある。
- 『世界美術大全集　西洋編』全28巻、小学館、1992-2001年。
  ……カラー図版と詳細な解説から構成される、大型の美術全集。
- 『興亡の世界史』全21巻、講談社、2006-09年。
  ……個別の文明・民族・国家を各巻ごとに取り上げ、長期的な視点から述べる。

◎西洋史に関連するものが含まれているシリーズ
- 山川世界史リブレット（山川出版社）
  ……世界史に関する様ざまなテーマについて、1冊でコンパクトにまとめてある。
- 知の再発見双書（創元社）
  ……カラーの図版を使い、テーマごとに簡明に解説。西洋史関係のものを多数収録。
- ※そのほか、岩波文庫、岩波新書、講談社現代新書、講談社選書メチエ、集英社新書、中公新書などのシリーズにも、西洋史関係の著作がしばしば収録されている。

◎事典・地図
- 『世界歴史大事典』全22巻、教育出版センター、1985年。
  ……日本史関連の事項を含む図版もある詳細な事典であり有用。
- 『新編西洋史事典　改訂増補版』山川出版社、1993年。
  ……西洋史に関する基本的な事典。旧版や改訂増補前の版もあるので注意。
- 『歴史学事典』全15巻・別巻1、弘文堂、1994-2009年。

……「交換と消費」、「歴史学の方法」など、テーマ別にまとめた事典。
・M・アーモンド他編（樺山紘一監訳）『ヨーロッパ歴史地図』第2版、原書房、2001年。
・『ヨーロッパ大陸歴史地図』東洋書林、2001年。
　　　……以上2冊は、ヨーロッパ史に関連するカラー地図が掲載されている。
・高橋伸夫監修『最新地図で知るヨーロッパ』平凡社、2000年。
　　　……ヨーロッパ39カ国の詳細地図、首都市街図、産業地図、歴史地図と主要データ。

◎研究入門
・伊藤貞夫、本村凌二編『西洋古代史研究入門』東京大学出版会、1997年。
・佐藤彰一、池上俊一、高山博編『西洋中世史研究入門　増補改訂版』名古屋大学出版会、2005年。
・高山博、池上俊一編『西洋中世学入門』東京大学出版会、2005年。
・望田幸男、野村達朗、藤本和貴夫、川北稔、若尾祐司、阿河雄二郎編『西洋近現代史研究入門　第3版』名古屋大学出版会、2006年。
　　　……それぞれの時代に関して、テーマ・地域別などに解説があり、外国語で書かれたものを含んで参考文献が挙げられている。

第1章
◎基本となる文献
・梅田修『地名で読むヨーロッパ』講談社（講談社現代新書）、2002年。
・鯖田豊之『肉食の思想——ヨーロッパ精神の再発見』中央公論社（中公新書）、1966年。
・増田四郎『ヨーロッパとは何か』岩波書店（岩波新書）、1967年。
・武蔵大学人文学部ヨーロッパ比較文化学科編『ヨーロッパ学入門　改訂版』朝日出版社、2007年。

◎さらに興味のある人へ
・C・エムブレトン編著（大矢雅彦、坂幸恭監訳）『ヨーロッパの地形』大明堂、1997年。
・加藤雅彦『ドナウ河紀行——東欧・中欧の歴史と文化』岩波書店（岩波新書）、1991年。
・T・G・ジョーダン（山本正三、石井英也訳）『ヨーロッパ文化——その形成と空間構造』大明堂、1989年。
・フェルナン・ブローデル（浜名優美訳）『地中海　第1巻——環境の役割』藤原書店、2004年。

第2章
◎基本となる文献
・岡田明憲、杉山正明、井本英一、志村ふくみ編『別冊環⑧「オリエント」とは何か——東西の区分を超える』藤原書店、2004年。

- ジョーゼフ・キャンベル（飛田茂雄訳）『時を超える神話』角川書店、1996年。
- W・キュリカン（村田数之亮訳）『地中海のフェニキア人』創元社、1971年。
- ホルスト・クレンゲル（江上波夫、五味亨訳）『古代オリエント商人の世界』山川出版社、1983年。
- 栗田伸子、佐藤育子『通商国家カルタゴ』講談社（興亡の世界史03）、2009年。
- 小林登志子『シュメル』中央公論新社（中公新書）、2005年。
- イアン・ショー（近藤二郎、河合望訳）『古代エジプト』岩波書店（一冊でわかる）、2007年。
- 中田一郎『ハンムラビ「法典」』リトン、1999年。
- 日本オリエント学会編『古代オリエント事典』岩波書店、2004年。
- ピョートル・ビエンコウスキ、アラン・ミラード編（池田裕、山田重郎監修）『図解 古代オリエント事典』東洋書林、2004年。
- クルート・ビッテル（大村幸弘、吉田大輔訳）『ヒッタイト王国の発見』山本書店、1991年。
- S・H・フック（吉田泰訳）『オリエント神話と聖書』山本書店、1967年。
- A・ベシャウシュ（森本哲郎監修）『カルタゴの興亡――甦る地中海国家』創元社（知の再発見双書）、1994年。
- 前川和也編著『図説　メソポタミア文明』河出書房新社、2011年。
- 前田徹他著『歴史学の現在　古代オリエント』山川出版社、2000年。
- 松村一男、渡辺和子編『太陽神の研究』下巻、リトン、2003年。
- 山形孝夫、山形美加『図説　聖書物語　旧約篇』河出書房新社、2001年。
- 山花京子『古代エジプトの歴史――新王国時代からプトレマイオス朝時代まで』慶應義塾大学出版会、2010年。

◎さらに興味のあるひとへ

- マリア＝ジュリア・アマダジ＝グッゾ（石川勝二訳）『カルタゴの歴史――地中海の覇権をめぐる戦い』白水社（文庫クセジュ）、2009年。
- 磯部隆『古代オリエント世界像からの脱出――ピラミッド・テキストから原始キリスト教までの神話・宗教・政治』春風社、2008年。
- 大村幸弘『鉄を生みだした帝国――ヒッタイト発掘』日本放送出版協会（NHKブックス）、1981年。
- 金光仁三郎『ユーラシアの創世神話〔水の伝承〕』大修館書店、2007年
- ホルスト・クレンゲル（五味亨訳）『古代シリアの歴史と文化』六興出版、1991年。
- E・グレン・マーコウ（片山陽子訳）『フェニキア人』創元社、2007年。
- イアン・ショー、ポール・ニコルソン（内田杉彦訳）『大英博物館　古代エジプト百科事典』原書房、1997年。
- 杉勇他共訳『古代オリエント集』筑摩書房、1978年。
- エヴジェン・ストロウハル（内田杉彦訳）『図説　古代エジプト生活誌』上・下巻、原書房、1996年。
- 日本オリエント学会編『古代オリエント事典』岩波書店、2004年。

参考文献

- 長谷川隆博『カルタゴ人の世界』講談社（講談社学術文庫）、1991年。
- 秦剛平『旧約聖書を美術で読む』青土社、2007年。
- ジークムント・フロイト（渡辺哲夫訳）『モーセと一神教』筑摩書房（ちくま学芸文庫）、2003年。
- ジャン・ボテロ（松島英子訳）『メソポタミア――文字・理性・神々』法政大学出版局、1998年。
- 屋形禎亮編『古代エジプトの歴史と社会』同成社、2003年。
- ヤロミール・マレク（近藤二郎訳）『エジプト美術』岩波書店、2004年。
- 吉成薫『エジプト王国三千年――興亡とその精神』講談社（講談社選書メチエ）、2000年。
- 歴史学研究会編『世界史史料　第1巻　古代のオリエントと地中海世界』岩波書店、2012年。

第3章
◎基本となる文献
- ライオネル・カッソン（田畑賀世子、野中春菜訳）『古代の旅の物語――エジプト・ギリシア・ローマ』原書房、1998年。
- 島田誠『コロッセウムからよむローマ帝国』講談社（講談社選書メチエ）、1999年。
- 森谷公俊『アレクサンドロスの征服と神話』講談社（興亡の世界史01）、2007年。
- 新保良明『ローマ帝国愚帝列伝』講談社（講談社選書メチエ）、2000年。
- 長谷川博隆『カエサル』講談社（講談社学術文庫）、1994年（原著は1967年）。
- ピエール・ブリアン（田村孝訳）『アレクサンドロス大王』白水社（文庫クセジュ）、2003年。
- 本村凌二『帝国を魅せる剣闘士――血と汗のローマ社会史』山川出版社、2011年。
- ジャン・ルージェ（酒井傳六訳）『古代の船と航海』法政大学出版局、1982年。

◎さらに興味のある人へ
- 井上浩一『生き残った帝国ビザンティン』講談社（講談社学術文庫）、2008年。
- 大城道則『古代エジプト文化の形成と拡散』ミネルヴァ書房、2003年。
- ピーター・ガーンジィ（松本宣郎、阪本浩訳）『古代ギリシア・ローマの飢饉と食糧供給』白水社、1998年。
- クリストファー・ケリー（藤井崇訳）『ローマ帝国』岩波書店（1冊でわかる）、2010年。
- 周藤芳幸、村田奈々子『ギリシアを知る事典』東京堂出版、2000年。
- 高橋宏幸『カエサル「ガリア戦記」――歴史を刻む剣とペン』岩波書店（書物誕生――あたらしい古典入門）、2009年。
- 橋場弦『丘の上の民主政』東京大学出版会、1997年。
- 長谷川岳男、樋脇博敏『古代ローマを知る辞典』東京堂出版、2004年。
- 松本宣郎『ガリラヤからローマへ――地中海世界をかえたキリスト教徒』山川出版社、1994年。
- 南川高志『ローマ五賢帝――「輝ける世紀」の虚像と実像』講談社（講談社現代新書）、

1998年。
- 本村凌二『古代ポンペイの日常生活』講談社（講談社学術文庫）、2010年。
- 森谷公俊『アレクサンドロス大王——「世界征服者」の虚像と実像』講談社（講談社選書メチエ）、2000年。
- 森谷公俊『アレクサンドロスとオリュンピアス——大王の母、光輝と波乱の生涯』筑摩書房（ちくま学芸文庫）、2012年。
- 吉村忠典編『ローマ人の戦争——名将ハンニバルとカエサルの軍隊（世界の戦争2）』講談社、1985年。

第4章
◎基本となる文献
- 朝倉文市『修道院——禁欲と観想の中世』講談社（講談社現代新書）、1995年。
- 朝倉文市『修道院にみるヨーロッパの心』山川出版社（世界史リブレット）、1996年。
- 五十嵐修『地上の夢キリスト教帝国——カール大帝のヨーロッパ』講談社（講談社選書メチエ）、2001年。
- フランソワ・イシェ（蔵持不三也訳）『絵解き中世のヨーロッパ』原書房、2003年。
- 小杉泰『ムハンマド——イスラームの源流を求めて』山川出版社、2002年。
- 今野國雄『修道院』岩波書店（岩波新書）、1981年。
- 高山博『ヨーロッパと中世イスラーム世界』山川出版社（世界史リブレット）、2007年。
- アンリ・ピレンヌ（佐々木克巳訳）『古代から中世へ——ピレンヌ学説とその検討』創文社（創文社歴史叢書）、1993年。
- 堀越宏一『中世ヨーロッパの農村世界』山川出版社（世界史リブレット）、1997年。
- 堀米庸三、木村尚三郎編『西欧精神の探求——革新の12世紀』日本放送出版協会、1976年。
- 山辺規子『ノルマン騎士の地中海攻防史』白水社、1996年。

◎さらに興味のある人へ
- 阿部謹也『西洋中世の男と女——聖性の呪縛の下で』筑摩書房、1991年。
- 江川溫、服部良久編著『西欧中世史［中］——成長と飽和』ミネルヴァ書房、1995年。
- 尾形勇、樺山紘一、木畑洋一編『20世紀の歴史家たち（3）世界編』上巻、刀水書房、1999年。
- 小嶋潤『西洋教会史』刀水書房（人間科学叢書9）、1986年。
- 熊野聰『ヴァイキングの経済学——略奪・贈与・交易』山川出版社、2003年。
- マルク・ブロック（堀米庸三監訳）『封建社会』岩波書店、1995年。
- 森本芳樹『西欧中世経済形成過程の諸問題』木鐸社、1978年。
- 八木谷涼子『キリスト教歳時記——知っておきたい教会の文化』平凡社（平凡社新書）、2003年。
- 山内進『掠奪の法観念史——中・近世ヨーロッパの人・戦争・法』東京大学出版会、1993年。

・ジャック・ル・ゴフ（鎌田博夫訳）『中世の人間』法政大学出版局、1999年。

第5章
◎基本となる文献
- ・阿部謹也『ハーメルンの笛吹き男』筑摩書店（ちくま文庫）、1988年。
- ・伊東俊太郎『十二世紀ルネサンス』講談社（講談社学術文庫）、2006年。
- ・太田敬子『十字軍と地中海世界』山川出版社（世界史リブレット）、2011年。
- ・小田内隆『異端者たちの中世ヨーロッパ』NHK出版（NHKブックス）、2010年。
- ・ジョゼフ・ギース、フランシス・ギース（青島淑子訳）『中世ヨーロッパの農村の生活』講談社（講談社学術文庫）、2008年。
- ・佐藤次高『イスラームの「英雄」サラディン——十字軍と戦った男』講談社（講談社学術文庫）、2011年。
- ・アイリーン・パウア（三好洋子訳）『中世に生きる人々』東京大学出版会、1969年。
- ・福井憲彦編『フランス史』山川出版社、2001年。
- ・堀越宏一『中世ヨーロッパの農村世界』山川出版社（世界史リブレット）、1997年。
- ・森本芳樹『中世農民の世界——甦るプリュム修道院所領明細帳』岩波書店、2003年。
- ・八塚春児『十字軍という聖戦』NHK出版（NHKブックス）、2008年。
- ・山内進『北の十字軍——「ヨーロッパ」の北方拡大』講談社（講談社学術文庫）、2011年。
- ・ヴェルナー・レーゼナー（藤田幸一郎訳）『ヨーロッパの農民』平凡社、1995年。

◎さらに興味のある人へ
- ・W・アーベル（寺尾誠訳）『農業恐慌と景気循環——中世中期以来の中欧農業及び人口扶養経済の歴史』未来社、1972年。
- ・シャルル・イグネ（宮島直機訳）『ドイツ植民と東欧世界の形成』彩流社、1997年。
- ・池上俊一『儀礼と象徴の中世』岩波書店（ヨーロッパの中世）、2008年。
- ・市原宏一『中世前期北西スラヴ人の定住と社会』九州大学出版会、2006年。
- ・大塚久雄、高橋幸八郎、松田智雄編著『西洋経済史講座Ⅰ　封建制の経済的基礎』岩波書店、1960年。
- ・河原温『都市の創造力』岩波書店（ヨーロッパの中世）、2009年。
- ・ヨーゼフ・クーリッシェル（増田四郎監修、伊藤栄、諸田実訳）『ヨーロッパ中世経済史』東洋経済新報社、1974年。
- ・坂井洲二『年貢を納めていた人々——西洋近世農民の暮し』法政大学出版局、1986年。
- ・柴田三千雄、樺山紘一、福井憲彦編『世界歴史大系　フランス史1——先史〜15世紀』山川出版社、1995年。
- ・関哲行『旅する人びと』岩波書店（ヨーロッパの中世）、2009年。
- ・高山博『中世シチリア王国』講談社（講談社現代新書）、1999年。
- ・富田矩正『バルト海の中世——ドイツ東方植民と環バルト海世界』校倉書房、2009年。

- 野口洋二『グレゴリウス改革の研究』創文社、1978年。
- 原野昇、木俣元一『芸術のトポス』岩波書店（ヨーロッパの中世）、2009年。
- エリザベス・ハラム（川成洋、太田美智子、太田直也訳）『十字軍大全——年代記で読むキリスト教とイスラームの対立』東洋書林、2006年。
- 堀越宏一『ものと技術の弁証法』岩波書店（ヨーロッパの中世）、2009年。
- アミン・マアルーフ（牟田口義郎、新川雅子訳）『アラブが見た十字軍』筑摩書房（ちくま文庫）、2001年。
- 山田作男『プロイセン史研究序説』風間書房、1982年。
- ジャック・ル・ゴフ（柏木英彦、三上朝造訳）『中世の知識人——アベラールからエラスムスへ』岩波書店（岩波新書）、1977年。

第6章
◎基本となる文献
- 朝治啓三、渡辺節夫、加藤玄編『中世英仏関係史　1066-1500——ノルマン征服から百年戦争まで』創元社、2012年。
- 河原温『中世ヨーロッパの都市世界』山川出版社（世界史リブレット）、1996年。
- ラルフ・グリフィス編（北野かほる監訳）『オックスフォード　ブリテン諸島の歴史〈5〉14・15世紀』慶應義塾大学出版会、2009年。
- 薩摩秀登『プラハの異端者たち——中世チェコのフス派にみる宗教改革』現代書館、1998年。
- 佐藤賢一『英仏百年戦争』集英社（集英社新書）、2003年。
- 佐藤賢一『カペー朝——フランス王朝史1』講談社（講談社現代新書）、2009年。
- 高山一彦『ジャンヌ・ダルク——歴史を生き続ける「聖女」』岩波書店（岩波新書）、2005年。
- 富沢霊岸『イギリス中世史——大陸国家から島国国家へ』ミネルヴァ書房、1988年。
- 堀越孝一『ジャンヌ＝ダルクと百年戦争』清水書院（清水新書）、1984年。
- オットー・ボルスト（永野藤夫他共訳）『中世ヨーロッパ生活誌』全2巻、白水社、1985年。
- ジュール・ミシュレ（森井真、田代葆訳）『ジャンヌ・ダルク』中央公論社（中公文庫）、1983年。
- 渡辺節夫『フランス中世社会——王と貴族たちの軌跡』吉川弘文館（歴史文化ライブラリー）、2006年。

◎さらに興味のある人へ
- 朝治啓三、江川温、服部良久編著『西欧中世史［下］——危機と再編』ミネルヴァ書房、1995年。
- 池上俊一『動物裁判——西欧中世・正義のコスモス』講談社（講談社現代新書）、1990年。
- 尾野比左夫『バラ戦争の研究』近代文芸社、1992年。
- 樺山紘一『パリとアヴィニョン——西洋中世の知と政治』人文書院、1990年。
- 城戸毅『百年戦争——中世末期の英仏関係』刀水書房、2010年。

参考文献　179

- ベルナール・グネ（佐藤彰一、畑奈保子訳）『オルレアン大公暗殺――中世フランスの政治文化』岩波書店、2010年。
- フランツ・シュミット『ある首斬り役人の日記』白水社（白水uブックス）、2003年。
- 高橋理『ハンザ同盟――中世の都市と商人たち』教育社（教育社歴史新書）、1980年。
- 高山一彦『ジャンヌ・ダルク処刑裁判』白水社、2002年。
- 高山一彦『ジャンヌ・ダルク復権裁判』白水社、2002年。
- R・H・ヒルトン（瀬原義生訳）『中世封建都市――英仏比較論』刀水書房、2000年。
- ハインリヒ・プレティヒャ（関楠生訳）『中世への旅　都市と庶民』白水社、2002年。
- M・モラ、Ph・ヴォルフ（瀬原義生訳）『ヨーロッパ中世末期の民衆運動――青い爪、ジャック、そしてチオンピ』ミネルヴァ書房、1996年。

第7章
◎基本となる文献
- 青木康征『海の道と東西の出会い』（世界史リブレット）山川出版社、1998年。
- 浅田實『東インド会社――巨大商業資本の盛衰』講談社（講談社現代新書）、1989年。
- 池上俊一『パスタでたどるイタリア史』岩波書店（岩波ジュニア新書）、2011年。
- 臼井隆一郎『コーヒーが廻り世界が廻る』中央公論社（中公新書）、1992年。
- 角山栄『茶の世界史――緑茶の文化と紅茶の社会』中央公論社（中公新書）、1980年。
- 樺山紘一『世界の歴史16　ルネサンスと地中海』中央公論新社（中公文庫）、2008年。
- 川北稔『砂糖の世界史』岩波書店（岩波ジュニア新書）、1996年。
- 小泉徹『宗教改革とその時代』山川出版社（世界史リブレット）、1996年。
- ルカ・コルフェライ（中山悦子訳）『図説　ヴェネツィア「水の都」の歴史散歩』河出書房新社、1996年。
- 澤井重男『ルネサンス文化と科学』山川出版社（世界史リブレット）、1996年。
- 杉全美帆子『イラストで読むルネサンスの巨匠たち』河出書房新社、2010年。
- 高階秀爾、遠山公一編『ルネサンスの名画101』新書館、2011年。
- 中嶋浩郎『図説　メディチ家――古都フィレンツェと栄光の「王朝」』河出書房新社、2000年。
- 堀越宏一『中世ヨーロッパの農村世界』山川出版社（世界史リブレット）、1997年。
- 森田安一『図説　宗教改革』河出書房新社、2010年。
- 山本紀夫『ジャガイモのきた道――文明・飢饉・戦争』岩波書店（岩波新書）、2008年。

◎さらに興味のある人へ
- D・P・ウォーカー（田口清一訳）『ルネサンスの魔術思想――フィチーノからカンパネッラへ』平凡社、1993年。
- 織田武雄『地図の歴史――世界篇』講談社（講談社現代新書）、1974年。
- ラス・カサス（染田秀藤訳）『インディアスの破壊についての簡潔な報告』岩波書店（岩

波文庫)、1976年。
- 清水知久『増補　米国先住民の歴史　インディアンと呼ばれた人々の苦難・抵抗・希望』明石書店、1992年。
- R・W・スクリブナー、C・スコット・ディクスン（森田安一訳）『ドイツ宗教改革』岩波書店（ヨーロッパ史入門）、2009年。
- 染田秀藤、篠原愛人監修、大阪外国語大学ラテンアメリカ史研究会訳『ラテンアメリカの歴史』世界思想社、2005年。
- 永田諒一『宗教改革の真実――カトリックとプロテスタントの世界史』講談社（講談社現代新書)、2004年。
- 林屋永吉訳『コロンブス航海誌』岩波書店（岩波文庫)、1977年。
- 増田義郎『略奪の海カリブ――もうひとつのラテン・アメリカ史』岩波書店（岩波新書）1989年。
- 増田義郎『アステカとインカ黄金帝国の滅亡』小学館、2002年。
- 森田安一『ルターの首引き猫――木版画で読む宗教改革』山川出版社、1993年。
- ジャン・リュデル（木村三郎、金山弘昌監修、望月典子、安室可奈子、田中麻野、一瀬あゆみ訳）『イタリア・ルネサンス絵画』白水社（文庫クセジュ)、2010年。
- マルティン・ルター（石原謙訳）『新訳キリスト者の自由――聖書への序言』岩波書店（岩波文庫)、1955年。

第8章
◎基本となる文献
- 黒川正剛『図説　魔女狩り』河出書房新社、2011年。
- 柴田三千雄、樺山紘一、福井憲彦編『世界歴史大系　フランス史2――16世紀～19世紀なかば』山川出版社、1996年。
- ジェフリ・スカール、ジョン・カロウ（小泉徹訳）『魔女狩り』岩波書店（ヨーロッパ史入門)、2004年。
- 高澤紀恵『主権国家体制の成立』山川出版社（世界史リブレット)、1997年。
- ウィリアム・リッチー・ニュートン（北浦春香訳）『ヴェルサイユ宮殿に暮らす――優雅で悲惨な宮廷生活』白水社、2010年。
- 長谷川輝夫、大久保桂子、土肥恒之『世界の歴史17　ヨーロッパ近世の開花』中央公論新社（中公文庫)、2009年。
- 浜林正夫、井上正美『魔女狩り』教育社（教育社歴史新書)、1983年。
- 福井憲彦、林田伸一、工藤光一編『二宮宏之著作集　第3巻　ソシアビリテと権力の社会史』岩波書店、2011年。

◎さらに興味のある人へ
- 上山安敏、牟田和夫編著『魔女狩りと悪魔学』人文書院、1997年。

参考文献

- クレール・コンスタン（遠藤ゆかり訳、伊藤俊治監修）『ヴェルサイユ宮殿の歴史』創元社、2004年。
- ルネ・シャルトラン（稲葉義明訳）『ルイ14世の軍隊 近代軍制への道』新紀元社、2000年。
- 鈴木晃仁「魔女狩りと近代ヨーロッパ」『化学史研究』第20巻、1993年。
- 中島智章『図説 ヴェルサイユ宮殿 太陽王ルイ14世とブルボン王朝の建築遺産』河出書房新社（ふくろうの本）、2008年。
- 二宮宏之、樺山紘一、福井憲彦編『魔女とシャリヴァリ』新評論、1982年。
- アン・ルーエリン・バーストウ（黒川正剛訳）『魔女狩りという狂気』創元社、2001年。
- リュック・ブノワ（瀧川好庸、倉田清訳）『ヴェルサイユの歴史』白水社（文庫クセジュ）、1999年。
- ヨハネス・ブルクハルト（鈴木直志訳）「平和なき近世――ヨーロッパの恒常的戦争状態に関する試論（上・下）」『桐蔭法学』第8巻第2号、2002年、197-255頁、第13巻第1号、2006年、91-146頁。
- イヴ＝マリー・ベルセ（阿河雄二郎、嶋中博章、滝澤聡子訳）『真実のルイ14世――神話から歴史へ』昭和堂、2008年。
- ジャン・クロード・ル・ギユー（飯田喜四郎訳）『ヴェルサイユ宮――華麗なる宮殿の歴史』西村書店、1992年。

第9章
◎基本となる文献
- 飯塚信雄『フリードリヒ大王――啓蒙君主のペンと剣』中央公論社（中公新書）、1993年。
- 今村真介『王権の修辞学――フランス王の演出装置を読む』講談社（講談社選書メチエ）、2004年。
- チャールズ・エドワーズ編著（常見信代、鶴島博和訳）『オックスフォード ブリテン諸島の歴史〈2〉ポスト・ローマ』慶應義塾大学出版会、2010年。
- 江村洋『マリア・テレジア』東京書籍、1992年。
- 小野理子『女帝のロシア』岩波書店（岩波新書）、1992年。
- 川北稔『イギリス近代史講義』講談社（講談社現代新書）、2010年。
- 河野健二『フランス革命小史』岩波書店（岩波新書）、1959年。
- 河野健二『フランス革命二〇〇年』朝日新聞社（朝日選書）、1987年。
- 桜井俊彰『イングランド王国と闘った男――ジェラルド・オブ・ウェールズの時代』吉川弘文館（歴史文化ライブラリー）、2012年。
- 田中良英『エカチェリーナ2世とその時代』東洋書店、2009年。
- 玉木俊明『近代ヨーロッパの形成――商人と国家の近代世界システム――』創元社、2012年。
- 土肥恒之『よみがえるロマノフ家』講談社（講談社選書メチエ）、2005年。
- 永積昭『オランダ東インド会社』講談社（講談社学術文庫）、2000年。
- 長谷川輝夫『聖なる王権ブルボン家』講談社（講談社選書メチエ）、2002年。

- 波多野裕造『物語アイルランドの歴史――欧州連合に賭ける"妖精の国"』中央公論社（中公新書）、1994年。
- ポール・ビュテル（深沢克己、藤井真理訳）『近代世界商業とフランス経済――カリブ海からバルト海まで』同文舘出版、1998年。
- J・H・ブラムフィット（清水幾太郎訳）『フランス啓蒙思想入門』白水社、1985年。
- ロイ・ポーター（見市雅俊訳）『啓蒙主義』岩波書店（ヨーロッパ史入門）、2004年。
- 松浦義弘『フランス革命の社会史』山川出版社（世界史リブレット）、1997年。
- 弓削尚子『啓蒙の世紀と文明観』山川出版社（世界史リブレット）、2004年。

◎さらに興味のある人へ
- ウルリッヒ・イム・ホーフ（成瀬治訳）『啓蒙のヨーロッパ』平凡社、1998年。
- エレーヌ・カレール＝ダンコース（志賀亮一訳）『エカテリーナ二世――十八世紀、近代ロシアの大成者』上・下巻、藤原書店、2004年。
- 河野健二『歴史を読む1――革命と近代ヨーロッパ』岩波書店、1996年。
- ロジェ・シャルチエ（松浦義弘訳）『フランス革命の文化的起源』岩波書店、1994年。
- 丹後杏一『ハプスブルク帝国の近代化とヨーゼフ主義』多賀出版、1997年。
- ロバート・ダーントン（関根素子、二宮宏之訳）『革命前夜の地下出版』岩波書店、2000年。
- ロバート・ダーントン（近藤朱蔵訳）『禁じられたベストセラー――革命前のフランス人は何を読んでいたか』新曜社、2005年。
- 千葉治男『義賊マンドラン――伝説と近世フランス社会』平凡社、1987年。
- 豊川浩一『ロシア帝国民族統合史の研究植民政策とバシキール人』北海道大学出版会、2006年。
- 中村仁志『プガチョフの反乱――良きツァーリはよみがえる』平凡社、1987年。
- ブロニスラフ・バチコ（阪上孝訳）「啓蒙Lumières」、フランソワ・フュレ、モナ・オズーフ（河野健二、阪上孝、富永茂樹監訳）『フランス革命事典5――思想I』みすず書房、2000年、152-168頁。
- H・バラージュ・エーヴァ（渡邊昭子、岩崎周一訳）『ハプスブルクとハンガリー』成文社、2003年。
- 原聖『＜民族起源＞の精神史――ブルターニュとフランス近代』岩波書店、2003年。
- ジョン・ブリュア（大久保桂子訳）『財政＝軍事国家の衝撃――戦争・カネ・イギリス国家　1688-1783』名古屋大学出版会、2003年。
- ロザリンド・ミチスン（富田理恵、家入葉子訳）『スコットランド史――その意義と可能性』未来社、1998年。
- 森永貴子『ロシアの拡大と毛皮交易――16～19世紀シベリア・北太平洋の商人世界』彩流社、2008年。
- 屋敷二郎『紀律と啓蒙――フリードリヒ大王の啓蒙絶対主義』ミネルヴァ書房、1999年。
- マルク・ラエフ（石井規衛訳）『ロシア史を読む』名古屋大学出版会、2002年。

第10章

◎基本となる文献
- 荒井政治『レジャーの社会経済史——イギリスの経験』東洋経済新報社、1989年。
- ジェフリー・エリス（杉本淑彦、中山俊訳）『ナポレオン帝国』岩波書店（ヨーロッパ史入門）、2008年。
- 指昭博編『祝祭がレジャーに変わるとき——英国余暇生活史』創知社、1993年。
- 猿谷要『検証 アメリカ500年の物語』平凡社（平凡社ライブラリー）、2004年。
- ポール・ジョンソン（富山芳子訳）『ナポレオン』岩波書店（ペンギン評伝双書）、2003年。
- 高橋均『ラテンアメリカの歴史』山川出版社（世界史リブレット）、1998年。
- 谷川稔『国民国家とナショナリズム』山川出版社（世界史リブレット）、1999年。
- 角山榮、川北稔編『路地裏の大英帝国——イギリス都市生活史』平凡社（平凡社ライブラリー）、2001年。
- 長島伸一『世紀末までの大英帝国——近代イギリス社会生活史素描』法政大学出版局、1987年。
- 野村達郎編著『アメリカ合衆国の歴史』ミネルヴァ書房、1998年。
- 服部晴彦、谷川稔編著『フランス近代史——ブルボン王朝から第五共和政へ』ミネルヴァ書房、1993年。
- 星野芳郎『技術と文明の歴史』岩波書店（岩波ジュニア新書）、2000年。
- 本間長世『共和国アメリカの誕生——ワシントンと建国の理念』NTT出版、2006年。
- 松井良明『近代スポーツの誕生』講談社（講談社現代新書）、2000年。
- ティエリー・レンツ（福井憲彦監修）『ナポレオンの生涯』創元社、1999年。
- 和田光弘『タバコが語る世界史』山川出版社（世界史リブレット）、2004年。

◎さらに興味のある人へ
- 明石和康『大統領でたどるアメリカの歴史』岩波書店（岩波ジュニア新書）、2012年。
- 明石紀雄『トマス・ジェファソンと「自由の帝国」の理念——アメリカ合衆国建国史序説』ミネルヴァ書房、1993年。
- 阿川尚之『憲法で読むアメリカ史』上・下巻、PHP研究所（PHP新書）、2004年。
- ベネディクト・アンダーソン（白石さや、白石隆訳）『増補 想像の共同体——ナショナリズムの起源と流行』NTT出版、1997年。
- 今津晃『アメリカ独立の光と翳——独立200年の源流をさぐる』清水書院（センチュリーブックス 人と歴史シリーズ）、1976年。
- エンゲルス（一條和生、杉山忠平訳）『イギリスにおける労働者階級の状態——19世紀のロンドンとマンチェスター』上・下巻、岩波書店（岩波文庫）、1990年。
- 遠藤泰生、木村秀雄編『クレオールのかたち』東京大学出版会、2002年。
- 大西直樹『ピルグリム・ファーザーズという神話』講談社（講談社選書メチエ）、1998年。
- 川北稔「環大西洋革命の時代」『岩波講座世界歴史17 環大西洋革命』岩波書店、1997

年、3-72頁。
- 川名隆史、篠原敏昭、野村真理『路上の人びと——近代ヨーロッパ民衆生活史』日本エディタースクール出版部、1987年。
- ラファエル・コンフィアン（恒川邦夫訳／聞き手）「≪クレオール性≫をめぐって」『現代思想』第25巻第1号、1997年、86-97頁。
- パトリック・シャモワゾー、ラファエル・コンフィアン（西谷修訳）『クレオールとは何か』平凡社、1995年。
- リチャード・B・シュウォーツ（玉井東助、江藤秀一訳）『十八世紀ロンドンの日常生活』研究社、1990年。
- 玉川寛治『『資本論』と産業革命の時代——マルクスの見たイギリス資本主義』新日本出版社、1999年。
- S・D・チャップマン（佐村明知訳）『産業革命のなかの綿工業』晃洋書房、1990年。
- 富田虎男、鵜月裕典、佐藤円編著『アメリカの歴史を知る62章【第2版】』明石書店、2009年。
- ジェームズ・M・バーダマン（森本豊富訳）『アメリカ黒人の歴史』NHK出版（NHKブックス）、2011年。
- パット・ハドソン（大倉正雄訳）『産業革命』未来社、1999年。
- 浜忠雄「ハイチ革命とラテンアメリカ諸国の独立」『岩波講座世界歴史17 環大西洋革命』岩波書店、1997年、103-125頁。
- 姫岡とし子『ジェンダー化する社会——労働とアイデンティティの日独比較史』岩波書店、2004年。
- 本田創造『アメリカ黒人の歴史（新版）』岩波書店（岩波新書）、1991年。
- ラース・マグヌソン（玉木俊明訳）『産業革命と政府——国家の見える手』知泉書館、2012年。

第11章
◎基本となる文献
- 加納邦光『ビスマルク』清水書院、2001年。
- 川島昭夫『植物と市民の文化』山川出版社、1999年。
- 木谷勤『帝国主義と世界の一体化』山川出版社（世界史リブレット）、1997年。
- 喜安朗『パリ——都市統治の近代』岩波書店（岩波新書）、2009年。
- 柴宜弘『図説 バルカンの歴史』河出書房新社、2011年。
- 田口晃『ウィーン——都市の近代』岩波書店（岩波新書）、2008年。
- 冨所隆治『テキサス併合史——合衆国領土膨張の軌跡』有斐閣出版サービス、1984年。
- 服部伸『近代医学の光と影』山川出版社（世界史リブレット）、2004年。
- セバスチャン・ハフナー（魚住昌良ほか訳）『図説 プロイセンの歴史——伝説からの解放』東洋書林、2000年。

- ウィリー・ハンセン、ジャン・フレネ（渡辺裕訳）『細菌と人類——終わりなき攻防の歴史』中央公論新社（中公文庫）、2008年。
- ロイ・ポーター（田中祐介、鈴木瑞実、内藤あかね訳）『狂気』岩波書店（1冊でわかる）、2006年。
- ウィリアム・マクニール（佐々木昭夫訳）『疫病と世界史』上・下巻、中央公論新社（中公文庫）、2007年。

◎さらに興味のある人へ
- 飯田洋介『ビスマルクと大英帝国——伝統的外交手法の可能性と限界』勁草書房、2010年。
- ノルベルト・エリアス（赤井慧爾、中村元保、吉田正勝訳）『文明化の過程〈上〉 ヨーロッパ上流階層の風俗の変遷』法政大学出版局、2004年。
- ノルベルト・エリアス（波田節夫、溝辺敬一、羽田洋、藤平浩之訳）『文明化の過程〈下〉 社会の変遷／文明化の理論のための見取図』法政大学出版局、2010年。
- 北河大次郎『近代都市パリの誕生——鉄道・メトロ時代の熱狂』河出書房新社、2010年。
- アラン・コルバン（山田登世子、鹿島茂訳）『においの歴史——嗅覚と社会的想像力』藤原書店、1990年。
- アラン・コルバン、J・J・クルティーヌ、G・ヴィガレロ監修（鷲見洋一、小倉孝誠、岑村傑監訳）『身体の歴史』全3巻、藤原書店、2010年。
- 猿谷要『検証 アメリカ500年の物語』平凡社（平凡社ライブラリー）、2004年。
- 野村達朗『大陸国家アメリカの展開』山川出版社（世界史リブレット）、1996年。
- 野村達朗編著『アメリカ合衆国の歴史』ミネルヴァ書房、1998年。
- ウルリヒ・ベック（東廉、伊藤美登里訳）『危険社会——新しい近代への道』法政大学出版局、1998年。
- ロイ・ポーター（目羅公和訳）『人体を戦場にして——医療小史』法政大学出版局、2003年。
- ロイ・ポーター（目羅公和訳）『身体と政治——イギリスにおける病気・死・医者 1650-1900』法政大学出版局、2008年。
- カール・マルクス（植村邦彦訳）『ルイ・ボナパルトのブリュメール18日』平凡社（平凡社ライブラリー）、2008年。
- 歴史学研究会編『南北アメリカの500年』全5巻、青木書店、1992-93年。

第12章
◎基本となる文献
- 木村裕主『ムッソリーニ——ファシズム序説』清水書院、1996年。
- 木村靖二『二つの世界大戦』山川出版社（世界史リブレット）、1996年。
- クリストファー・ケリー（藤井崇訳、南川高志解説）『ローマ帝国』岩波書店（1冊でわかる）、2010年。
- 田之倉稔『ファシズムと文化』山川出版社、2004年。

- ニコラス・ファレル（柴野均訳）『ムッソリーニ』上・下巻、白水社、2011年。
- 藤本和貴夫、松原広志編著『ロシア近現代史――ピョートル大帝から現代まで』ミネルヴァ書房、1999年。
- 松戸清裕『歴史のなかのソ連』山川出版社（世界史リブレット）、2005年。
- 松戸清裕『ソ連史』筑摩書房（ちくま新書）、2011年。
- 山本秀行『ナチズムの時代』山川出版社（世界史リブレット）、1998年。
- 若尾祐司、井上茂子編著『近代ドイツの歴史――18世紀から現代まで』ミネルヴァ書房、2005年。

◎さらに興味のある人へ
- 飯田道子『ナチスと映画――ヒトラーとナチスはどのように描かれてきたのか』中央公論新社（中公新書）、2008年。
- 石井規衛『歴史としてのソ連――初期現代の終焉』山川出版社、1995年。
- 鵜飼哲、高橋哲哉編『「ショアー」の衝撃』未来社、1995年。
- E・H・カー（塩川伸明訳）『ロシア革命――レーニンからスターリンへ』岩波書店（岩波現代文庫）、2000年。
- 亀山郁夫『磔のスターリン――スターリンと芸術家たち』岩波書店（岩波現代文庫）、2010年。
- 木畑洋一『第二次世界大戦』吉川弘文館（歴史文化ライブラリー）、2001年。
- 紀平英作『歴史としての核時代』山川出版社（世界史リブレット）、1998年。
- グレイム・ギル（内田健二訳）『スターリニズム』岩波書店（ヨーロッパ史入門）、2004年。
- 芝健介『ヒトラーのニュルンベルク――第三帝国の光と闇』吉川弘文館（歴史文化ライブラリー）、2000年。
- 芝健介『ホロコースト――ナチスによる大量殺戮の全貌』中央公論新社（中公新書）、2008年。
- 下斗米伸夫『ソ連＝党が所有した国家』講談社（講談社選書メチエ）、2002年。
- 高橋哲哉『歴史／修正主義』岩波書店、2001年。
- 田野大輔『愛と欲望のナチズム』講談社（講談社選書メチエ）、2012年。
- 西岡昌紀『アウシュウィッツ「ガス室」の真実――本当の悲劇は何だったのか？』日新報道、1997年。
- ティル・バスティアン（石田勇治、星乃治彦、芝野由和編著）『アウシュヴィッツと〈アウシュヴィッツの嘘〉』白水社、1995年。
- ラウル・ヒルバーグ（望田幸男、原田一美、井上茂子訳）『ヨーロッパ・ユダヤ人の絶滅』上・下巻、柏書房、1997年。
- メアリー・フェアブルック（芝健介訳）『二つのドイツ 1945-1990』岩波書店（ヨーロッパ史入門）、2008年。
- 藤澤房俊『第三のローマ　イタリア統一からファシズムまで』新書館、2001年。

- ヴィクトール・E・フランクル（池田香代子訳）『夜と霧』みすず書房、2002年。
- アラン・ブロック（鈴木主税訳）『対比列伝 ヒトラーとスターリン』全3巻、草思社、2003年。
- 山内昌之『スルタンガリエフの夢――イスラム世界とロシア革命』岩波書店（岩波現代文庫）、2009年。
- 山口定『ファシズム』岩波書店（岩波現代文庫）、2006年。
- 山本秀行『ナチズムの記憶――日常生活からみた第三帝国』山川出版社、1995年。
- デボラ・E・リップシュタット（滝川義人訳）『ホロコーストの真実――大量虐殺否定者たちの嘘ともくろみ』上・下巻、恒友出版、1995年。
- 渡辺和行『ナチ占領下のフランス――沈黙・抵抗・協力』講談社（講談社選書メチエ）、1994年。

第13章

◎基本となる文献
- 庄司克宏『欧州連合――統治の論理とゆくえ』岩波書店（岩波新書）、2007年。
- 田中素香『ユーロ――危機の中の統一通貨』岩波書店（岩波新書）、2010年。
- 内藤正典『ヨーロッパとイスラーム――共存は可能か』岩波書店（岩波新書）、2004年。
- 羽場久浘子『拡大ヨーロッパの挑戦』中央公論新社（中公新書）、2004年。
- クシシトフ・ポミアン（松村剛訳）『ヨーロッパとは何か――分裂と統合の1500年』増補版、平凡社（平凡社ライブラリー）、2002年。
- 松戸清裕『歴史のなかのソ連』山川出版社（世界史リブレット）、2005年。
- 宮島喬『ヨーロッパ市民――開かれたシティズンシップへ』中央公論新社（中公新書）、2004年。

◎さらに興味のある人へ
- 木村英亮『ソ連の歴史――ロシア革命からポスト・ソ連まで』山川出版社、1996年。
- 塩川伸明、小松久男、沼野充義編『ユーラシア世界 第5巻 国家と国際関係』東京大学出版会、2012年。
- テオ・ゾンマー（加藤幹雄訳）『不死身のヨーロッパ――過去・現在・未来』岩波書店、2000年。
- 谷川稔編『歴史としてのヨーロッパ・アイデンティティ』山川出版社、2003年。
- 津田由美子、吉武信彦編著『世界政治叢書 第3巻 北欧・南欧・ベネルクス』ミネルヴァ書房、2011年。
- 永岑三千輝、廣田功編著『ヨーロッパ統合の社会史――背景・論理・展望』日本経済評論社、2004年。
- 西川長夫、宮島喬編『ヨーロッパ統合と文化・民族問題――ポスト国民国家時代の可能性を問う』人文書院、1995年。

・羽場久美子、溝端佐登史編著『世界政治叢書 第4巻 ロシア・拡大EU』ミネルヴァ書房、2011年。
・馬場康雄、平島健司編『ヨーロッパ政治ハンドブック』第2版、東京大学出版会、2010年。
・オスカー・ハレツキ（訳者代表鶴島博和）『ヨーロッパ史の時間と空間』慶應義塾大学出版会、2002年。

索　引

ア

アイゼンハウアー　166
アイルランド　85, 93, 114-117
アヴィニョン　62, 63
アウグストゥス　38, 162
アウグスブルク　97, 136
　──同盟戦争　92, 93
　──の宗教和議　77
アウシュヴィッツ　152, 155-158
アステカ王国［メシーカ王国］　75
アッカド（人・語）　6, 11
アッコン　54, 55
アッシジのフランチェスコ　48
アッシリア　11, 13, 14, 20, 21
アッラーフ　40
アテナイ　23, 29
アナーニ事件　62
アフリカ　4, 29, 37, 40, 41, 44, 75, 74, 88, 118, 126, 132, 133, 163, 164
アメリカ　4, 84-86, 104, 118, 120, 121, 129-133, 139, 141-145, 157, 166-168
　──合衆国　120, 121, 129, 130, 132, 166
　──合衆国憲法　120
　──独立戦争　119, 129
アラビア　4, 19, 40, 41, 56, 86
アリストテレス　56, 82
アルビジョワ十字軍　53
アルベルティ　80
アレクサンドリア　43
アレクサンドロス　24-27, 31
アレクシオス1世　53
アンシャン・レジーム　109-111
アンダーソン、ベネディクト　130, 131
アンティオキア　43

イ

イヴァン4世　106
イエイツ、ウィリアム・バトラー　115
イエス　27, 28, 33, 95
イエズス会　78, 108

イェルサレム　49, 54
　──王国　54
イギリス（イングランドも見よ）　3, 84, 86, 87, 104, 107, 108, 114-116, 118-120, 122-126, 129, 130, 137, 139, 141, 166, 167, 170
イグナシオ・デ・ロヨラ　78
イコノクラスム［聖像破壊運動］　43
イザベル2世　137
イスラーム　9, 28, 40-45, 54, 56, 74, 79, 86, 164, 169
イスラエル　8, 18, 157, 160
イタリア　3, 22, 24, 27, 28, 31, 33, 42, 43, 46, 71, 78-84, 90, 105, 106, 122, 123, 138, 151, 161-164
イベリア半島　22, 41, 42, 44, 56, 58, 74, 113
イラン　40, 41
イングランド（イギリスも見よ）　49, 54, 58, 64, 65, 67-69, 76, 78, 79, 114, 116
印紙法　118, 119
インド　74, 75, 86, 104, 107, 122, 126
インド・ヨーロッパ（語族・系）　3, 11

ウ

ヴァージニア　118, 119
ヴァスコ・ダ・ガマ　74
ヴァルド派　48, 53
ヴァレンシュタイン　91, 92
ウィクリフ　64
ヴィシー政権　152
ウィリアム・オブ・オッカム　64
ヴィルヘルム1世　137, 138
ヴィルヘルム2世　139
ウィーン会議　123
　──体制　134, 135, 137
ウェストファリア条約　90
ヴェネツィア　79, 81, 163
ヴェルサイユ　98-100, 102, 103, 145
ウェールズ　114, 116
ヴォルテール　107-112
ヴォルムス協約　52
ウクライナ　3, 107, 153, 154
海の民　14

エ

ウルバヌス2世　53
ウルバヌス6世　62

エ

エヴェルジェティズム　37-39
エカチェリーナ2世　105, 107-109
エーゲ文明　18, 23
エジプト　5, 6, 8-13, 16, 18, 20, 21, 29-33, 40, 41, 46, 122
エスパニョーラ島　74, 75
エチオピア侵攻　163
エック　76
エラスムス　83
エルバ島　123

オ

オクタウィアヌス　26, 38, 162
オーストリア　76, 91, 105, 106, 121-123, 135, 138, 139, 150, 152
　——継承戦争　105
　——＝ハプスブルク　89, 106
オスマン帝国（オスマン・トルコ）　77, 82, 105, 108, 163
オットー1世（大帝）　44, 51, 60
オドアケル　40
オランダ　86, 90, 105, 118, 135, 170
　——侵略戦争　92
オリエント　5, 8-11, 13, 19, 22, 23
オルレアン　67, 136

カ

カエサル　24-26, 34, 162
カタリ派　48, 53
カッシウス　162
活版印刷　77
カデシュの戦い　13
カトー＝カンブレジ条約　81
カトリック　42-46, 48-53, 61, 63, 64, 69, 70, 76-78, 82, 83, 89, 91, 95, 97, 109, 114-116, 155
カナン　8, 18
カノッサの屈辱　52
ガリア　25, 26
カリフォルニア　141, 142, 145
ガリレオ　78
カルヴァン　78
カール5世　76-78, 81
カール大帝［シャルルマーニュ］　42, 43, 169
カルタゴ　19, 21
カール・マルテル　41, 42
カロリング　42, 57
カント　169

キ

キズワトナ　11, 12
北大西洋条約機構［NATO］　166
北ドイツ連邦　135, 137, 138
キプロス島　30, 32
旧約聖書　7, 10, 18, 19, 41
キューバ　87, 167
　——危機　167
キュレナイカ　163, 164
教会大分裂［大シスマ］　62, 82
教皇のバビロン捕囚　62
ギリシア（語・人）　9, 16, 18-33, 37, 44, 46, 56, 74, 82, 83, 113
　——正教会　49
キリスト（教）　7, 9, 10, 17, 27, 28, 33, 39-41, 46, 53, 54, 56, 60, 69, 70, 74, 75, 79, 80, 82, 83, 96, 97, 114, 155
ギルド　68-70, 79

ク

グスタフ・アドルフ　89, 91, 92
グーテンベルク　77
クー・フリン　115, 116
グラスノスチ［情報公開］　167
クラッスス　25
グラナダ　74
クリスチャン4世　91
クリミア戦争　137
クリュニー　46-48
クルアーン［コーラン］　41
クレオール　128, 129, 131-133
グレゴリウス改革　46, 51-53
グレゴリウス7世　51, 52
クレタ島　22
クレメンス5世　62
クレメンス7世　62
クローヴィス　42
君主論　81

索引

ケ

経済相互援助会議［COMECON］ 166, 167
啓蒙思想 107-110, 112
ゲール語 115
ケルト（系・人・学） 3, 113, 114, 116, 117
ゲルマン（民族・人・系・語派） 3, 40, 42, 44
ケルン 69

コ

工場法 127
コッホ 147
コペルニクス 78
コルシカ 121, 123
コルテス 75
ゴルバチョフ 167
コルバン、アラン 146
コルホーズ 154
コロッセウム 33-35, 163
コロンブス 74, 75, 133
コンキスタドレス［征服者］ 75
コンスタンツ公会議 64
コンスタンティノープル 40, 43, 44, 50, 54

サ

ザクセン 42, 76
サーサーン朝 40, 41
サブラタ 164, 165
サラエヴォ 139
サラディン［サラーフ・アッディーン］ 54
三月革命 134
産業革命 124, 125, 129
三権分立 109
三国協商 139
三国同盟 138, 139
サン・サルバドール島 74
三十年戦争 89-94
サンチャゴ 48, 49
三帝協定 138
三帝同盟 138
サン・ピエトロ大聖堂 76, 81
サンフランシスコ 142
三圃制 57

シ

ジェノヴァ 74, 79
ジェファソン、トマス 119
ジェントルマン 129
シオニスト 160
ジギスムント 64
七月王政 136
七月革命 136
シチリア島 22, 44, 56, 84
シトー（会・派） 47, 48, 52, 58, 60
社会契約論 109
ジャコバン派 121, 122
シャルチエ、ロジェ 111-113
シャルル7世 65
ジャンヌ・ダルク 65, 67
シャンパーニュ地方 56, 79
十月革命 153
宗教改革 75-78, 83
十字軍 48, 50, 53-55
――国家 54, 55
修道院 46, 47, 50, 82
シュッピルリウマ1世 12
ジュネーブ 77
シュメール（人・王朝・語・文化・法） 6-8, 16
シュレジエン 60, 106
シュレースヴィヒ＝ホルシュタイン 135
小アジア 19, 29, 32, 113
贖宥状 76, 78
シリア 11-13, 19, 30, 32, 33, 37, 40, 41
神曲 82
新経済政策［ネップ］ 153
神聖ローマ帝国 44, 51, 89, 90, 92, 105, 122
シン・フェイン党 115
人文主義 82, 83
新約聖書 28

ス

スイス 58, 76, 93, 110
スウェーデン 3, 89, 91, 105, 107, 169
スコットランド 114, 116, 170
スコラ学 47, 56
スターリン 153-155, 159, 166
スターリングラードの戦い 152, 155

ス

スフィンクス　30-33
スペイン　3, 37, 48, 49, 58, 74-76, 78, 81, 87, 90, 92, 105, 118, 122, 128-131, 137, 141-143, 170
　──継承戦争　92
　──＝ハプスブルク　90
スラブ（系・語派・人）　3, 58, 60

セ

セイロン　74, 86
世界恐慌　151
セダン　138
セム系　6
セルジューク＝トルコ　53
セント＝ヘレナ島　123

ソ

ソヴィエト　153, 166
総裁政府　122
ソフホーズ　154
ソ連　149, 152, 154, 155, 159, 160, 166, 167

タ

第一次世界大戦　139, 150, 153
第一次ポーランド分割　106
第一回大陸会議　119
大航海時代　75
大ドイツ主義　152
第二回大陸会議　119
第二次世界大戦　117, 132, 152, 155, 157, 159
対仏大同盟　121, 122
タイラー　143, 144
大陸封鎖　122, 123
ダンテ　82
ダーントン、ロバート　110, 111, 113

チ

チェコスロヴァキア　152, 166, 167
茶法　119
中国（元、明、清）　73, 74, 86, 107
チュニジア　41

テ

ディドロ　110
テオドシウス1世　40
テキサス　141-145

　──共和国　143, 144
テュルゴー　105
テュロス　18, 19, 21
テリピヌ（神・勅令）　11, 14, 16
テルミドールのクーデター　121
デンマーク　91, 105, 135, 169

ト

ドイツ　3, 42, 43, 51, 56, 58, 60, 69, 71, 74, 76, 77, 83, 84, 89, 91, 107, 122, 123, 135, 138, 139, 146, 148, 150, 152, 154-156, 159-161, 166, 167, 170
　──騎士団　48, 58
　──第二帝政　138
　──民主共和国［東ドイツ］　152, 166, 167
　──連邦共和国［西ドイツ］　152, 156, 166, 167
トゥトアンクアメン［ツタンカーメン］　12, 13
東方教会　43, 44
東方見聞録　73, 74
統領政府　122
トゥール＝ポワティエ間の戦い　41, 42, 44
独ソ不可侵条約　152
独立国家共同体［CIS］　167
独露再保障条約　139
トスカネリ　74
トマス・アクィナス　48, 64
トマス・ペイン　119
トマス・ミュンツァー　77
ドミニコ修道会　48
トリエント公会議　78
トリポリタニア　163, 164
トルコ　11, 14, 77, 137, 169, 170
トルデシリャス条約　75
トルーマン　166
ドレフュス事件　155
トロイア戦争　28
トロツキー　153

ナ

ナイル川　6, 8
ナチズム　156, 160, 161
ナチス（国民社会主義ドイツ労働者党、ナチ党）　149-153, 155-157, 159

索引

七年戦争　104, 106, 118, 129
ナポレオン（ナポレオン・ボナパルト、ナポレオン1世）　67, 121-123, 134-137
ナポレオン3世（シャルル・ルイ＝ナポレオン・ボナパルト）　135-138

ニ

西ローマ帝国　28, 40, 42-44, 56
日本　74, 154, 157, 160, 168, 170
ニュルンベルク（法）　71, 151

ネ

ネイティヴ・アメリカン　143-145
ネオナチ　156, 160
ネッケル　105
ネーデルランド　71, 76, 78, 80, 83

ノ

ノルマンディ　98, 152

ハ

バイエルン　42, 136, 150
ハインリヒ4世　52
パストゥール　147
ハッティ（人）　11, 15
ハットゥシャシュ［ボアズキョイ・ボアズカレ］　11, 14
ハドリアヌス帝　164
バビロン　6, 11
ハプスブルク　76, 78, 81, 89, 98, 105, 106
バラ戦争　68
パリ　56, 65, 67, 86, 87, 98, 103, 111, 123, 126, 134, 136-138
　――条約　120
　――二月革命　136
バルカン半島　138
パレスティナ（パレスチナ）　12, 13, 32, 160
ハンガリー　76, 105, 123, 166, 167, 169
パンテオン　18, 112
ハンムラビ（法典）　6-8, 14

ヒ

東ローマ帝国　28, 40, 41
ヒクソス　9
ピサロ　75

ビザンツ　43, 44, 53, 56, 79, 82
ビスマルク、オットー・フォン　134, 135, 137-139
ヒッタイト（語・人・神話）　10-18
ヒトラー、アドルフ　150-152, 154, 159-161
百年戦争　59, 65, 67, 68
ピョートル1世　107
ピョートル3世　106, 107
ピラミッド　9, 30
ピレネー条約　92
ピレンヌ、アンリ　44, 45

フ

ファシズム　161-164, 166
ファン・アイク　80
フィヒテ　122
フィラデルフィア　119, 120
フィリップ4世　62
フィリッポス2世　25, 26
フィレンツェ　71, 74, 79-82
フェニキア（人）　2, 18-22, 29
　――・カルタゴ人　19-22
フェルディナント2世　91
普墺戦争　135
プガチョフの乱　107
ブッシュ　167
普仏戦争　138
ブラジル　87, 130
プラトン　29, 82
プラハの春　167
ブラマンテ　81
フランク（王国）　41-44
フランス　3, 41, 43, 46, 49, 53, 54, 56-59, 62, 65, 67, 68, 76, 81, 86, 89, 90, 92, 98, 99, 103, 104, 106, 107, 110, 111, 116, 118, 121-123, 128, 129, 132, 133, 135, 137-139, 141, 145, 146, 152, 159, 166, 170
　――革命　105, 108, 110, 112, 115, 121, 122, 129, 134
　――第二帝政　136, 137
フランチェスコ修道会　48, 64
フランドル　58, 65, 90
　――継承戦争　92
フリ（語・人）　11, 15, 16
ブリテン島（諸島）　40, 68, 114, 116

フリードリヒ・ヴィルヘルム 4 世　　134
フリードリヒ 2 世　　105, 109
ブリュメール 18 日のクーデター　　122
ブルクハルト、ヨハネス　　89
フルシチョフ　　166
ブルターニュ　　114, 116, 170
プルタルコス　　82
ブルトゥス　　162
ブルネレスキ　　80
ブルボン（家・朝）　　89, 121, 123, 136
ブレジネフ　　167
プロイセン　　60, 98, 105, 106, 109, 134, 135, 137, 138
プロテスタント　　77, 89, 91, 98, 115
フロンティア　　141, 142, 144, 145

ヘ

ペスト［黒死病］　　58, 59, 63, 69, 82
ペトラルカ　　82
ベネディクトゥス　　46
ヘブライ（人・語）　　8, 9, 155
ヘブライズム　　10
ベーメン［ボヘミア］　　60, 64, 91, 92, 105
ペルシア　　24, 26, 29
ベルリン　　122, 155, 166, 167
　——の壁　　167
ペレストロイカ［改革］　　167
ヘレニズム　　9, 20
ヘロドトス　　19, 82
ヘンリ 2 世　　65, 114

ホ

ポーク　　143
ポグロム　　155, 156
ボストン　　119
　——茶会事件　　119, 129
ボッカッチョ　　82
ボッティチェリ　　80
北方戦争　　107
ボニファティウス 8 世　　62
ホメロス　　19, 26
ポーランド　　3, 107, 108, 123, 152, 154, 156, 160, 166, 169, 170
　——回廊　　152
ボルドー　　62, 68, 109

ポルトガル　　74-76, 87, 105, 118, 128-130
ホロコースト　　155-157, 159, 160
ポンペイ　　35
ポンペイウス　　25, 27

マ

マーシャル・プラン　　166
マキャヴェリ　　81
マケドニア　　24-26
マザッチョ　　80
マリア＝テレジア　　105, 106, 108
マリー＝アントワネット　　106
マルクス・アウレリウス　　164
マルコ・ポーロ　　73
マルチニーク　　132, 133
マルティヌス 5 世　　64

モ

モスクワ　　107, 123
モーセ　　7, 8
モンテ・カッシーノ修道院　　46
モンテスキュー　　108, 109

ヤ

ヤズルカヤ　　14, 15
ヤハウェ　　7-9
ヤン・フス　　64

ユ

ユグノー戦争　　78
ユスティニアヌス 1 世　　40
ユダヤ人（教）　　7, 10, 18, 21, 27, 28, 33, 40, 41, 148-152, 155-157, 159, 160
ユリウス 2 世　　81
ユンカー　　134

ヨ

ヨークタウンの戦い　　120
ヨーゼフ 2 世　　106
ヨーロッパ石炭鉄鋼共同体［ECSC］　　167
ヨーロッパ共同体［EC］　　167
ヨーロッパ経済共同体［EEC］　　167
ヨーロッパ連合［EU］　　167-169

索　引

ラ

ラテン（人・系・語）　3, 23, 38, 44, 56, 74, 76, 82, 155
ラテンアメリカ　121, 129, 130, 132
ラファエロ　81
ラメセス2世　8, 13
ランゴバルド王国　42

リ

リチャード1世　54
リビア　164, 165
リュッツェン　92

ル

ルイ9世　54
ルイジアナ　141, 142
ルイ15世　94, 103, 109
ルイ13世　99
ルイ18世　136
ルイ14世　91-93, 98-104
ルイ16世　103, 121
ルイ・フィリップ　136
ルソー　108, 109, 111, 112
ルター　76, 77, 83, 97
ルネサンス　79-81, 169

レ

冷戦　152, 155, 167
レオ3世　43
レオ10世　76
レオナルド・ダ・ヴィンチ　79
レキシントン　81, 119, 58
レコンキスタ［国土回復運動］　49, 56
レーニン　153
レプキス・マグナ（レプティス・マグナ）　164, 165

ロ

ローズヴェルト、フランクリン　120
ローザンヌ講和会議　163
ロシア　105-109, 123, 138, 139, 153, 155, 156
　　──連邦　153, 167
ロジャー・ベーコン　48
露仏同盟　139
ロベスピエール、マキシミリアン　121, 122
ローマ　5, 21, 23-29, 31-33, 35-46, 49, 51, 52, 56, 62, 75, 76, 78, 81-83, 113, 120, 161-165, 169
　　──劫掠　81
　　──進軍　151, 161
ロンドン　68, 86, 87, 126, 137

ワ

ワシントン、ジョージ　119-121
ワーテルローの戦い　123
ワルシャワ条約機構　166, 167
ワレサ　167

《執筆者一覧》(50音順、＊は編著者)

※カッコ内は担当箇所（章のみが挙がっている場合は、人物と時代・テーマ史のすべてを担当）

青木　真兵（あおき　しんぺい）（第2章テーマ史2、第12章テーマ史2）
　神戸山手大学非常勤講師。博士（文学）。専門：古代フェニキア・カルタゴ史。「サルデーニャ島のフェニキア人と『ローマ化』――都市スルキスの二言語併用碑文から――」（『駒沢史学』84号、2015年）他。

乾　雅幸（いぬい　まさゆき）（第10章人物と時代（1～2）、第11章テーマ史1、第12章人物と時代）
　関西大学・京都産業大学非常勤講師。博士（文学）。専門：ロシア革命史。「十月革命期におけるヴォルガ・ドイツ人――ヴォルガ・ドイツ人州成立を中心にして――」（『史泉』第100号、2004年）他。

＊入江　幸二（いりえ　こうじ）（第5章テーマ史1、第8章テーマ史1、第9章人物と時代、第10章テーマ史1、第13章）
　富山大学人文学部准教授。博士（文学）。専門：近世スウェーデン史。『スウェーデン絶対王政研究』（知泉書館、2005年）他。

＊上田　耕造（うえだ　こうぞう）（第5章人物と時代、第6章人物と時代）
　明星大学人文学部准教授。博士（文学）。専門：中世フランス史。『ブルボン公とフランス国王――中世後期フランスにおける諸侯と王権――』（晃洋書房、2014年）他。

大城　道則（おおしろ　みちのり）（第2章テーマ史1）
　駒澤大学文学部教授。博士（文学）。専門：古代エジプト史。『古代エジプト文明――世界史の源流――』（講談社、2012年）他。

大谷　祥一（おおたに　しょういち）（第4章、第7章テーマ史2、第9章テーマ史2）
　博士（文学）。専門：中世アイルランド史。「中世初期アイルランドにおける王国の諸相――『アダムナーン法』の王のリストから――（『史泉』第111号、2010年）他。

古川　桂（こがわ　かつら）（第2章人物と時代）
　同朋大学文学部講師。博士（学術）。専門：古代エジプト史。「ハトシェプスト女王葬祭殿のプント・レリーフについて――交換場面を中心に――」（『史泉』第92号、2000年）他。

嶋中　博章（しまなか　ひろあき）（第8章人物と時代・テーマ史2、第9章テーマ史1、第10章人物と時代（3～4）・テーマ史2）
　関西大学文学部助教。博士（文学）。専門：近世フランス史。『太陽王時代のメモワール作者たち――政治・文学・歴史記述――』（吉田書店、2014年）他。

＊比佐　篤（ひさ　あつし）（第1章、第3章）
　関西大学、関西学院大学非常勤講師。博士（文学）。専門：古代ローマ史。『「帝国」としての中期共和制ローマ』（晃洋書房、2006年）他。

村上　宏昭（むらかみ　ひろあき）（第11章人物と時代・テーマ史2、第12章テーマ史1）
　筑波大学人文社会系助教。博士（文学）。専門：現代ドイツ史。『世代の歴史社会学――近代ドイツの教養・福祉・戦争――』（昭和堂、2012年）他。

＊梁川　洋子（やながわ　ひろこ）（第6章テーマ史1、第7章人物と時代・テーマ史1）
　関西大学非常勤講師。博士（文学）。専門：中世イギリス史。"The Crown and Marcher Regality: the Bohun-Mortimer Dispute in the Late Thirteenth Century", *The Haskins Society Journal Japan*, vol.4, 2011他。

西洋の歴史を読み解く
――人物とテーマでたどる西洋史――

| 2013年4月20日 | 初版第1刷発行 | ＊定価はカバーに |
| 2017年4月15日 | 初版第3刷発行 | 表示してあります |

編著者の了解により検印省略	編著者	上田 耕造
		入江 幸二 ©
		比佐 篤
		梁川 洋子
	発行者	川東 義武

発行所 株式会社 晃洋書房

〒615-0026 京都市右京区西院北矢掛町7番地
電話 075 (312) 0788番㈹
振替口座 01040-6-32280

ISBN978-4-7710-2431-1　　印刷・製本　西濃印刷㈱

JCOPY 〈(社)出版者著作権管理機構 委託出版物〉
本書の無断複写は著作権法上での例外を除き禁じられています．複写される場合は，そのつど事前に，(社)出版者著作権管理機構（電話 03-3513-6969, FAX 03-3513-6979, e-mail: info@jcopy.or.jp）の許諾を得てください．